Toni Maguire

Als papa thuiskomt

the house of books

Oorspronkelijke titel
When Daddy Comes Home
Uitgave
HarperElement, an Imprint of HarperCollins *Publishers*, Londen
Copyright © 2007 by Toni Maguire
Copyright voor het Nederlandse taalgebied © 2010 by The House of Books,
Vianen/Antwerpen

Vertaling
Parma van Loon
Omslagontwerp
Studio Jan de Boer BNO, Amsterdam
Omslagfoto
© Laurence Mouton/PhotoAlto
Foto auteur
www.BarbaraLawes.com
Opmaak binnenwerk
ZetSpiegel, Best

ISBN 978 90 443 2631 4
D/2010/8899/35
NUR 320

www.thehouseofbooks.com

Voor Alison Pierce.
Voor dertig jaar liefde en vriendschap in
goede en slechte tijden.

1

'Ik ben nu volwassen, het verleden heeft afgedaan.' Dat zei ik tegen mezelf toen ik voor het bureau stond waaraan mijn moeder het huishoudboekje had bijgehouden.

Maar de stem van mijn onderbewustzijn dreef de spot met me. 'Het verleden heeft nooit afgedaan, Toni. Het is het verleden dat ons maakt tot wie we zijn.'

Die ongewenste woorden flitsten nog niet door mijn hoofd of er kwamen al verraderlijke herinneringen in me op aan de tijd dat ik de tiener Antoinette was.

Antoinette. Alleen de naam al stemde me verdrietig.

Ik verbande die gedachten naar de achtergrond en opende het bureau, het enige meubelstuk dat was overgebleven van het huis dat mijn ouders hadden gedeeld. Ik vond de eigendomspapieren van het huis en legde ze opzij om aan de notaris te geven. Daarna was een oude leren portefeuille aan de beurt die, zoals ik zag toen ik hem openmaakte, tweehonderd pond bevatte, in diverse coupures.

Daaronder vond ik oude, vergeelde brieven en drie foto's die er waarschijnlijk al lagen voordat mijn moeder stierf. Eén foto was van mijn moeder en mij kort voor mijn eerste verjaardag, een van de ouders van mijn moeder, en er was een portretfoto van mijn grootmoeder toen ze een jaar of dertig was.

De brieven wekten mijn nieuwsgierigheid. Ze waren in ouderwets rondschrift geadresseerd aan mijn moeder, en toen ik er een openmaakte, vond ik een onopgesmukte liefdesbrief, geschreven door een jongeman die door de oorlog van zijn familie was gescheiden. Hij was dolgelukkig met de geboorte van hun dochtertje. Een dochtertje dat hij maar één keer had gezien, toen ze pas een paar weken oud was. Hij was korte tijd terug geweest in Ierland toen hem verlof werd verleend na de bevalling en nu miste hij zijn vrouw en pasgeboren kind. De inkt was vervaagd in de loop der jaren, maar ik kon de woorden nog ontcijferen.

Lieveling, had hij geschreven, *ik mis je zo verschrikkelijk...* Toen ik verder las, sprongen de tranen in mijn ogen. De liefde spatte van de pagina's en een paar seconden lang geloofde ik erin. Hij vertelde haar dat hij zich in België bevond en als mecanicien gestationeerd was in de achterhoede van de oprukkende troepen.

Ongetwijfeld omringd door mooie Vlaamse vrouwen, die gevoelig waren voor zijn aanstekelijke glimlach en zijn gulle lach, dacht ik cynisch.

Zijn slotzinnen luidden: *Ik probeer me voor te stellen hoe Antoinette gegroeid zal zijn. Het lijkt zo lang geleden dat ik haar zag. Ik tel de dagen af tot ik jullie beiden weer in mijn armen kan sluiten. Zeg tegen haar dat papa van haar houdt en niet kan wachten om haar weer te zien. Geef haar een dikke kus van me.*

Ik staarde naar de woorden die al die jaren geleden op dat dunne papier geschreven waren en het verdriet dreigde me te machtig te worden – verdriet om wat had kunnen zijn en om wat had móéten zijn. Een intense pijn ging door me heen. Ik wankelde naar de dichtstbijzijnde stoel terwijl mijn kracht me in de steek liet en zakte erop neer. Ik bracht mijn handen naar mijn hoofd en greep het aan weerszijden vast, alsof ik me daardoor kon verzetten tegen de beelden die zich aan me opdrongen.

Het was alsof een projector in mijn hoofd tot leven was gekomen. Een stroom van momentopnamen uit het verleden trok aan mijn geestesoog voorbij: ik zag Antoinette, de mollige kleuter, met een kinderlijke onschuld naar haar moeder kijken. Ik zag haar een paar jaar later als het angstige kind dat ze was geworden nadat haar vader haar het belangrijkste van haar jeugd had ontnomen; hij had de onschuld, de vreugde en het wonder van haar kinderjaren gestolen en vervangen door nachtmerries. Zonnige dagen waren haar ontzegd. In plaats daarvan had ze in angst geleefd en rondgedwaald in grauwe schaduwen.

Waarom? vroeg ik me dertig jaar later af.

Er klonk een stem in mijn hoofd die streng tegen me zei: 'Blijf niet zoeken naar de handelingen van een normale man, want dat was hij niet. Als je hem nu niet kunt accepteren zoals hij toen was, zul je het nooit accepteren.'

Ik wist dat die stem de waarheid sprak. Maar herinneringen die ik had onderdrukt kwamen weer boven, verjoegen de beschermende nevel uit mijn brein en dwongen me terug naar de tijd waarin de ene nachtmerrie eindigde en de volgende begon.

Ik zag het zo duidelijk alsof het gisteren gebeurd was: een meisje dat nauwelijks oud genoeg was om als puber te worden beschouwd. Ik voelde weer haar verbijstering, haar wanhoop en haar gevoel verraden te zijn. Ik zag weer haar verwarring en haar eenzaamheid, het niet kunnen begrijpen waarom zij zoveel moest lijden. Ik zag Antoinette, het slachtoffer.

Antoinette – het meisje dat ik eens was.

2

Het was de dag van haar vaders proces.
Antoinette zat op een harde en oncomfortabele bank buiten de rechtszaal geduldig te wachten tot ze zou worden opgeroepen als de enige getuige in deze zaak. Aan de ene kant geflankeerd door de brigadier en aan de andere kant door zijn vrouw zat ze zonder iets te zeggen tussen de enige twee mensen die haar steun boden.

Ze wist dat dit de dag was die ze gevreesd had. Vandaag zou haar vader veroordeeld worden voor zijn misdaad – de misdaad die hem naar de gevangenis zou sturen. De politie had haar dat heel duidelijk gemaakt toen ze haar vertelden dat hij schuld had bekend. Daarom zou ze geen kruisverhoor hoeven ondergaan, maar de rechtbank zou willen weten of ze vrijwillig had deelgenomen aan wat er gebeurd was of dat ze het slachtoffer was geweest van talrijke verkrachtingen. De maatschappelijk werkers hadden het haar uitgelegd. Over een week zou ze vijftien worden – oud genoeg om te begrijpen wat ze haar vertelden.

Zwijgend bleef ze zitten en trachtte aan haar gedachten te

ontsnappen. Ze concentreerde zich op de herinnering aan de gelukkigste dag van haar jeugd. Het was bijna tien jaar geleden, op een andere verjaardag in een ander leven, voor de nachtmerrie begon, toen ze van haar moeder een zwart-met-bruine puppy had gekregen met de naam Judy. Ze had Judy onmiddellijk in haar hart gesloten, en het hondje beantwoordde haar liefde volledig.

Judy was nu thuis, wachtte op haar. Antoinette probeerde zich de snoet van haar hondje voor de geest te halen, om troost te zoeken bij het enige levende wezen dat altijd, standvastig en onvoorwaardelijk, van haar had gehouden. Maar al deed ze nog zo haar best, het beeld van het hondje vervaagde en werd vervangen door de herinnering aan de dag na haar zesde verjaardag, toen haar vader haar voor het eerst verkracht had.

Het duurde niet lang of hij misbruikte haar drie keer per week, voorzichtig toen ze nog een kind was en heftiger toen ze ouder werd, al hielp hij haar het te verdragen door haar whiskey te geven om haar zintuigen te verdoven. Jaar na jaar ging het zo door en ze bleef zwijgen, bang voor zijn gewelddadigheid en zijn dreigementen dat ze uit huis zou worden gehaald, bespot, niet geloofd – beschuldigd.

Maar toen ze veertien was, werd ze zwanger. Nooit zou ze de angst vergeten die in huis hing toen ze elke ochtend overgaf en haar buik omvangrijker werd. Uiteindelijk zei haar moeder, kil en onaangedaan, dat ze naar een dokter moest. Het was de dokter die haar vertelde dat ze een baby verwachtte. Toen hij had gezegd: 'Je moet seks met iemand hebben gehad,' had ze geantwoord: 'Alleen met mijn vader.'

Er viel een geladen stilte voor hij vroeg: 'Ben je verkracht?'

Ze wist niet eens wat verkrachting was. De dokter bracht een bezoek aan haar moeder en samen regelden ze een heimelijke abortus. Alles moest heel stil worden gehouden, ter wille van de familie – maar Antoinette had iemand anders deelgenoot gemaakt van het geheim. In haar wanhoop was ze naar het huis van een lerares gegaan en had haar de waarheid verteld. De lerares had op haar beurt het maatschappelijk werk gewaarschuwd. Daarop werden Antoinette en haar vader gearresteerd.

Ze had de politie alles verteld, vanaf de dag na haar zesde verjaardag, de dag waarop het allemaal was begonnen. Ze had ook gezegd dat haar moeder van niets wist. Dat geloofde ze omdat ze het wel geloven móést.

Voor een buitenstaander zag Antoinette er volkomen kalm en beheerst uit terwijl ze wachtte op de oproep om te getuigen. In de rechtszaal zat ze er stil en zwijgend bij, op de politie na alleen. Haar moeder was die dag niet gekomen. Ze was keurig gekleed in een grijze rok en haar oude schoolblazer die losjes om haar tengere gestalte hing. Haar donkerbruine haar, geknipt in een pagekapsel, viel op haar schouders. Ze was een aantrekkelijke tiener met het lichaam van een vrouw en het kwetsbare gezicht van een kind. Haar bleke gelaatskleur en de donkere kringen onder haar ogen toonden de slapeloze nachten die ze had doorgemaakt en een lichte trilling in haar rechteroog verried de stress waaronder ze gebukt ging – verder keek ze onaangedaan voor zich uit.

De recente abortus van haar vaders kind en de daaropvolgende ziekte hadden haar verzwakt en uitgeput. Shock en depressie gaven haar een onnatuurlijke kalmte die anderen interpreteerden als de zelfbeheersing van een kind dat stukken ouder was dan haar leeftijd.

Ook haar emoties waren verdoofd na haar recente beproevingen, en tijdens het wachten tot ze zou worden opgeroepen was haar gevoel bijna uitgeschakeld. Ze wist dat ze na het proces thuis zou komen bij een moeder die niet langer van haar hield en in een dorp dat haar de schuld gaf van alle ellende die ze had doorgemaakt. Maar de jaren hadden haar geleerd hoe ze zich moest distantiëren van haar emoties en uiterlijk bleef ze kalm.

Het wachten eindigde toen de deur van de rechtszaal openzwaaide en de parketwachter met kwieke stap naar buiten liep. Ze wist dat hij haar kwam halen.

'Antoinette Maguire, de rechter heeft een paar vragen voor je.' Hij gebaarde dat ze hem moest volgen terwijl hij zich omdraaide en de rechtszaal weer binnenging.

De brigadier en zijn vrouw glimlachten bemoedigend, maar Antoinette merkte het niet. Ze concentreerde zich op het volgen van de in het zwart gestoken parketwachter naar de rechtszaal. Eenmaal binnen deden de stilte en spanning haar stilstaan, en zonder op te kijken kon ze de priemende ogen van haar vader in de beklaagdenbank voelen. Al het andere om haar heen maakte een grimmige en dreigende indruk: de donkere, sombere gewaden van de advocaten en de helderrode plechtige toga van de rechter, hun pruiken en ernstige gezichten.

Ze stond midden in de doodstille rechtszaal, een kleine, door haar omgeving overweldigde gestalte, zonder enig idee wat er van haar verwacht werd. De vormelijkheid van de rechtbank verbijsterde en verwarde haar terwijl ze wachtte op instructies. Toen voelde ze dat iemand haar arm vastpakte en haar wees waar ze moest gaan staan. In trance ging ze naar de getuigenbank, waar niet veel meer dan het puntje van haar hoofd te zien was toen de rechter tegen haar sprak en zei, zoals de parketwachter haar had verteld, dat hij haar slechts een paar vragen wilde stellen. De parketwachter gaf haar de bijbel en met bevende stem herhaalde ze de eed.

'Ik zweer dat ik de waarheid zal spreken, de volle waarheid en niets dan de waarheid, zo helpe mij God almachtig.'

'Antoinette,' zei de rechter, 'Ik wil graag dat je enkele vragen beantwoordt, daarna ben je vrij om te gaan. Beantwoord ze zo goed je kunt. En bedenk dat je hier niet terechtstaat. Kun je dat?'

Eindelijk sloeg ze haar ogen op en keek in die van de rechter. De toon in zijn stem toen hij het woord tot haar gericht had, gaf haar het gevoel dat hij min of meer aan haar kant stond. Ze bleef hem in de ogen kijken. Zo kon ze haar vader niet zien. 'Ja.'

De rechter boog zich naar voren, legde zijn armen op de rand van zijn stoel en keek haar zo vriendelijk mogelijk aan. 'Heb je op enig moment aan je moeder verteld wat er met je gebeurde?'

'Nee.' Ze geloofde bijna dat het waar was, want ze verdrong nog steeds de herinnering aan de keer dat ze het haar verteld had. Ze balde haar vuisten, duwde haar nagels in haar handpalmen. Ze had gedacht dat al haar tranen waren opgedroogd en ze niets meer over had om te kunnen huilen, maar nu dreigden ze terug te komen. Haar ogen prikten en brandden, maar ze gebruikte al haar kracht om de tranen tegen te houden. Niets zou haar ertoe kunnen brengen openlijk te huilen en al die mensen hier haar schaamte te tonen.

'Weet je van de bloemetjes en de bijtjes? Weet je hoe vrouwen zwanger worden?'

Er hing een gespannen sfeer in de rechtszaal; iedereen wachtte op Antoinettes antwoord. Ze bleef de rechter strak aankijken en probeerde de rest van de rechtszaal te laten verdwijnen terwijl ze fluisterde: 'Ja.'

Ze voelde dat haar vader naar haar staarde, zoals ze ook de spanning in de zaal voelde stijgen toen de rechter de laatste vraag stelde. Ze hoorde hoe de aanwezigen hun adem inhielden toen de vraag kwam. 'Dan ben je toch zeker bang geweest om zwanger te worden?'

Die vraag was haar zo vaak gesteld door het maatschappelijk werk en de politie, en ze vertelde de rechter precies wat ze tegen hen had gezegd. Behoedzaam antwoordde ze: 'Hij gebruikte iets. Het zag eruit als een ballon en hij zei dat het zou voorkomen dat ik een baby kreeg.'

Er klonk een gemeenschappelijke zucht toen iedereen in de rechtszaal zijn adem liet ontsnappen. Ze had bevestigd wat iedereen had vermoed: dat Joe Maguire zijn dochter berekenend en systematisch had verkracht vanaf haar zesde jaar, en dat hij vanaf het moment waarop ze volwassen was geworden en haar eerste menstruatie had, condooms had gebruikt.

Antoinettes antwoord was fnuikend voor de verdediging van haar vader. Zijn advocaat had getracht te poneren dat het de daden waren van een zieke man die werd meegesleept door zijn driften. De onschuldige beschrijving door zijn dochter van een condoom, waarvoor ze zelfs de benaming niet kende, logenstrafte dat. Zijn handelingen waren niet impulsief, ze waren met voorbedachten rade. Joe Maguire was volledig verantwoordelijk voor zijn daden.

De rechter bedankte haar voor haar antwoorden en zei dat ze de rechtbank kon verlaten. Nog steeds met afgewende blik om de starende ogen van haar vader te vermijden, liep ze eenzaam door de dubbele deuren terug naar de wachtruimte.

Ze was niet aanwezig toen de rechter het vonnis uitsprak. De advocaat van haar vader, die haar moeder betaald had, vertelde Antoinette een halfuur later wat haar vader was opgelegd.

Joe Maguire kreeg een gevangenisstraf van vier jaar voor

een misdaad die hij gedurende zeven jaar had gepleegd. Over dertig maanden was hij weer een vrij man; een derde van de tijd waarin Antoinette zoveel ellende had meegemaakt.

Ze voelde niets. Al heel lang was niets voelen de enige manier om haar verstand niet te verliezen.

'Je vader wil je spreken,' vervolgde de advocaat. 'Hij zit in de arrestantencel.'

Nog steeds gehoorzaam bezocht ze haar vader. Het was een kort onderhoud. Hij staarde haar met een arrogante uitdrukking aan, nog steeds zeker van de wetenschap dat hij haar in zijn macht had, en gebood haar voor haar moeder te zorgen. Onmachtig om te breken met de gewoonte een gehoorzame dochter te zijn, zei ze dat ze het zou doen. Het scheen hem niet te interesseren wie er voor zijn dochter zou zorgen.

Toen ze het cellencomplex verliet, werd haar gezegd dat de rechter haar in zijn raadkamer wenste te spreken. Daar, zonder zijn pruik en rode toga, leek hij minder imposant en meer een gewoon, vriendelijk mens. Zittend in zijn kamer putte ze troost uit zijn woorden.

'Antoinette, je zult ervaren, zoals ik weet dat je al gedaan hebt, dat het leven niet rechtvaardig is. Mensen zullen het jou verwijten, zoals ze al gedaan hebben. Maar ik wil dat je heel goed naar me luistert. Ik heb je politiedossier gezien. Ik heb je medische dossier gezien. Ik weet precies wat er met je gebeurd is, en geloof me, niets daarvan is jouw schuld. Je hebt niets gedaan waarvoor je je hoeft te schamen.' Hij glimlachte en liep met haar naar de deur.

Ze liep de rechtbank uit met zijn woorden veilig weggestopt in haar geheugen; woorden die ze in de loop der jaren tevoorschijn zou halen om er troost in te zoeken, woorden die haar hielpen bij de confrontatie met een familie en een dorp vol mensen die zijn overtuiging niet deelden.

3

Het was 1961 en Antoinette was net zestien geworden. Twee jaren waren verstreken sinds haar vader was veroordeeld tot een gevangenisstraf voor wat in de kranten 'Een ernstig delict jegens een minderjarige' werd genoemd. Het proces was *in camera* gehouden om haar identiteit te beschermen, maar dat had weinig geholpen – de details waren een publiek geheim en iedereen in Coleraine wist wat er gebeurd was. Ze wisten het, en ze verweten het Antoinette. Ze was bereidwillig genoeg geweest, werd er gefluisterd, want waarom had ze anders zo lang haar mond gehouden? Pas toen ze zwanger werd, begon ze te roepen dat ze verkracht was en bracht ze schande over de familie van haar vader.

Antoinette werd van school gestuurd. Haar vaders familieleden zeiden dat ze nooit meer bij hen op bezoek mocht komen. Het dorp had de deuren voor haar gesloten en overal waar ze kwam, keerde men haar de rug toe.

Ruth, Antoinettes moeder, deed wanhopig haar best om te ontkomen aan de schande van het misdrijf en de gevangenisstraf van haar man, en wilde zo gauw ze kon weg van het geroddel en gefluister in het dorp. Niets kon haar overreden te blijven. Het huis van de familie werd haastig verkocht, evenals Joe's zwarte Jaguar, maar zelfs na beide verkopen had ze een nijpend geldtekort.

Niet uit het veld geslagen verhuisde ze met Antoinette, weg uit Coleraine naar de arme wijk rond Shankhill Road in Belfast, naar een klein huurhuis. Antoinette, opgelucht dat ze Coleraine hadden verlaten maar met haar dromen van een opleiding aan gruzelementen, nam baantjes aan als au pair om financieel iets te kunnen bijdragen, terwijl Ruth werk kreeg als manager van een koffiebar in de stad.

Maar de angst bleef haar achtervolgen. Het afschuwelijke gevoel door iedereen die haar lief was te worden afgewezen, liet haar niet los. Ze voelde zich eenzaam, ongeliefd en waardeloos. De enige uitweg, dacht ze, was om afscheid te nemen van de wereld waarin ze zich niet langer gewenst voelde. Antoinette nam pillen, spoelde ze weg met whiskey en sneed vijftien keer met een scheermes in haar polsen. Ze overleefde het, op het nippertje, en bracht drie maanden door in een psychiatrische inrichting in een buitenwijk van Belfast. Omdat ze pas vijftien was, werden haar shockbehandelingen en kalmerende middelen bespaard. In plaats daarvan werd haar depressie bestreden met een intensieve therapie, en ten slotte was ze voldoende hersteld om de kliniek te verlaten en haar leven weer op te pakken.

Ruth was erin geslaagd een huis voor hen te kopen in de tijd dat Antoinette ziek was, en daar ging ze heen, met het gevoel dat haar leven misschien op het punt stond voor het eerst in vele jaren een goede wending te nemen.

De portierswoning was een mooi victoriaans gebouwtje aan de rand van de stad. De kamers waren klein en krap en vol-

gestouwd met goedkope, armetierige meubels; het pleisterwerk op de muren was oud en afgebladderd, en barsten van
ouderdom ontsierden de raamkozijnen en de plinten. Gordijnen met een groot bloempatroon, die eigenlijk bestemd
waren voor grotere ramen, waren ingekort en hingen in on-
bevallige plooien tot halverwege de muren, de daarmee
vloekende gebloemde kleden waren kaal en verschoten.

'Dat is het dan, Antoinette,' zei Ruth toen ze de eerste
keer naar binnen gingen. 'Dit is ons nieuwe thuis. Een kamer voor jou en een kamer voor mij. Wat vind je ervan?'

Vanaf het eerste moment dat ze het oude huis betrad,
begon Antoinette zich veilig te voelen. Ze wist niet waarom dit de plek zou zijn waar ze begon het verleden achter
zich te laten, maar zo was het. Hier nam langzamerhand de
angst af waarmee ze acht jaar lang had geleefd, die haar
overdag had achtervolgd en haar dromen was binnengedrongen. Antoinette had het gevoel dat de kleine woning het
nest was waarin ze beschermd werd tegen de wereld.

Samen begonnen zij en haar moeder er een thuis van te
maken. Verenigd in hun verlangen iets huiselijks en gezel-
ligs te creëren, bedekten ze het bobbelige oude pleisterwerk
met twee lagen heldere verf, die ze met amateuristisch en-
thousiasme aanbrachten. De saaie oude zitkamer werd om-
getoverd in een aantrekkelijke, karakteristieke kamer vol
boeken en ornamenten. Ruths verzameling Staffordshire-
honden vond een plaats in een van de hoeken, borden met
een wilgenpatroon stonden uitgestald op een bekrast eiken-
houten buffet, naast de kleine snuisterijen en dingetjes die
Antoinette en haar moeder kochten op de markt van
Smithfield in het centrum van Belfast. Daar, bij de kramen
die curiosa en tweedehands meubilair verkochten, vonden
ze de beste koopjes.

Op een van die dagen, toen ze de markt verkenden, ontdekte Antoinette een groene oorfauteuil voor twee pond. Opgewonden riep ze haar moeder erbij om hem te bekijken en in overleg was de koop snel gesloten. Thuis werd het Antoinettes lievelingsstoel. Ze hield van het zachte fluweel waarmee hij bekleed was en van de 'oren' boven aan de rug, die haar beschermden tegen tocht.

Terwijl de weken verstreken en ze zich settelden in hun nieuwe thuis, keerde de band met haar moeder, waarnaar Antoinette sinds haar zesde jaar had gehunkerd, terug. En daarmee begon het vertrouwen dat ze vroeger in haar had gehad weer te groeien. Ze koesterde het zozeer dat ze zich nooit afvroeg waarom alles wat eraan vooraf was gegaan eigenlijk gebeurd was; vastberaden bande ze de herinneringen aan haar moeder zoals ze vroeger was uit haar geheugen en weigerde zichzelf de vragen te stellen die haar achtervolgd hadden. In plaats daarvan richtte ze haar blik op de toekomst. Eindelijk was ze op een plek waar ze zich veilig voelde, en eindelijk begon de relatie met haar moeder tot bloei te komen. Ze ontdekte dat het genot van vrij zijn om lief te hebben veel zwaarder woog dan het geluk liefde te ontvangen. Als een bloem in de zon begon ze op te bloeien.

Ruth bezorgde Antoinette een baan als serveerster in de koffiebar die ze managede. Het werk was niet moeilijk en Antoinette deed het graag. 's Avonds, als ze thuiskwamen uit hun werk, keken zij en haar moeder gretig de krant door en kozen uit de twee beschikbare tv-kanalen het programma dat ze allebei wilden zien. Met het eten op een dienblad op schoot verloren ze zichzelf in oude zwart-witfilms of quizshows, verwarmd door het kolenvuur in de open haard. De televisie was Antoinettes trots en vreugde – het was het enige nieuw aangeschafte meubelstuk, en zij had het geld gespaard om het zelf te kunnen kopen.

Aan het eind van elke avond vulde Antoinette de warmwaterkruiken en droeg ze de steile, smalle trap op die van de zitkamer naar een kleine, vierkante overloop leidde. Aan weerskanten daarvan, minder dan een meter van elkaar gescheiden, lagen hun onverwarmde slaapkamers onder het schuin aflopende dak met kierende ramen. Ze wikkelde elke roze rubberen kruik in een pyjama en stopte ze in de koude bedden om voor een aangenaam warm plekje te zorgen.

Weer beneden dronken ze kameraadschappelijk een laatste kop warme chocolademelk voordat Ruth naar bed ging en Antoinette de boel liet opruimen. Haar laatste karwei was het vuur af te dekken met kolengruis en theebladeren zodat het de volgende ochtend, opgepord met de smeedijzeren pook die met de bijpassende schop en borstel in de standaard ernaast stond, een welkome warme gloed zou verspreiden.

Antoinette stond 's morgens als eerste op en ging naar beneden om zich in de keuken snel met de spons te wassen bij de gootsteen. De stoom van de ketel vermengde zich met de wasem van haar adem terwijl ze water kookte voor de thee. Eens per week werd een groot petroleumstel aangestoken. Behalve verfoeilijke dampen verspreidde het een flauwe warmte; terwijl de olie heet werd, sleepte Antoinette een oude tinnen badkuip naar de keuken en vulde die met pannen kokend en koud water. Ze nam snel een bad en waste haar haar. Daarna, gehuld in een flanellen ochtendjas, maakte ze terwijl het warm werd in de keuken het bad schoon en vulde het opnieuw voor haar moeder. Kleren werden nog met de hand gewassen en opgehangen aan een lijn tussen twee metalen stangen in de kleine achtertuin. Terwijl ze nog vochtig waren, werden ze te drogen gelegd bij het vuur, wat de stoom omhoog deed krinkelen en de kamer vulde met de geur van drogend wasgoed.

Op zondag, als de koffiebar gesloten was, maakte Antoinette het ontbijt klaar en at samen met haar moeder. Judy, nu een oude hond die zich door haar reuma moeizamer bewoog, zat dan naast Antoinette en volgde met haar ogen elke beweging in de hoop dat moeder en dochter beiden thuis zouden blijven en haar niet in de steek zouden laten. Op de dagen dat Ruth en haar dochter samen naar hun werk vertrokken, volgde ze hen naar de deur met op haar snuit een in de loop der jaren geperfectioneerde uitdrukking van diepe ellende.

Het was een rustig leven, maar vertroostend en genezend, en de kloof die vroeger had bestaan tussen Antoinette en haar moeder werd langzamerhand overbrugd. Het enige wat nooit ter sprake kwam was wat er zou gebeuren op die dag in de verre toekomst waarop haar vader op vrije voeten zou komen. Ruth sprak überhaupt met geen woord over haar man en er was nooit een brief van hem in huis te vinden – de vernedering van een brief met het stempel van een gevangenis lag niet in Ruths lijn – en voor zover Antoinette kon zien, werd er ook nooit een aan hem geschreven.

De uiteindelijke vrijlating van haar vader was een donkere schaduw aan de horizon, maar die tijd was nog ver weg. Daar hoefden ze nu nog niet aan te denken. Antoinette leefde in zalige onwetendheid wat betreft de toekomstplannen van haar moeder. Nu draaide de wereld alleen om hen beiden.

Achttien maanden nadat ze naar de portierswoning waren verhuisd, besloot Antoinette iets te doen aan de ambities die ze stilletjes had gekoesterd. Hoewel ze haar werk in de koffiebar leuk vond, verlangde ze iets beters dan een leven als serveerster, en wilde ze dat haar moeder trots op haar zou zijn. Het probleem was echter dat toekomstige werkgevers zich konden laten afschrikken door het feit dat ze op haar zestiende zonder diploma van school was gegaan. Zonder bewijs van haar opleiding was er geen denken aan dat ze hogerop zou kunnen komen. Maar Antoinette had een manier gevonden om dat probleem te omzeilen. Een secretaresse-opleiding zou haar niet alleen een officieel diploma geven, maar ook een certificaat dat ze op achttienjarige leeftijd van school was gegaan, wat haar die waardevolle twee jaar extra zou geven. Alles wat ze nodig had, was het geld om de opleiding te betalen, en ze maakte al plannetjes hoe ze daaraan kon komen.

Ze had gehoord dat veel Ierse meisjes in de zomer naar Engeland of Wales gingen om daar in de vakantiekampen te werken. Ze kregen een goed loon en hoge fooien, was haar verteld. Het zou een snelle en betrekkelijk gemakkelijke manier zijn om het geld te verdienen dat ze nodig had voor haar studie, en de koffiebar zou haar wel een tijdje vrij willen geven om elders te gaan werken, en haar weer in dienst nemen als ze terugkwam. Er waren in Belfast altijd veel studenten die tijdelijk werk zochten, dus het zou niet moeilijk zijn iemand te vinden die haar een tijd kon vervangen.

Het was een heerlijk gevoel om naar een doel toe te kunnen werken. Toen Antoinette haar plan voorlegde aan de eigenaar van de koffiebar, leek het lot haar gunstig gezind. Hij had een familielid dat een hotel bezat op het Isle of Man en altijd op zoek was naar personeel. Ze zou er met Pasen naartoe kunnen en goed verdienen als serveerster en kamermeisje. Het leek een te mooie kans om te laten schieten, en dus zat Antoinette een week later op de veerboot naar het Isle of Man.

Het was niet helemaal de geweldige ervaring waar ze naar had uitgekeken. De meisjes werden behandeld als niet veel meer dan veredelde duvelstoejagers en moesten van 's morgens vroeg tot 's avonds laat draven. Antoinette vond het slopend en het werd minder goed betaald dan haar was voorgespiegeld. Maar met weinig mogelijkheden en nog minder tijd om haar geld uit te geven, wist ze een aardig bedrag te sparen, en ze besloot een paar dagen eerder terug te gaan dan ze van plan was geweest en een tijdje thuis te relaxen voor ze weer aan het werk ging.

Enthousiast over het vooruitzicht weer thuis te zijn haastte ze zich zo gauw ze kon van de haven naar Lisburn en wenste dat de taxi twee keer zo hard zou rijden. Maar toen ze binnenkwam en de zitkamer in stormde met haar armen vol cadeaus voor haar moeder, bleef ze plotseling stokstijf staan, geschokt door de aanblik van het laatste in de wereld wat ze wilde zien.

'Hallo. Hoe gaat het met mijn kleine meid?'

Het was haar vader, die zittend in de groene oorfauteuil met een zelfvoldane glimlach naar haar keek terwijl haar moeder stralend van geluk aan zijn voeten zat.

4

Antoinette lag in bed, onwillig om op te staan, en probeerde zichzelf wijs te maken dat de vorige avond niet meer dan een nachtmerrie was geweest. Maar ze wist dat het werkelijkheid was, hoe moeilijk het ook was te accepteren. Het was ongelooflijk – hoe kon haar moeder zoiets hebben gedaan? Het was vreemd en het was wreed.

Ze kon het niet langer uitstellen; ze schoof het beddengoed van zich af, zette haar benen met een zwaai op de grond en begon zich aan te kleden. Haar hele lichaam verslapte toen ze de kleren aantrok die nog dezelfde stijl hadden als toen ze haar eerste loon ontving. Haar complete garderobe bestond uit plooirokken en hooggesloten truien in gedekte tinten; de neutrale kleding waar haar moeder van hield. Het uniform van een meisje uit de middenklasse wier enige wens was zich aan te passen en niet op te vallen in de menigte.

Antoinette wachtte in haar slaapkamer tot ze haar moeder hoorde vertrekken naar haar werk; ze wenste haar die ochtend niet onder ogen te komen en bovendien voelde ze zich zo gekrenkt en kwaad dat ze niet wist of ze wel een woord had kunnen uitbrengen. Toen riep Ruth zoals elke ochtend: 'Ik ga naar de zaak, lieverd. Tot vanavond!' Haar stem klonk opgewekter dan gewoonlijk, ongetwijfeld vanwege het weekendbezoek van haar man.

Toen ze de deur achter haar moeder hoorde dichtslaan, ging Antoinette naar beneden. Judy zat onder aan de trap te wachten, en Antoinette ging, zoals ze in het verleden zo vaak had gedaan, op de grond zitten, sloeg haar armen om de hals van de oude hond en zocht steun bij de warmte van haar vacht. Judy, die haar wanhoop aanvoelde, likte haar gezicht alsof ze haar wilde troosten. Antoinette voelde de tranen in haar ogen springen en vervolgens langzaam over haar wangen omlaag druppen.

Ze liep naar de zitkamer. Haar neusgaten vulden zich met de geur van een vijand – een vijand die ze gedacht had nooit meer te hoeven zien. Ze verstijfde als een klein dier dat gevaar voelt.

Ze kon hem ruiken, zelfs in een lege kamer.

Op dat moment wist ze dat ze de gebeurtenissen van de vorige avond niet had gedroomd. Toen ze haar vader daar had zien zitten, was ze niet bij machte geweest iets te zeggen. Ze was de kamer uit gevlucht, had haar pakjes laten vallen en haar toevlucht gezocht in haar slaapkamer. Daar was ze gebleven tot hij was vertrokken, terwijl ze probeerde te begrijpen wat er was voorgevallen. Ze kon het gewoon niet geloven. Ze had gedacht dat zij en haar moeder een nieuw leven waren begonnen, maar nu leek het erop dat Ruth slechts pas op de plaats had gemaakt tot ze haar oude leven weer kon voortzetten. Antoinette was haar gezelschap geweest terwijl ze wachtte.

Haar vader was uren geleden vertrokken en teruggekeerd naar de gevangenis toen zijn weekendverlof was afgelopen, maar de geur die ze zich herinnerde, van sigaretten en haarolie vermengd met de vage geur van oud zweet, bezoedelde de kamer. Haar oog viel op de overvolle asbak met de geplette restanten van de zelfgerolde sigaretten van haar vader: het materiële bewijs van zijn bezoek. Ze opende de ramen, pakte de asbak met de sigarettenpeuken op en gooide hem leeg, maar zijn geur bleef hangen en ontketende ongewenste herinneringen.

Nu moest ze het feit onder ogen zien dat haar vaders weekendverlof, dat hem was verleend na twee jaar van zijn vierjarige straf te hebben uitgezeten, hem rechtstreeks naar zijn vrouw had gevoerd, die duidelijk verrukt was hem terug te hebben. Afgaand op wat ze ervan had gezien, wist Antoinette dat Ruth zijn bezoek niet alleen geduld had, maar van harte verwelkomd had.

Haar vader was in haar huis geweest, hij had het bevuild. Ze voelde zich alsof ze onverhoeds in drijfzand was gestapt, en hoe ze ook worstelde, ze werd onverbiddelijk omlaag getrokken, terug naar het verleden, terug naar die donkere plek waarin ze zoveel jaren opgesloten had gezeten. Ze probeerde zich vast te klampen aan de broze veiligheid die ze had gekend in de portierswoning, probeerde de herinnering aan de vorige avond van zich af te zetten en troost te putten uit haar vertrouwde omgeving.

Maar door de verdoving van shock en ongeloof heen kwam een andere emotie naar boven. Het besef van het totale verraad van haar moeder wakkerde een intense woede in haar aan, die haar langzamerhand volledig in bezit nam.

Hoe kan mijn moeder nog geven om een man die zo'n afschuwelijke misdaad heeft gepleegd? Ze weet wat hij mij, haar eigen dochter, heeft aangedaan. Hoe kan ze nog van hem houden? vroeg ze zich herhaaldelijk af terwijl ze door de kamer ijsbeerde. En als ze het hem heeft kunnen vergeven, hoe groot is dan haar liefde voor mij? Was het allemaal een leugen?

Ons hart mag ons dan toebehoren, we hebben er maar weinig over te zeggen. Antoinette verschilde daarin niet van anderen; het ene moment wilde ze haar moeder haten en het volgende verlangde ze naar haar troost en liefde.

Maar ze kon de antwoorden op de vragen die ze zichzelf stelde niet accepteren. Ze werd misselijk bij de gedachte dat haar ouders op nog geen meter afstand van haar slaapkamer weer een bed hadden gedeeld.

Hadden ze seks met elkaar gehad? vroeg ze zich af. Ze rilde bij het idee dat Ruth bereidwillig kon hebben gedaan waartoe zij gedwongen was. En het ergste van alles: ze wist dat als haar moeder bereid was haar vader terug te laten komen in hun huis, al was het maar even, het betekende dat ze hem over een paar maanden, als hij werd vrijgelaten, voorgoed weer zou opnemen in het huis dat ze deelde met Antoinette.

Het gevoel van veiligheid dat ze meende te hebben gevonden verdween; de grond zakte weg onder haar voeten en ze voelde zich in een afgrond vallen van onvoorstelbare wanhoop. Die ochtend werden de gevoelens van verraad in haar geest verankerd, en geen wilskracht, hoe sterk ook, kon die ooit weer wegnemen.

5

In de weken na haar vaders terugkeer naar de gevangenis werd de vriendschappelijke warmte tussen Ruth en haar dochter vervangen door een barricade van wantrouwen. Er stond een onzichtbare muur tussen hen in, dit keer opgetrokken door Antoinette. Het verraad dat ze had gevoeld toen ze haar vader in hun zitkamer zag, was te veel om te kunnen verwerken. Ze wilde naar buiten, zo ver mogelijk wegrennen, maar ze wist dat het geen optie was.

Nu ze wat spaargeld opzij had gelegd voor haar droom om verder te leren, wilde ze haar plan doorzetten om in de zomer ergens te gaan werken, ondanks haar ervaringen op het Isle of Man. Honderden Ierse meisjes verlieten hun huis om te werken in de zomerkampen, hotels en pensions op het vasteland. Met gratis onderdak en maaltijden boven op een hoog loon en goede fooien van tevreden vakantiegangers, konden ze met een mooi bedrag terugkomen.

Ze had al een baan bij Butlins voor het zomerseizoen, en de datum van haar vaders definitieve vrijlating, achttien maanden eerder dan het vonnis had vereist, viel vóór haar vertrek. Kon ze het opbrengen om thuis te blijven nadat hij bij hen was ingetrokken?

Tot nu toe had ze haar moeder niet alleen willen laten, maar door haar bedrog en het vooruitzicht dat ze een huis met haar vader zou moeten delen, verlangde ze ernaar om weg te gaan. Maar als ze vertrok voordat ze genoeg geld had verdiend, zou ze haar spaargeld moeten gebruiken en niet voldoende overhouden voor haar studie. Zonder dat onmisbare diploma zou haar een toekomst als serveerster of winkelmeisje wachten.

Wat voor keus heb ik? vroeg ze zich af. Ze zou dakloos zijn. Niemand zou een kamer willen verhuren aan een meisje dat nog geen achttien was, zelfs al zou ze genoeg verdienen om op eigen benen te staan.

Maar het geld dat ze op het kamp kon verdienen, samen met wat ze al gespaard had, zou voldoende zijn voor de zo verlangde secretaressecursus. Met het diploma op zak was ze vrij om het huis uit te gaan en haar eigen flat te huren in Belfast, en was ze onafhankelijk van haar ouders.

Ik ben bang voor mijn toekomst, dacht ze. Ik heb te veel vrouwen van middelbare leeftijd gezien die net het hoofd boven water kunnen houden door lange uren te maken in tweederangs restaurants, terwijl jongere meisjes werk genoeg kunnen krijgen in de betere zaken, waar hoge fooien worden gegeven. De gedachten tolden door haar hoofd tot ze inzag dat ze geen andere keus had dan thuis te blijven.

Tijdens Antoinettes verblijf in de portierswoning had ze elke zaterdagochtend het wapperende doek gezien van de danstent die werd opgezet in het veld van een ondernemende boer uit de omgeving. Elke zaterdagavond hoorde ze de ritmische muziek van een band als de muziek door de avondlucht zweefde. Ze leunde zo ver mogelijk uit het raam, spande zich in om meer te horen en keek verlangend naar de enorme tent. Als de vele lichten binnen brandden, straalde hij tegen de donkere lucht, net een reusachtige verlichte marshmallow.

Ze wist dat daarbinnen jonge mensen hun eigen wereld hadden met hun eigen muziek, hun eigen kleding en plezier. Ver uit het raam van haar kamer gebogen herinnerde ze zich wat haar moeder daarover zei. 'Nette meisjes gaan niet naar dat soort gelegenheden, liefje. Als een jongen met je uit wil, komt hij bij je thuis en haalt je fatsoenlijk op. Je gaat zeker niet naar hem op zoek in die tent.' Ruth liet haar uitspraak altijd vergezeld gaan van haar merkwaardige humorloze lachje en haar brede, lege glimlach.

Altijd als haar moeder dat tegen haar zei, antwoordde Antoinette gehoorzaam: 'Nee, mammie,' bleef tevreden binnen bij haar moeder en deed Ruth een plezier door haar gezelschap te houden.

Maar de dingen waren veranderd. Nu wilde ze deel uitmaken van de wereld die ze door haar slaapkamerraam kon zien. Ze wilde naar die tent. De weekends zouden feestelijk worden, ze zou met andere tieners omgaan en leven zoals zij. Ze wist zeker dat het leven van andere meisjes niet om hun moeder draaide, maar om mode, make-up en dansavonden in het weekend, en dat wilde zij ook.

Antoinette bekeek zichzelf in de spiegel met een koele, taxerende blik. Ze wist dat ze anders was. Nog afgezien van haar Engelse accent waren haar kleren ouderwets en haar donkerbruine, in een pagekopje geknipte haar, dat bijna tot op haar schouders viel, paste beter bij een kind van veertien dan bij een meisje van zeventien. Dat was allemaal te danken aan Ruths invloed.

Niet langer, dacht Antoinette weemoedig. Ik wil net zo zijn als andere meisjes. Ik word modieus.

Ze dacht aan de groepjes vrolijke, zelfverzekerde jonge mensen die ze tijdens de avonddienst bediende. De jongens met hun keurig geknipte haar, gekleed in jasjes en nette broeken, mochten dan op een jongere versie van hun vader lijken, de meisjes hadden hun eigen stijl ontwikkeld, een stijl die heel weinig te maken had met die van hun moeder. Hun haar was getoupeerd in de nieuwe modieuze 'suikerspin' en hun gezicht was bedekt met een dikke laag bleke make-up, fel contrasterend met hun zwartomlijnde ogen die naar de wereld tuurden door zwaar met mascara aangezette wimpers.

Op Antoinettes gezicht kwam slechts een vleugje poeder, op haar lippen een natuurlijke roze lippenstift en op haar wimpers één dun laagje mascara. Dat zonderde haar bijna net zoveel af van haar leeftijdgenoten als haar kleding.

Ik begin meteen, besloot ze.

De glamoureuze, swingende jaren zestig waren begonnen en een nieuwe welvaart ontstond. Arbeiders gingen deel uitmaken van de middenklasse, woonwijken werden uit de grond gestampt en boden jonge stelletjes de mogelijkheid van een klein eigen huis, identiek aan alle andere huizen in de buurt. Voor elke deur stond een auto geparkeerd, op elk dak zat een televisieantenne en het woord 'schuld' werd vervangen door 'huurkoop'. Het was een bloeiperiode die een nieuwe jeugdcultuur voortbracht, en Antoinette wilde niets liever dan daarbij horen. Tieners kregen een zelfverzekerdheid die hun ouders nooit gekend hadden, en in hun vrije tijd dansten ze de nieuwe rock-'n-roll, gingen naar cafés, dronken cappuccino's en praatten vrijmoedig met elkaar. Ze weigerden een jongere versie van hun ouders te zijn en bedachten hun eigen mode en levenswijze.

Dat waren de mensen waar Antoinette mee wilde omgaan en daartoe zou ze moeten veranderen, dat wist ze. Ze kon niet veel doen aan haar Engelse accent, maar beslist wel aan haar uiterlijk.

Een heel andere Antoinette begon tevoorschijn te komen. Ze kocht strakke jurken en verborg ze achter in haar kast, samen met de stilettohakken en nieuw ondergoed. Een kapper die haar door een van haar jeugdige klanten was aanbevolen, verrichtte wonderen en liet het keurig geknipte donkerbruine haar verdwijnen. Daarvoor in de plaats kwam een opgekamde suikerspin. Ogen die een hardere uitdrukking hadden gekregen werden geaccentueerd door geëpileerde wenkbrauwen, en een verlies van eetlust had haar vroeger mollige figuur veranderd in een meer modieuze slanke lijn.

Ruth sloeg de transformatie gade, verbaasd en geërgerd. Ze was gewend aan onvoorwaardelijke gehoorzaamheid van een kind dat altijd goedkeuring had verlangd en was verrast door deze plotselinge rebellie. Al deed ze niets om het te stoppen, toch vocht ze sluw terug, maakte gebruik van haar verbale vaardigheid om haar dochter te manipuleren en de reactie uit te lokken die ze wenste. Voor haar emotionele chantage gebruikte ze woorden vol pijn en verbijsterde woede. 'Ik weet niet waarom je me zo graag ongelukkig wilt maken. Vind je niet dat ik al genoeg heb geleden?' zei ze klaaglijk.

Maar Antoinette weigerde te luisteren.

Terwijl de nieuwe, modieuze Antoinette gestalte kreeg, merkte ze dat de meisjes die geregeld in de koffiebar kwamen nu een gesprek met haar aanknoopten. De interesses van haar nieuwe vriendinnen waren make-up, tienermode en jongens, en deze onderwerpen slokten het grootste deel van hun mentale energie op. Daar was Antoinette dankbaar voor, want zo bleef er weinig over voor nieuwsgierigheid naar Antoinettes huiselijke leven en hoefde ze hun niet de schijnwereld voor te spiegelen die ze had gecreëerd: een gelukkig thuis, een liefhebbende moeder en een vader die elders werkte.

Het weekend waarin Antoinette had besloten haar metamorfose te voltooien, brak aan. Het proces duurde uren. Eerst waste ze haar haar met een feloranje spoeling, waarna ze het droogde en toupeerde in de moderne stijl die zo geliefd was bij tienermeisjes en die de moeders tot wanhoop dreef; haar haar torende fier omhoog, op zijn plaats gehouden door een royale hoeveelheid lak, zo'n dikke laag dat een kam er nauwelijks doorheen kwam.

Vervolgens haar gezicht. Ze pakte een camouflagestick en bedekte haar huid ermee tot ze uitzonderlijk bleek zag. Ze omringde haar ogen zo zwaar met zwarte eyeliner dat ze leken te krimpen. Toen haalde ze de laatste aanwinst tevoorschijn van haar snelgroeiende verzameling: een klein plastic doosje met spiegeltje, dat een blok zwarte mascara bevatte. Royale klodders spuug veranderden het zwarte blok in een kleverige drab die ze zorgvuldig aanbracht op haar wimpers. Na elke laag bracht ze een volgende aan, tot de verdikte wimpers zo zwaar waren dat ze de oogleden bijna omlaag trokken. Ten slotte werd de natuurlijke kleur van haar mond verborgen onder de meest bleke glanzend roze lippenstift, aangebracht op gerimpelde lippen omdat ze voor de spiegel haar pruilmondje oefende.

Ze keek naar haar spiegelbeeld, tevreden met wat ze zag. Ze tuitte haar lippen en glimlachte. Tot haar voldoening toonde de spiegel geen glimp van de verlegen, ijverige tiener die haar moeder kende, en evenmin van het ouderwetse meisje dat in de koffiebar werkte. Nee, dit was een modern meisje, net zo zelfverzekerd als de mensen die ze bewonderde.

Ze had het gevoel alsof ze zich ontpopte, uit de cocon kroop en de veilige huid van 'gehoorzame dochter' van zich af schudde. Diep vanbinnen ontbrak het haar nog steeds aan vertrouwen om zich zeker te voelen over het resultaat van haar metamorfose, maar dat probeerde ze uit haar hoofd te zetten.

In plaats daarvan begroette ze haar nieuwe imago. Ze trok een pruillip naar het meisje in de spiegel.

'Vaarwel, Antoinette,' zei ze. 'Hallo, Toni.'

Haar nieuwe ik was geboren, een meisje dat klaar was om op zaterdagavond te feesten.

6

Nu Antoinette er uiterlijk bij hoorde, nodigden de meisjes die ze in de koffiebar leerde kennen haar uit om op zaterdagavonden met hen mee te gaan. Ze spraken met elkaar af en gingen in een groep de plaatselijke danstenten af, waar ze de avond dansend, giechelend en flirtend doorbrachten.

Eindelijk voelde Antoinette zich geaccepteerd. Meer dan wat ook verlangde ze naar vriendinnen en het gezelschap van andere jonge mensen. Ze had het wanhopig nodig bij een groep te horen, vriendschappelijk met de anderen te giechelen en dát te hebben wat ze haar leven lang gemist had: lol.

Op een zaterdagochtend keek ze opgewonden toe hoe het nabije veld veranderde van een modderig terrein in een magisch oord. Eindelijk zou ze die geheime wereld betreden waar tieners zich volgens de laatste mode kleedden, de hele nacht door dansten, sigaretten ronddeelden om volwassen te lijken en meegesmokkelde alcohol dronken. Ze kon het bijna niet afwachten.

Ze zag hoe trossen elektrische kabels uit lawaaierige generatoren met dieselmotors werden gerold om te zorgen voor de glinsterende lichten die hun stralen richtten op de dansende menigte. Ze zag dat een enorme glitterbal, zoals ze alleen nog maar op de televisie had gezien, de tent in werd gebracht.

Delen van een houten vloer die de vochtige aarde moest bedekken werden naar binnen gedragen, en na het leggen van de vloer volgde het meubilair. Een klein leger medewerkers sjouwde met opvouwbare tafels en stoelen werden in groepjes rond de haastig opgebouwde houten dansvloer geplaatst. Ze had gehoord dat er een bar zou zijn binnen, maar dat er alleen frisdrank werd verkocht. Sterkere drank moest gesmokkeld worden, maar dat was niet zo moeilijk. Klanten met uitpuilende zakken werden vluchtig onderzocht door welwillende beveiligingsmensen, speurend naar verboden alcohol, die ze zelden vonden. De wanden van de tent konden gemakkelijk omhooggetrokken worden en kleine flessen sterkedrank gleden eronderdoor in de gretige handen van hun handlangers.

Antoinette hield van drank. Sinds haar vader haar voor het eerst had laten kennismaken met de geneugten van alcohol, had ze genoten van de verdoving en ontspanning die alcohol bood. Terwijl de meeste tieners net ontdekten hoe ze moesten drinken, had Antoinette al de nodige ervaring. Zelfs nu nog vond ze het prettig een fles in haar kamer te hebben zodat ze een oppeppend slokje kon nemen als ze er behoefte aan had. Zodra ze er oud genoeg uit had gezien, kocht ze zelf drank bij de slijterij, met het smoesje dat het voor haar moeder was.

Momenteel had Antoinette een flesje wodka, haar lievelingsdrank, in haar kamer verborgen, omdat ze ervan overtuigd was dat haar adem er niet naar zou ruiken. Ze wist niet hoe gemakkelijk alcohol te krijgen zou zijn op die dansfeesten, dus besloot ze alvast iets te drinken voor ze wegging en schonk een royale hoeveelheid in.

Gestimuleerd door het dankzij de dubbele wodka verkregen zelfvertrouwen trok ze haar lichtbruine Amerikaanse kousen aan en maakte ze vast aan haar roze jarretelgordel. Toen wurmde ze zich in een jurk die zo strak zat dat hij haar knieën bijna aan elkaar vastknelde en dwong haar voeten in pumps met hoge witte naaldhakken. Ze toupeerde haar haar zo hoog mogelijk en bespoot het met gekleurde lak, waarmee ze er een feloranje aureool van maakte. Toen ze haar make-up aanbracht, verdween de gloed uit haar gezicht, dat een doodsbleke kleur kreeg. Twee zwartomrande ogen, meer panda dan hinde, staarden haar aan in de spiegel en ze was verrukt over wat ze zag. Nu was ze zover dat ze huppelend de korte afstand van de portierswoning naar de tent kon afleggen.

Toen ze beneden naar de zitkamer ging, stond Antoinette er nauwelijks bij stil wat de reactie van haar moeder zou zijn als ze geconfronteerd werd met de metamorfose van haar dochter. Maar ze hoorde het geschokte inhouden van haar moeders adem en wendde snel haar blik af van Ruths ontstelde gezicht terwijl ze naar de voordeur liep. Het kon haar niet schelen wat haar moeder dacht. Eindelijk konden haar strak ingepakte heupen swingen op de dansvloer, en die avond was dat het enige wat telde.

Voor één keer was Ruth sprakeloos en voor ze een woord kon uitbrengen, had Antoinette de aftocht geblazen.

'Ik ga ervandoor!' riep ze volkomen overbodig toen ze de deur stevig achter zich dichttrok.

Een groep meisjes, allemaal net zo uitgedost als Antoinette, stond op haar te wachten in de rij die al was ontstaan bij de ingang van de tent. Toen ze eenmaal binnen waren, gingen ze naar de damestoiletten, waar ze zichzelf giechelend en kwebbelend voor de spiegels bewonderden. Handtassen klikten open voor het tienerritueel van het bijwerken van de make-up. Ze dachten er niet bij na dat een wandeling van tien minuten van hun huis naar de tent het urenlange opmaakwerk nauwelijks verstoord kon hebben. Haren werden weer opgetrokken en getoupeerd en daarna overvloedig bespoten, zodat de lucht verstikt werd door goedkoop parfum. Het puntige uiteinde van de kam werd in de haarconstructie gestoken om die nog verder omhoog te trekken, en dan pas waren ze er zeker van dat er verder niets meer aan te doen viel.

De meisjes controleerden zorgvuldig hun gezicht om zich ervan te overtuigen dat er voldoende make-up was aangebracht om de gezonde teint van hun jeugdige huid te maskeren, en smeerden nog een laag lippenstift op hun lippen. Daarna, tevreden over de verschijning in de spiegel, wijdden ze zich aan de taak van het spelden: helpen om bij elkaar strategisch aangebrachte veiligheidsspelden vast te maken in de lange ritssluiting van hun jurk.

'Kom hier,' zei een bijdehand blauwogig blondje tegen Antoinette, 'Dan zal ik je helpen. Waar zijn je spelden?'

'Die heb ik niet,' antwoordde ze. 'Waar zijn die voor?'

Er klonk een salvo van gegiechel om haar naïeve antwoord.

'Nou, als je niet wilt eindigen met je jurk omlaag tot je middel, moet je spelden. De jongens hebben natuurlijk gedronken in de pub, en je weet wat dat wil zeggen,' zei het meisje, en wisselde veelbetekenende glimlachjes met haar meer ervaren vriendinnen.

Tot op dat moment was Antoinette zich er volkomen onbewust van geweest dat ritssluitingen een onweerstaanbare verleiding vormden voor de jongens in de danstent. Ze had alleen maar aan het dansen gedacht en geen seconde overwogen wat de jongens misschien zouden verwachten. Ze moest even slikken toen haar een beeld voor ogen kwam van een horde dronken jongens met zweethanden die 'maar één ding wilden'.

Sally, het blondje en de oudste van de groep, zag de plotselinge blik van angst in de ogen van haar nieuwe vriendin.

'Kijk niet zo bang,' zei ze in een poging haar gerust te stellen. 'De meeste jongens zijn hier alleen voor de crack. O, ze zullen geen nee zeggen als ze de kans krijgen, maar er zal niks met je gebeuren. In ieder geval beletten die spelden hun zweterige handen omhoog te klimmen. Ik leen je er wel een paar.'

Antoinette draaide zich gehoorzaam om en Sally zette de spelden aan de binnenkant van haar jurk, langs de ritssluiting, zorgvuldig op hun plaats tot de laatste speld bij de hals. Toen de jurken waren rechtgetrokken, begaven ze zich naar het hoofddeel van de tent, waar de band al een ritmisch nummer speelde.

Antoinette voelde hoe haar voeten bewogen op de maat van de muziek; haar nervositeit verdween toen ze de jonge mensen om zich heen zag zitten, praten of dansen.

De meisjes kochten frisdrank en praatten honderduit met elkaar terwijl hun ogen elke aanwezige jongen onderzoekend opnamen. Het groepje ging zitten. Jongens in sportjasjes en broeken met stevig geperste plooien drentelden voor hen langs voordat ze dichterbij kwamen om een meisje ten dans te vragen. Als ze gevraagd werd, keek het meisje op, glimlachte instemmend en stond hem vervolgens toe haar aan de hand naar de dansvloer te leiden.

Plotseling hoorde Antoinette een stem vragen: 'Heb je zin om te dansen?'

Ze keek op en zag het glimlachende ronde gezicht van een

jongen die niet veel ouder was dan zij. Ze pakte zijn uitge-strekte hand aan en deed wat ze haar vriendinnen had zien doen: ze volgde hem naar de dansvloer. Ze probeerde zich de passen te herinneren die ze thuis had geoefend; daarna nam het ritme van de band het over en voelde ze zich meege-trokken in een jive.

Het was een heerlijk gevoel en ze was erg blij dat ze zich de passen herinnerde van de nieuwe dansen die ze voor de spiegel had uitgeprobeerd, met Judy als enig publiek.

Na de eerste dans vroeg haar partner om een tweede en toen om een derde. Daarna nam de band even pauze, en, vol zelfvertrouwen na haar dansen, bedankte Antoinette haar partner en ging terug naar haar vriendinnen. Hun groepje was populair, want ze waren vrolijke meiden die uit waren op een avondje lol, en hun zware make-up kon hun natuur-lijke aantrekkelijkheid niet camoufleren. Dans na dans werden ze gevraagd, gesmokkelde wodka pepte hun drank-jes op, en Antoinette voelde haar zelfvertrouwen groeien toen ze met rode wangen swingde op het ritme van de band.

Haar eerste danspartner haalde haar weer op voor de laat-ste dans. Terwijl de lichten dimden was de langzame mu-ziek van de laatste wals het enige geluid dat ze kon horen. Ontspannen door de alcohol gaf ze zich over aan het pret-tige gevoel van de om haar heen geslagen armen; ze legde haar hoofd op zijn schouder terwijl ze over de dansvloer cir-kelden. Ze hief haar hoofd op terwijl de muziek nog speel-de en voelde een vochtige wang met zachte, pluizige stop-pels tegen haar eigen wang. Handen bewogen aarzelend langs haar middel omhoog tot ze zich nog slechts een frac-tie onder haar borsten bevonden. Antoinette kromde in-stinctief haar rug om lichamelijk contact te vermijden. Ze haalde een van haar handen van zijn schouders af en legde die glimlachend op zijn hand, terwijl ze heel even haar hoofd schudde om hem duidelijk te maken dat ze hem aardig vond maar niet gemakkelijk te krijgen was.

Ze wist dat als ze geaccepteerd wilde worden door haar nieuwe groep vriendinnen, ze zich de spelletjes eigen moest maken die door beide seksen gespeeld werden, en de onuitgesproken codes waarmee ze communiceerden.

Haar danspartner legde zich er niet bij neer. Zelfs met haar hand nog dwingend op de zijne bracht hij zijn gezicht omlaag en zocht haar mond terwijl zijn andere hand vergeefs probeerde haar lichaam dicht tegen zich aan te drukken.

Antoinette gooide haar hoofd naar achteren, keek hem recht in de ogen en liet een luchtig lachje horen terwijl haar lijf zich spande tegen zijn manoeuvres. Toen hij besefte dat ze een fatsoenlijk meisje was, ook al gaf haar uiterlijk aanleiding om het tegendeel te geloven, verslapte zijn greep en glimlachte hij schaapachtig terug. Jongens van die leeftijd, zou ze leren, droomden van bereidwillige meisjes, maar vonden er zelden een.

Toen speelde de band de laatste noten en ging het licht weer aan. Gelukkig en vermoeid nam Antoinette afscheid van haar vriendinnen en ging terug naar huis, met de stank van sigaretten nog in haar haar en de scherpe geur van alcohol nog in haar adem.

De geur bleef hangen tot de volgende ochtend toen ze beneden kwam en haar moeder in haar fauteuil zag zitten, wachtend op haar komst. Ze zag haar misprijzende blik toen ze de vertrouwde lucht van verschaalde alcohol en tabak rook.

'Zo, heb je je geamuseerd gisteravond?' vroeg Ruth op een toon die duidelijk maakte dat ze het tegendeel hoopte.

Haar dochter, nog in de ban van de gelukkige herinnering aan haar eerste dansfeest, weigerde toe te happen. 'Ja, dank je, mam,' antwoordde ze kalm.

'Je weet dat je er belachelijk uitzag gisteravond. Natuurlijk kan ik je niet beletten je geld uit te geven waaraan je wilt. Maar zo mag je nooit met mij de deur uit. Ik wens me niet te generen.' Ruth stond op en liep de kamer uit, maar voor ze dat deed gaf ze nog een trap na. 'Ik weet niet wat je vader van dit alles zal zeggen als hij thuiskomt.'

Antoinette was te verbijsterd door wat ze gehoord had om zelfs maar een kik te geven. Ze kon haar moeder slechts nastaren. Het plezier van de vorige avond ebde weg en werd vervangen door een zaadje van paniek. Ze had nooit gedacht dat ze haar moeder zoiets tegen haar zou horen zeggen en het beangstigde haar.

In de daaropvolgende weken ontkiemde het zaadje en groeide tot het in haar dromen doordrong en de paniek in rusteloze nachten zo hevig werd dat die dreigde haar te verstikken.

7

Algauw ging Antoinette elke week naar een dansfeest. En algauw, als ze terugkwam van het dansfeest, rook haar adem naar een andere geur: de stank van braaksel. Ze was niet meer bij machte nee te zeggen tegen een volgend drankje, zelfs niet als de wereld om haar heen draaide en haar maag in opstand kwam.

Het werd een vaste routine. Zodra ze haastig de danszaal of -tent had verlaten, trof de koude nachtlucht haar vol in het gezicht, maar dan had ze te veel alcohol gedronken om daardoor nuchter te worden en kwamen er golven van misselijkheid omhoog in haar keel en moest ze kokhalzen. Met een zakdoek tegen haar mond wankelde ze naar de beschermende schaduw van geparkeerde auto's, in de hoop dat ze daar niet te zien zou zijn. Met één hand op de kofferbak van het dichtstbijzijnde vehikel probeerde ze haar evenwicht te bewaren terwijl ze zich met tranende ogen vooroverboog en haar gespannen lichaam schokte als ze de alcohol uitkotste. De bittere gal spoot haar mond uit en brandde in haar keel, tot ze het gevoel had dat er niets meer over was vanbinnnen.

Daarna werd ze altijd overmand door een depressie, de natuurlijke opvolger van een door alcohol opgewekte euforie, terwijl ze haar mond afveegde met een punt van haar zakdoek, zich oprichtte en wankelend naar huis liep.

De ervaring met alcohol in haar prille jeugd had haar geleerd dat het kon helpen tegen zowel psychische als fysieke pijn. Maar ze besefte niet dat ze de dunne lijn had overschreden tussen een aangeschoten, feestend meisje en een aan alcohol verslaafde puber. Zelfs al had ze zich gerealiseerd dat ze een probleem had, dan had het haar niet kunnen schelen. Het enige wat ze wist, was dat ze zich met elke slok beter voelde: haar angst verdween naar de achtergrond, haar gevoel van diepe ellende loste op en haar zelfvertrouwen nam toe. Ze kon verhalen vertellen waar mensen om moesten lachen, het gevoel hebben dat ze bij een groep hoorde en, als ze eenmaal in bed lag, in dronken toestand aan haar gedachten ontsnappen.

Maar er hing een prijskaartje aan. Op zondagochtend werd ze met tegenzin wakker, onwillig om de gevolgen van de excessen van de vorige avond het hoofd te bieden. Haar hoofd bonsde. Van achter haar ogen en dwars door haar hoofd schoten golven pijn haar schedel in. Haar tong voelde gezwollen, haar keel droog, en het enige wat ze wilde was de rest van de dag onder de dekens blijven liggen. Maar ze weigerde haar moeder enige voldoening te schenken door toe te geven aan haar zelfveroorzaakte misère; ze wist dat Ruth vond dat ze al genoeg reden had om zich te beklagen over het gedrag van haar dochter zonder dat Antoinette haar van nieuwe ammunitie voorzag.

In plaats daarvan probeerde ze zich de vorige avond te herinneren. Ze zag de danszaal weer voor zich, waar groepen meisjes praatten en giechelden terwijl ze opzettelijk de blikken vermeden van de jongens die om hen heen drentelden. Antoinette begon inmiddels te begrijpen hoe het spel in zijn werk ging. Het was een competitie tussen Antoinette en haar vriendinnen wie het onverschilligste gezicht kon opzetten, en de prijs was ten dans te worden gevraagd door de jongen die ze al hadden uitgekozen. Als hij dichterbij kwam maakte een nietszeggende blik plaats voor de geanimeerde uitdrukking richting haar vriendinnen, en bijna onwillig, met een stijf knikje van haar getoupeerde hoofd, accepteerde ze zijn uitnodiging om te dansen.

Beide seksen wisten wat ze wilden: het meisje wilde achternagelopen en versierd worden om vervolgens een vast vriendje te veroveren. De jongen wilde zijn vrienden bewijzen dat hij elk meisje kon krijgen dat hij wilde.

Maar ondanks al hun bravoure kenden de jongens de regels. Ze probeerden wel verder te gaan, maar waren niet verbaasd als het niet lukte. Ze wisten dat een hartstochtelijke zoen achter in een auto en een snelle poging tot handtastelijkheid slechts leidden tot een zachte maar ferme hand die hem tegenhield. Begin jaren zestig, voordat de pil was uitgevonden die een seksuele revolutie veroorzaakte, eindigde een zwangerschap in een huwelijk of in schande; beide seksen waren daarvan op de hoogte en wilden dat om diverse redenen vermijden.

Maar Antoinette speelde een ander spelletje. Ze wilde wodka. Ze wilde dat de wereld vervaagde; ze omarmde de duizeligheid, waarna ze haar handen onder de koude kraan hield, water op de binnenkant van haar polsen spatte om zichzelf weer onder controle te brengen voordat ze op zoek ging naar een volgende slok wodka. Ze glimlachte liefjes naar de dichtstbijzijnde jongen van wie ze wist dat hij een gesmokkelde fles bij zich had. De jongen begreep haar bedoelingen verkeerd en vulde snel haar glas bij, en als ze wist dat er verder niets te verwachten viel tenzij ze met meer dan een glimlach afscheid van hem nam, dronk ze haar glas leeg en ging ervandoor.

Antoinette voelde niets voor een haastig betasten achter in een auto of de worsteling om haar kuisheid te bewaren als een jongen die een beloning zocht voor de gratis drankjes probeerde haar rok omhoog te trekken. Ze had geen enkele belangstelling voor dat ruilsysteem en wist altijd te ontsnappen voordat het kon beginnen. Haar vriendinnen waren te jong om door te hebben dat drank haar obsessie was, en niet jongens. Maar Ruth wist het maar al te goed.

Het was de drank die Antoinette belette het feit onder ogen te zien dat alles tussen haar en haar moeder veranderd was. Het vertrouwen en de vriendschap, die ze zo belangrijk had gevonden, waren weggeglipt. Ruth had eindelijk haar plannen duidelijk gemaakt en Antoinette zag het als haar enige kans op overleven om de nog resterende liefde uit te bannen.

Antoinette wist dat haar moeder haar was gaan beschouwen als een probleem, zoals ze ook had gedaan in die afschuwelijke jaren toen ze geweigerd had onder ogen te zien wat er aan de hand was. En nu Antoinette zich aan haar controle had onttrokken, zag Ruth haar dochter duidelijk als de zoveelste last die ze te verduren kreeg in een leven vol onvervulde verwachtingen. Antoinette merkte dat Ruth ervan overtuigd was geraakt dat haar dochter de oorzaak was van haar problemen.

Nu ze duidelijk te kennen had gegeven dat ze haar man weer toe zou laten in haar huis alsof er niets gebeurd was, begon ze Antoinettes zelfvertrouwen zoveel ze kon te ondermijnen. Ze intimideerde haar met listige en kundige manipulaties, tot ze haar dochter dwong zich bij de situatie neer te leggen.

Ruth wilde de macht in handen hebben en ze wist precies

met welke bewoordingen ze haar dochter naar haar pijpen kon laten dansen.

'Ik maak me zoveel zorgen om je, liefje,' begon ze dan. 'Ik kan niet slapen voordat je thuis bent. Daarom ben ik 's morgens zo moe. Wil je me werkelijk zo ongerust maken?'

Als ze er genoeg van kreeg Antoinette met een schuldgevoel op te zadelen, begon ze haar aan te vallen – 'Je stelt me zo teleur' – en te beschuldigen – 'Ik weet niet met wie je omgaat of wat jij en je vriendinnen uitspoken op die feesten, maar ik weet hoe je ruikt als je thuiskomt.'

Antoinette probeerde haar te negeren, bleef opstandig naar *Juke Box Jury* kijken of met een spiegel voor de televisie haar make-up aanbrengen om weer een avond uit te gaan. Dan speelde Ruth haar troef uit. 'Je weet dat ik van je hou.'

Antoinette wilde zo graag dat het waar was; ondanks de woede over het verraad van haar moeder hield ze nog van haar en hunkerde ze ernaar die liefde beantwoord te zien. In de weken tussen het weekendbezoek en de vrijlating van haar vader probeerde ze zich af te sluiten voor de stem van haar moeder als Ruth probeerde de geschiedenis te herschrijven. In deze weken haalde Ruth de teugels strakker aan, totdat gehoorzaamheid, dat integrale deel van Antoinettes jeugd, de overhand begon te krijgen. Ze eiste dat Antoinette het spel speelde van het gelukkige gezin, net deed alsof ze zich verheugde op de thuiskomst van haar vader en er niets gebeurd was waardoor ze die gedachte vreselijk zou vinden.

'Papa komt gauw thuis, lieverd,' zei Ruth tegen haar dochter op blijde en onbezorgde toon, als verwachtte ze niets minder dan een verrukte reactie.

Antoinette voelde hoe haar maag ineenkromp, haar handen zich balden tot vuisten en haar angst haar bijna verstikte, maar ze zei niets.

Ruth zei op een scherpe toon die geen tegenspraak duld-de: 'Ik wil dat je je best doet hem niet van streek te maken, liefje.' Om er dan aan toe te voegen, met de geduldige stem van het slachtoffer dat ze schijnbaar meende te zijn: 'Ik heb genoeg geleden! Niemand weet hoeveel ik geleden heb. Ik kan er niet meer tegen.'

Antoinette geloofde in het lijden van haar moeder – ze had die uitroep 'Ik heb genoeg geleden!' zo vaak gehoord dat ze wel móést – maar ze zag het niet in haar moeders ogen. Integendeel, daarin zag ze Ruths woede omdat ze gedwars-boomd werd, kilte en een onbedwingbare behoefte zich vast te klampen aan haar eigen versie van de werkelijkheid.

De datum waarop haar vader thuis werd verwacht doemde dreigend op aan de horizon – jarenlang had ze geprobeerd de dag van zijn vrijlating uit haar gedachten te bannen, maar nu was dat onmogelijk. Zijn gezicht en de spottende klank van zijn stem achtervolgden haar tijdens de uren dat ze nuchter was – uren die steeds zeldzamer werden.

De week voor zijn komst kwam Ruth triomfantelijk aan-zetten met een pakje bruine haarverf. 'Die rooie suikerspin moet weg. Als je je haar zo wilt dragen als je met je vrien-dinnen uit bent, kan ik je niet tegenhouden, maar zolang je hier woont, ga je fatsoenlijk de deur uit,' zei ze streng tegen haar dochter.

Antoinette was zo verstandig om niet te protesteren. Zich de woede van haar moeder op haar hals halen een paar dagen voordat haar vader thuiskwam, was niet zo'n goed idee, dat wist ze. Zuchtend pakte ze de verf aan, borstelde haar haar tot het steil omlaag hing en bracht toen de verf aan. Een uur later, toen ze haar haar voor de laatste keer had uitgespoeld en goed gedroogd bij de kachel, keek ze in de spiegel en werd geconfronteerd met een kleurloze Antoinette. Van Toni, die met al haar fouten tenminste moedig was, was geen spoor meer te bekennen. Haar plaats was ingenomen door een angstige tiener die eruitzag als het slachtoffer dat ze vroeger was geweest.

Haar moeder had gewonnen – ze had het zelfvertrouwen verwoest dat Antoinette had weten op te bouwen sinds haar vader uit hun leven verdwenen was. En nu zijn terugkeer dreigend naderbij kwam, had ze meer dan ooit het gevoel dat ze werd teruggestuurd naar het beginpunt.

Haar moeder keek naar haar nieuwe haarkleur. 'Mooi, liefje,' was haar enige commentaar, zonder enige warmte in haar stem. Het was niet bedoeld als een compliment.

De avond voordat haar vader verwacht werd, hing er een pijnlijke stilte tussen Antoinette en haar moeder. Antoinette wilde alleen maar ontsnappen naar haar kamer en elke gedachte aan haar vader en zijn komst uit haar hoofd zetten, terwijl Ruth vastbesloten was het toneelspel van een gelukkig gezin tot het eind toe vol te houden.

Toen haar moeder bleef zwijgen, wist Antoinette dat het slechts de prelude was van de ergere dingen die zouden volgen, en in de loop van de avond werd ze steeds zenuwachtiger.

'Nou, ik denk dat ik maar naar bed ga,' zei ze ten slotte. 'Ik voel me doodmoe vanavond.'

Toen, in de wetenschap dat ze had gewonnen en de kortstondige rebellie van haar dochter was bedwongen, gaf Ruth haar de *coup de grâce*.

Ze keek haar dochter aan en zei: 'Ik wil dat je papa morgen afhaalt en thuisbrengt. Ik moet morgenochtend werken en ik weet dat jij avonddienst hebt, dus overdag ben je vrij.' Ze opende haar tas, haalde er een biljet van tien shilling uit en stopte dat in de hand van haar dochter, met een glimlach die meer vastberaden was dan oprecht. Alsof het een leuke verrassing was zei ze: 'Hier heb je wat geld om met hem te gaan theedrinken in dat café dat je zo leuk vindt.'

Overrompeld en geschokt kon ze slechts gehoorzaam mompelen: 'Goed, mam.'

Terwijl ze sprak, voelde Antoinette de macht die haar moeder over haar had uitgeoefend weer de kop opsteken en ze zag de glimp van voldoening in Ruths ogen toen ze de overwinning rook. Zoals ze elke avond had gedaan voor haar korte rebellie, gaf Antoinette haar moeder snel een vluchtige zoen op haar wang en ging naar bed.

In haar hart wist ze dat ze, als *Alice in Wonderland*, met succes door de spiegel in de fantasiewereld van haar moeder was gesleurd. Op de een of andere manier begreep ze dat haar moeder het nodig had om te geloven dat zij, Ruth, een goede vrouw en moeder was en dat Joe de knappe Ierse man was die haar adoreerde. Samen hadden ze een dochter die alleen maar voor moeilijkheden zorgde, en Ruth leed daaronder. Ze was het slachtoffer geweest van de schande van haar man, maar zolang Antoinette zich behoorlijk gedroeg en haar vader niet ergerde als hij terugkeerde, zou alles weer in orde komen.

In Ruths universum was Antoinette de moeilijke dochter die alle problemen had veroorzaakt. Hoewel ze probeerde zich ertegen te verzetten, zou het niet lang duren voor Antoinette begon te geloven dat haar moeder misschien gelijk had.

8

Het café waar Ruth de ontmoeting tussen Antoinette en haar vader had geregeld, was een van de vele die in het centrum van Belfast als paddenstoelen uit de grond schoten. Deze voorlopers van wijnbars verkochten cappuccino aan de jeugd van Belfast, en dit was Antoinettes favoriete café. Hier troffen zij en haar vriendinnen elkaar voordat ze gingen dansen, hier maakten ze onder het genot van een schuimig drankje plannen voor de komende avond.

Die middag, op de dag van haar vaders vrijlating, kon ze niet genieten van de vertrouwde omgeving; het donkere interieur leek somber en de grote zilver-met-zwarte koffiemachine, die gewoonlijk gezellig siste en pruttelde, stond zwijgend op de bar.

Het was nog te vroeg voor de horden mensen die hier 's avonds geregeld kwamen, en de lunchgasten, een mengeling van goedgeklede zakenmensen en intelligente vrouwen, waren al teruggekeerd naar hun kantoren.

De op handen zijnde terugkeer van haar vader had Antoinette depressief gemaakt. Het was als een zwart gat waarin ze was weggezonken, waar ze zelfs niet kon denken aan morgen. Zelfs de simpelste taak leek onoverkomelijk en ze kon bij het minste of geringste in paniek raken. Ze reageerde nergens meer op en werd de robot die ze eens geweest was, voelde zich slechts veilig als ze gehoorzaamde.

En dan waren er nog haar andere zorgen. Wat moest ze zeggen als ze een van haar vriendinnen ontmoette? Hoe kon ze een verklaring voor hem geven? Waarom had haar moeder geregeld dat ze elkaar ontmoetten op wat Antoinette als haar eigen terrein beschouwde? Het was alsof alle onafhankelijkheid, het leven dat ze voor zichzelf had gecreëerd, haar was ontnomen.

Al die gedachten gingen door haar hoofd toen ze naar een van de houten tafeltjes liep en ging zitten. Zijn bus zou om drie uur 's middags aankomen. Daar was ze blij om, want ze wist dat de kans gering was op dat tijdstip iemand tegen het lijf te lopen.

Welke vader zou haar begroeten, vroeg ze zich af. Zou het de 'aardige' vader zijn, die elf jaar geleden zijn vrouw en dochter van de kade in Belfast had afgehaald, die Ruth had laten stralen van geluk toen hij haar omhelsde en zijn dochtertje vol pret liet giechelen toen hij haar vijfjarige lijfje omhoogzwaaide en haar een ferme zoen gaf op beide wangen? Die vader, de joviale man die haar onder de kin streek als hij zijn vrouw een doos bonbons gaf na een van hun vele ruzies, was nu nog slechts een vage herinnering. Of zou het de andere vader zijn, de vader met de bloeddoorlopen ogen en mond die trilde van woede zodra hij haar zag? Haar kinderlijke angst voor de man die ze zich het levendigst herinnerde, degene die ze geprobeerd had uit haar gedachten te zetten, kwam weer boven.

Antoinette kwam vroeg aan. Ze was net zo gekleed als vroeger: haar pasgewassen haar hing op de kraag van haar marineblauwe jasje en een grijze rok en lichtblauwe twin-set hadden het tieneruniform van jeans en T-shirt vervangen. Haar moeder was die ochtend vroeg haar kamer binnengekomen. Ze had zich voorbereid op het weerzien met haar man en droeg een grijs jasje met een bontkraag die haar gezicht omlijstte en verzachtte. Haar haar had een koperkleurige spoeling om de grijze haren te maskeren die in de laatste jaren waren ontstaan en viel weer in zachte golven om haar gezicht. Haar lippen waren felrood gestift – een kleur waarvan ze altijd had gehouden – en ringen fonkelden aan vingers met vuurrood gelakte nagels. Ze had de kast geopend en de kleren uitgezocht waarvan ze wilde dat Antoinette ze aan zou trekken.

'Dat staat je goed, liefje,' had ze gezegd. 'Trek dat vandaag maar aan.'

'Ik vind het niet mooi,' had Antoinette gemompeld. 'Het is ouderwets.'

'O, nee, lieverd, je ziet er zo leuk in uit. Draag het om mij een plezier te doen, wil je?'

En ze had het gedaan.

Antoinette wilde er eerder zijn dan haar vader om een plaats aan een tafeltje met een vrij uitzicht op de deur uit te kiezen. Ze wilde hem zien voordat hij haar zag.

Hanglampen wierpen een zacht licht op de houten tafels. Er was een kop koffie voor haar neergezet en ze moest hem met beide handen vasthouden omdat haar palmen vochtig en glibberig waren van het angstzweet. Haar maag roerde zich zenuwachtig en ze voelde zich duizelig na een slapeloze nacht.

Ze voelde zijn aanwezigheid een halve seconde voordat ze hem zag. Toen ze naar de deur keek, ontwaarde ze slechts een vage mannelijke gestalte. Met zijn rug naar de zon gekeerd was hij niet meer dan een anonieme schaduw, maar ze wist dat hij het was. Ze voelde de korte haren in haar nek prikken en legde haar handen op haar knieën om het beven ervan te verbergen.

Pas toen hij naast haar stond, was zijn gezicht duidelijk te zien.

'Hallo, Antoinette,' zei hij.

Toen ze naar zijn gezicht keek, zag ze iemand die ze nog niet eerder had gezien: de berouwvolle vader. Hij had twee jaar in de gevangenis gezeten en behalve tijdens dat ene weekendverlof, toen ze hem maar een paar ogenblikken had gezien, had ze hem niet gesproken.

'Hallo, papa,' antwoordde ze. Omdat ze geen woord van hem wilde horen, flapte ze eruit: 'Mam heeft me wat geld gegeven om de thee te betalen.'

Antoinette was zo geconditioneerd om zich normaal te gedragen, dat ze dat ook deed. Voor buitenstaanders boden ze een heel gewone aanblik – een man die met zijn dochter ging theedrinken.

Zodra ze haar eerste woorden tegen haar vader zei, zette Antoinette nog een stap verder in de wereld van haar moeder. Het was een wereld waarin ze geen eigen wil meer had, waar ze danste naar Ruths pijpen. Ze had geen keus, ze moest gehoorzamen. Ze speelde haar rol in het toneelspel dat alles tussen hen normaal was.

Maar het was verre van normaal. Dit was een man die tot de gevangenis was veroordeeld, en het was haar getuigenis dat hem daar had gebracht in plaats van in de psychiatrische inrichting waarop haar moeder gehoopt had, als het minste van twee kwaden. Sinds die tijd had ze zich afgevraagd hoe hij op haar zou reageren als ze elkaar weer terugzagen en nu stond ze op het punt dat te ontdekken.

Ze dwong zichzelf haar angst te verbergen en hem aan te kijken. Ze verwachtte veranderingen te zien, hoe minuscuul ook, in een man die tot gevangenisstraf was veroordeeld voor een seksuele misdaad. Ook al hadden de kranten niet vermeld dat de minderjarige die hij had verkracht zijn eigen dochter was, het feit dat zijn slachtoffer een minderjarig meisje was, had toch enig effect moeten hebben. De andere gevangenen moesten toch zeker van hun afkeuring blijk hebben gegeven. Zijn populariteit bij andere mannen moest toch verdwenen zijn. Zelfs zijn vaardigheid met een snookerkeu had hem toch niet kunnen redden.

Maar tot Antoinettes verbazing zag hij er niet anders uit dan op de dag van zijn proces. Het tweedpak dat hij toen had gedragen, paste hem nog perfect; zijn das was keurig geknoopt onder de kraag van zijn gestreken lichtblauwe overhemd. Zijn golvende haar met de roodbruine glans leek pas geknipt en zijn ogen stonden onbezorgd toen hij haar blik met een warme glimlach beantwoordde.

Hij nam plaats op de stoel tegenover haar, leunde naar voren en legde zijn hand licht op de hare. Ze voelde haar vingers verstijven toen ze terugdeinsde voor zijn aanraking en voelde ze toen beven. Ze wilde niets liever dan opstaan en wegrennen. Ze had zelfs de kracht niet om zijn hypnotisch starende blik te ontwijken.

'Het spijt me,' zei hij, alsof het een magische formule was die zijn daden in enkele seconden zou uitwissen, niet meer tijd dan hij nodig had om die woorden te uiten.

Maar ze wilde hem zo wanhopig graag geloven. Ze wilde haar vertrouwen in de volwassen wereld hersteld zien, een tijdmachine betreden waarin die afschuwelijke jaren konden worden herschreven. Het allerliefst wilde ze een normale tiener zijn met twee liefhebbende ouders en een gelukkige jeugd, vol herinneringen die ze kon meenemen naar haar volwassenheid. Ze wilde dat ze kon glimlachen om haar herinneringen aan het verleden en die met haar vriendinnen kon delen. Ze wist dat de verhalen van ons verleden, onze familie en onze vrienden de structuur van het leven vormen, maar die van haar waren te verschrikkelijk om zich te herinneren, laat staan aan anderen te vertellen.

Ze keek naar de berouwvolle vader en wilde hem geloven – maar ze deed het niet.

Joe dacht dat hij had gewonnen. Hij glimlachte en bestelde thee en scones. Antoinette keek toe hoe hij zijn cakejes wegspoelde met thee, maar ze was niet in staat iets te eten. Ze staarde hem slechts wezenloos aan en voelde de bekende angst terugkomen. Toen ze klein was, gaf die angst haar glazige ogen en deed haar maag omdraaien.

Eindelijk zette hij zijn kopje neer en glimlachte naar haar. 'Kom, meisje lief, als je klaar bent, kunnen we gaan.' Hij maakte geen opmerking over haar gebrek aan eetlust, zei alleen dat ze de rekening moest vragen en betalen. Toen gaf hij haar een arm, in nabootsing van een liefhebbende vader, en hield die stevig vast toen hij met haar naar buiten liep.

Antoinette en haar vader zaten naast elkaar in de bus die het korte traject aflegde van het centrum van Belfast naar Lisburn, naar hun huis. Ze waren op het bovendek gaan zitten zodat hij kon roken. Ze zag hoe hij een shagje rolde, hoe de punt van zijn tong langzaam het vloeipapier bevochtigde voor hij de sigaret aanstak en voelde hoe hij zich ontspande terwijl hij met een tevreden gezicht rookwolkjes uitblies.

Ze ademde de rook in, liet die de bekende geur van zijn lichaam maskeren die haar altijd zo had tegengestaan. Ze probeerde zich zo klein mogelijk te maken. Zijn arm drukte tegen de hare en de hitte van zijn lijf schroeide op het punt waar hij haar raakte. Ze draaide zich om en keek uit het raam. Zijn spiegelbeeld staarde haar aan en om zijn mond speelde een onoprechte glimlach, de glimlach die ze zich herinnerde uit haar jeugd.

Toen ze op hun bestemming kwamen, stonden Joe en zijn dochter bijna tegelijkertijd op. Hij hield zijn koffer in de ene hand en haar elleboog in de andere. Ze probeerde niet ineen te krimpen toen de druk van zijn vingers op haar arm haar geen andere keus liet dan snel naast hem te lopen. Met elke stap voelde ze een overweldigend verlangen zijn hand van zich af te schudden, maar de jaren waarin hij haar gedachten onder controle had gehouden, hadden haar beroofd van haar wilskracht, en ze kon niets beginnen.

Eenmaal in het kleine halletje zette hij zijn koffer op de grond. Judy kwam tevoorschijn om Antoinette te begroeten en toen Joe haar zag, streek hij ruw met zijn vingers over haar kop bij wijze van begroeting. Judy reageerde niet met het opgetogen welkom waarvan hij vond dat hij er recht op had, dus pakte Joe haar oren beet en draaide haar kop naar hem toe. Niet gewend aan zo'n ruwe behandeling worstelde Judy om los te komen en sloop toen naar haar bazin. Ze verborg zich achter Antoinettes benen en keek achterdochtig naar de indringer.

Een blik van ergernis vloog over zijn gezicht. Zelfs honden moesten van Joe Maguire houden.

'Judy, ken je me niet meer?' vroeg hij met een opgewekte stem die nauwelijks zijn ongenoegen verborg.

'Ze is oud geworden, papa,' zei Antoinette haastig in de hoop haar lieveling te beschermen tegen zijn irritatie.

Hij scheen het excuus te accepteren. Hij liep naar de kleine zitkamer, ging in de gemakkelijkste stoel zitten en bekeek haar en zijn omgeving met een voldane grijns.

'En, Antoinette, ben je niet blij dat je vader weer thuis is?' vroeg hij vol spot. Hij vatte haar zwijgen op als instemming en ging verder: 'Wees dan een lieve meid en zet eens wat thee voor me.' Alsof het pas daarna bij hem opkwam, wees hij naar de koffer die hij achteloos bij de deur had neergezet. 'Breng die eerst naar boven, naar de kamer van je moeder en mij.'

Toen ze zich bukte om de koffer op te pakken, zag ze door haar halfopen oogleden de zelfvoldane uitdrukking op zijn gezicht. Hij wist nu dat een afwezigheid van twee jaar niets had afgedaan aan de jarenlange onderdrukking die haar normale emotionele groei had beknot. Antoinette was geen opstandige puber – daar had hij voor gezorgd.

Ze zag de glimlach en begreep die. Zonder een woord te zeggen pakte ze de koffer op. Zijn gezag bleef ongeschonden en daar was ze zich van bewust, maar ze wist dat ze de wrok die in haar opkwam moest verbergen. Terwijl ze de koffer opnam en terugliep naar de trap, voelde ze dat hij al haar bewegingen gadesloeg.

Ze liet de koffer vlak achter de deur van haar ouders' kamer vallen en probeerde niet naar het bed te kijken dat hij nu met haar moeder zou delen. Toen ging ze weer naar beneden naar de keuken, waar ze als een robot de ketel vulde en op de kookplaat zette. Herinneringen aan andere keren toen ze het ritueel van theezetten had gebruikt als uitsteltactiek, kwamen in haar boven.

Het was haar moeder die in haar gedachten kwam. Inwendig ging ze tegen haar tekeer en stelde haar de vragen waarop ze zo graag het antwoord wilde horen. 'Mam, hoe kun je me zo in gevaar brengen? Hou je dan helemaal niet van me? Betekenen die jaren die we met ons tweeën waren dan helemaal niets voor je?'

Maar ze kende nu de antwoorden op die vragen.

Het gefluit van de ketel onderbrak haar gedachtegang. Ze pakte de ketel van het fornuis en goot kokend water op de theebladeren. Ze herinnerde zich de drift van haar vader als ze hem liet wachten, dus maakte ze haastig een klein blad klaar met twee kopjes, schonk melk in een kannetje en zette de suikerpot ernaast, waarop ze alles behoedzaam naar hem toe bracht. Ze plaatste het blad op de koffietafel en schonk vervolgens de thee in – eerst de melk en dan twee theelepels suiker, precies zoals haar vader het graag wilde.

'Nou, je kunt nog steeds goed theezetten, Antoinette. Vertel eens, heb je je vader gemist?'

Ze kromp ineen, denkend aan de vele keren dat hij haar met soortgelijke vragen had gekweld, vragen waarop ze nooit het juiste antwoord kon geven en die haar zelfvertrouwen ondermijnden en haar in verwarring brachten.

Voor ze kon reageren, werd er luid op de voordeur geklopt. Judy begon te blaffen en Antoinettes trieste gedachten werden onderbroken. Haar vader maakte geen aanstalten om op te staan, verwachtte duidelijk dat zij open zou doen.

Dankbaar dat ze geen antwoord hoefde te geven liep ze naar de deur en deed open. Voor haar stond een tengere man van middelbare leeftijd. Zijn schaarse, lichtblonde haar had een scheiding aan de rechterkant en in zijn lichtgrijze ogen, achter een bril met een goudmetalen montuur, was geen spoortje warmte te bekennen. Zijn donkere pak ging gedeeltelijk verscholen achter een driekwart lichtbeige gabardine regenjas, maar ze kon zijn keurig geknoopte gestreepte das zien zitten onder de kraag van zijn glanzend witte overhemd.

Ze had hem nog nooit gezien en, er niet aan gewend dat onbekenden bij hen aan de deur kwamen, glimlachte ze aarzelend en wachtte tot hij iets zou zeggen. Met een koele, starende blik bekeek hij haar van top tot teen en als antwoord op haar vragende gezicht opende hij een dun mapje. Hij hield het voor haar ogen om de identiteitskaart te tonen voordat hij eindelijk sprak.

'Hallo,' zei hij op kille toon. 'Ik ben van het maatschappelijk werk. Ben jij Antoinette?'

Weer die naam die ze haatte. Die naam met de daaraan verbonden herinneringen was de naam van iemand die ze niet langer wilde zijn. Een naam die nauwelijks meer gehoord was sinds haar vader de gevangenis in was gegaan en die nu, op de dag van zijn vrijlating, constant herhaald werd. Telkens als ze die naam hoorde, voelde ze de identiteit van 'Toni' verder wegglippen. Het horen van haar naam uit de mond van haar vader maakte van haar opnieuw die angstige veertienjarige die ze was geweest toen hij vertrok. En nu gebruikte die vreemde hem. Ze kreeg een akelig voorgevoel terwijl ze hem niet-begrijpend aankeek. Waarom zou het maatschappelijk werk nu zijn opwachting maken? Ze hadden vroeger niet veel gedaan om haar te helpen.

'Mag ik binnenkomen?' vroeg hij. De woorden waren verpakt in de vorm van een vraag, maar uit zijn houding sprak duidelijk een bevel. 'Ik moet jou en je vader spreken.'

Ze knikte en deed een stap opzij zodat hij door kon lopen naar de zitkamer. De man keek met duidelijke afkeer naar wat hij zag als een gezellig tafereeltje. Antoinette herkende zijn reactie en was zich onmiddellijk bewust van zijn antipathie jegens haar, maar haar ingewortelde beleefdheid noopte haar hem thee aan te bieden, die hij minachtend weigerde.

Deze man was niet gekomen om haar te helpen, besefte ze, hij had zijn oordeel al geveld en haar schuldig bevonden, al wist ze niet waaraan.

Ze nam plaats op een rechte stoel, haar handen ineengeslagen op haar schoot om de lichte trilling te bedwingen die altijd haar nervositeit verried, terwijl de bezoeker in de enige andere gemakkelijke stoel ging zitten. Zorgvuldig trok hij zijn broekspijpen op bij de knieën om de vouw te beschermen, waardoor een glimp tevoorschijn kwam van bleke enkels boven zijn sokken. Antoinette merkte dat het pietluttige gebaar niet verhinderde dat zijn knokige knieën scherpe punten vormden in de stof. Zijn keurig naast elkaar geplaatste voeten staken in zwarte schoenen die zo glimmend gepoetst waren dat ze zich afvroeg of hij zijn gezicht erin zou kunnen zien als hij zich vorover bukte om zijn veters vast te maken.

Zijn bleke, pafferige gezicht met de onbeduidende gelaatstrekken draaide zich naar haar vader, met wie hij gezellig begon te babbelen terwijl hij haar negeerde. Oppervlakkig leek hij een onschuldig mannetje, maar iets aan hem – de kille ogen, zijn overdreven keurige uiterlijk, de pietepeuterige manier waarop hij zijn attachékoffertje openmaakte en een vel papier op zijn schoot legde – liet haar huiveren van angst. Ze wist dat zijn blik weliswaar gericht was op haar vader, maar in de enkele ogenblikken dat zijn ogen naar haar waren afgedwaald, hadden ze haar beoordeeld en te licht bevonden.

Na slechts een paar minuten had Antoinette door waarom hij naar hun huis was gekomen. Hij bracht het gesprek op het doel van zijn bezoek: hij wilde weten wat voor toekomstplannen Joe had. Hij was een kortgeleden vrijgelaten gevangene en per slot van rekening waren gevangenissen bestemd om te rehabiliteren. Het was de verantwoordelijkheid van een gewetensvol maatschappelijk werker om te controleren of er in de buitenwereld voldoende hulp werd geboden om aan dat principe te voldoen.

'Dus, Joe, heb je al een paar sollicitaties op het oog?'

Ja, zei Joe, er waren al gesprekken geregeld met de plaatselijke legerleiding – ze namen goede werktuigbouwkundigen aan uit de civiele sector. Gezien zijn oude referenties en het feit dat hij zich in de oorlog als vrijwilliger had gemeld voor actieve dienst, was Joe er zo goed als zeker van dat hij werk zou krijgen.

En al die tijd wist Antoinette, door de steelse blikken die heimelijk op haar geworpen werden, dat zij op de een of andere manier ook een reden was waarom het maatschappelijk werk bij hen kwam.

Schijnbaar tevreden over Joe's antwoord keek de man haar streng aan, al was zijn volgende opmerking tot hen beiden gericht.'Jullie dienen je fatsoenlijk te gedragen, hoor je?'

Antoinette zag de driftige flikkering in de ogen van haar vader, die hij snel onderdrukte.

'Ja,' mompelde hij. Hij besefte dat er iets meer van hem verwacht werd, keek met een charmante glimlach naar de maatschappelijk werker en zei op berouwvolle toon: 'Ik heb mijn les geleerd en het enige wat ik nu nog wil is het goedmaken met mijn vrouw. Ze heeft het niet gemakkelijk gehad tijdens mijn afwezigheid en ik wil boete doen.'

'Goed, Joe. Blijf van de drank af, wil je?'

Tot Antoinettes verbazing stond haar vader op uit zijn stoel, liep naar de bezoeker toe die een meter van hem af zat, strekte zijn hand uit en pakte die van de ander in een stevige greep. 'O, dat zal ik doen, wees maar niet bang,' zei hij, en zijn glimlach kwam weer terug.

Met het gevoel dat hij zijn plicht had gedaan stond de bezoeker op, pakte zijn attachékoffertje en maakte aanstalten om weg te gaan. Toen draaide hij zich om naar Antoinette, keek haar strak en minachtend aan, en zei: 'En jij, Antoinette, moet je netjes gedragen, begrepen.'

Ze besefte dat hij wachtte op haar antwoord en stotterde: 'Ja.'

Tevreden over haar onderdanigheid liep hij naar de deur. Ze volgde hem om hem uit te laten, en toen de deur achter hem dichtviel voelde ze het laatste restje van haar moeizaam verkregen zelfvertrouwen verdwijnen. De twee jaren na de veroordeling van haar vader vielen weg en ze was weer het meisje van veertien dat beschuldigd en gemeden werd vanwege de misdaad van haar vader.

Toen ze de voetstappen van de maatschappelijk werker hoorde wegsterven, leunde ze tegen de muur van het halletje en probeerde zich te beheersen voor ze haar vader weer onder ogen kwam. Ze dwong zichzelf te denken aan de woorden van de rechter, die dag in zijn raadskamer: 'De mensen zullen het jou verwijten... maar niets van dit alles is jouw schuld.' Maar ze was altijd besmeurd met het vuil van andermans opinies en nu hadden de woorden van de rechter hun troostende kracht verloren.

Ze had opnieuw het gevoel dat ze was overgeleverd aan de genade van de volwassen wereld en dat die haar weer had verraden, net als toen de misdaad van haar vader aan het licht was gekomen.

Ze ging terug naar de zitkamer, zich afvragend in wat voor stemming haar vader zou zijn na dit bezoek. Hij toonde geen reactie op de ongewenste bezoeker maar hield haar zijn kopje voor om het bij te vullen. Toen zei hij: 'Praat niet met je moeder over die man, Antoinette. Ze heeft al zorgen genoeg.'

Om zijn woorden kracht bij te zetten, keek hij haar dreigend aan voordat hij weer aan zijn thee slurpte. Er werd nooit meer over het bezoek gesproken.

9

Het verleden verdween naar de achtergrond en ik was weer terug in de zitkamer van mijn ouderlijk huis.

Ik sloot mijn ogen voor alle herinneringen aan een ander tijdperk maar voelde nog de depressie die Antoinettes geest had achtergelaten.

Ze had zich zo ongeliefd gevoeld en dat feit alleen al zorgde ervoor dat ze zich waardeloos voelde; kwetsbare mensen met een gebrek aan zelfvertrouwen zien zichzelf door de ogen van anderen.

Eén gedachte liet haar niet los: als mijn ouders zo weinig van me houden, moet dat deels toch ook aan mij liggen.

Wat de spiegel haar ook toonde, het was niet wat ze zag; in plaats van een aantrekkelijke tiener zag ze een lelijke. In plaats van een slachtoffer zag ze een schuldige. In plaats van een sympathiek meisje zag ze iemand die het verdiende om te worden afgewezen.

Waarom had ze niet geprotesteerd? Waarom had ze niet gewoon haar koffer gepakt en was ze vertrokken? Als volwassene wist ik het antwoord. Intens verdriet verzwakt het brein zozeer dat het tijdelijk verlamd raakt. Wie niet vrij en ongedwongen kan denken, is niet bij machte zelfs de simpelste beslissing te nemen, laat staan een ontsnapping te plannen. Antoinette was domweg verstijfd van wanhoop.

Was ze maar in staat geweest weg te lopen om hen nooit meer te hoeven zien, maar ze was nog niet eens zeventien, in een tijd waarin tieners niet uit huis gingen om samen met leeftijdgenoten in een flat te wonen. Ze had zich maar korte periodes in haar leven veilig gevoeld en liep op haar tenen in de buurt van haar ouders, gebukt onder een dodelijke angst hen te mishagen. Maar hoe ongelukkig ze zich thuis ook voelde, het onbekende joeg haar nog meer angst aan.

Ze geloofde dat ze het restantje normaliteit nodig had dat ze kreeg door deel uit te maken van een gezin. Alle meisjes die ze kende woonden thuis en op die leeftijd wilde ze niet alleen bij haar leeftijdgenoten horen, ze had ook haar toekomstplannen. Ze hoopte dat als haar vader werkte en bijdroeg aan het huishouden, Ruth minder afhankelijk zou zijn van Antoinettes inkomen.

Antoinette dacht dat als die verantwoordelijkheid van haar schouders werd genomen, ze haar secretaressecursus zou kunnen volgen. De drie maanden werk in Wales, bij Butlins, zouden in het zomerseizoen een welkome aanvulling vormen op wat ze al gespaard had. Het zou voldoende zijn voor een jaar terwijl ze de cursus volgde, en als ze haar diploma had, zou ze voorgoed het huis kunnen verlaten.

Denkend aan het verleden zag ik haar voor me, piekerend over haar toekomst.

Mijn volwassen handen jeukten van verlangen om op het raam van die portierswoning te kloppen. Ik wilde terug reizen in de tijd om haar te beschermen en de richting van haar verwarde gedachten te veranderen. In gedachten liep ik door de deur de zitkamer in en ging naast haar staan; de decennia vielen weg toen de volwassene en de tiener die ik vroeger was het verleden deelden.

Ik keek in haar ogen, die angstig stonden nu ze voelde dat het huis waar ze van gehouden had haar gevangenhield en haar keuzes zich beperkten. En over de kloof die ons scheidde heen probeerde ik me verstaanbaar te maken.

'Blijf niet!' smeekte ik onhoorbaar. 'Luister naar me! Ga weg! Nu! Pak je koffer terwijl je moeder op haar werk is en ga! Jij weet niet wat er gaat gebeuren als je blijft, maar ik wél.'

'Stel je opleiding uit tot je ouder bent. Als je blijft, zullen ze je te gronde richten, Antoinette. Je moeder zal je nooit beschermen. Geloof me, er staan je nog veel ergere dingen te wachten.'

Antoinette bukte zich om de oren van haar hond te strelen. De stem van haar toekomst was niet tot haar doorgedrongen. Ik hoorde het tikken van de klok op de schoorsteen, die onverbiddelijk voorwaarts ging. Klokken gaan zelden achteruit en omdat ik dat wist, kon ik mijn tranen om haar niet bedwingen.

Weer zag ik het beeld voor me van Antoinette die erop uit werd gestuurd om haar vader te ontmoeten. Ik voelde haar strijd om te overleven, hoe ze zich wanhopig vastklampte aan haar individualiteit. Ze weigerde haar ouders de volledige controle te geven en ik hoorde weer de grove manier waarop hij haar constant kleineerde.

Een treurige glimlach gleed over mijn gezicht toen ik dacht aan die dansavonden, die de onschuld hadden van een ander tijdperk. Nostalgisch dacht ik terug aan de opkomende jeugdcultuur waarvan mijn generatie deel uitmaakte, en voelde me verdrietig bij de gedachte aan de tiener die ik ooit was geweest, het meisje dat probeerde een normaal leven te krijgen.

En weer voelde ik haar eenzaamheid.

Ze had een nieuw typetje uitgevonden om zich achter te verschuilen: het feestbeest dat haar vrienden voor de gek wist te houden, maar niet zichzelf. Voortdurend moest ze haar angst verbergen dat er vragen gesteld zouden worden over haar gezinsleven en haar verleden. Als dat gebeurde, zou ze ontmaskerd worden als een bedriegster, dat wist ze zeker. Het waren angsten die geen normale tiener zou mogen hebben. Ze had haar toevlucht gezocht in de drank, had die omarmd als een vriend die haar zorgen zou verlichten, en gevochten tegen zijn macht over haar toen de vriend tot vijand was geworden.

Mijn aanval van depressiviteit maakte plaats voor een vlaag van woede tegen twee mensen die de jeugd van een derde hadden verwoest. Ik nam een lange, diepe trek van een sigaret en mikte kwaad de as op de groeiende stapel peuken in de asbak. Toen kwam er een andere gedachte bij me op.

Mijn vader was dood. Hij zou niet meer thuiskomen. In het bureau had ik de portefeuille gevonden met het geld dat hij apart had gehouden voor onvoorziene omstandigheden. Een glimlach gleed over mijn gezicht toen ik een idee kreeg. Waar zou ik het voor kunnen gebruiken? Wat vond hij verschrikkelijk om geld aan uit te geven? Diners in een restaurant hoorden daar zeker bij. Ik herinnerde me dat mijn moeder het heerlijk vond om naar een goed restaurant te gaan en dat hij minachtend had gesnoven over wat hij noemde verspilling van zijn zuurverdiende geld.

'Nou, vandaag kan hij er een betalen!' riep ik uit. Ik pakte de telefoon op om mijn vriendin te bellen op haar mobiel. Ze was met me meegegaan naar Ierland om me bij te staan tijdens de confrontatie met de dood van mijn vader en had zijn begrafenis geregeld. Ze logeerde in een hotel in de buurt. Terwijl ik haar belde, pijnigde ik mijn hersens om nog meer heiligschennende dingen te bedenken waarover mijn vader diep verontwaardigd zou zijn geweest. Een vrouw die in zijn glimmendrode auto reed, die voor de deur geparkeerd stond, zou hem tot razernij hebben gebracht. Dus daarin gaan we erheen, dacht ik vol leedvermaak.

Toen mijn vriendin opnam, zei ik: 'Heb je zin om met me te gaan lunchen? In een heel goed en duur restaurant? Ik betaal. Ik ben over twintig minuten bij je.'

Daarop belde ik mijn verzekeringsagent in Londen om de auto te verzekeren, en tot slot het restaurant waar ik een tafel voor twee reserveerde. Toen pakte ik de autosleutels van mijn vader, die hij gemakshalve op het bureau had laten liggen, liep naar buiten, stak het sleuteltje triomfantelijk in het contact, zette de radio keihard aan en reed weg.

Na mijn vriendin te hebben opgehaald reden we langzaam over de winderige kustweg naar de Giants Causeway. In tegenstelling tot grote delen van Engeland was het landschap in Ierland niet veel veranderd sinds ik er als klein kind was geweest. Er waren geen rijen nieuwe huizen of hoge flatgebouwen. Het was er nog even mooi als altijd. Rijdend over de kustweg lag links van ons een adembenemend landschap van groene heuvels, en rechts van ons kilometerslang onbedorven strand. Daar zag ik een paar warm ingepakte gestalten wandelen in de verkwikkende lucht van de Atlantische Oceaan, terwijl gulzige zeemeeuwen, in hun eeuwige speurtocht naar voedsel, boven hun hoofden cirkelden.

Ik opende mijn raam om de zilte zeelucht op te snuiven en het geruis te horen van de golven die op de kust sloegen. Dit was het Ierland dat me lief was, een land waar ik me zonder mijn verleden thuis had kunnen voelen.

We reden door kleine dorpjes met hun lage huisjes van slechts één verdieping aan weerszijden van de straten. In plaats van de haveloos geklede kinderen met hun rode, door de wind geteisterde benen boven de rubberlaarzen die ik me herinnerde uit mijn jeugd, zag ik kleintjes in minitiener-kleding op glimmende fietsen of skateboards.

Hangende bloemenmanden versierden de frisgeschilderde cafés en toonden duidelijk dat deze niet langer uitsluitend het domein van de man waren.

We kwamen aan op onze bestemming, een klein kust-plaatsje met niet alleen plantenbakken en hangende bloe-menmanden vol bloeiende bloemen, maar ook met borden op de trottoirs die met *'Pub grub'* adverteerden, het simpele maar smakelijke eten in de cafés. Noord-Ierland was de een-entwintigste eeuw binnengetreden.

We stopten voor een oud victoriaans huis van grijze steen met een dubbele gevel. Het strenge uiterlijk was weliswaar niet veranderd, maar het huis was enkele tientallen jaren geleden verbouwd tot een chic restaurant.

We gingen naar binnen en kwamen in een ander tijdperk terecht. Met zijn donkere houten interieur en zware meu-bels was het restaurant nauwelijks veranderd sinds ik er dertig jaar geleden voor het eerst had gegeten. Toen was ik er met een vriendje dat indruk op me hoopte te maken door me daar mee naartoe te nemen. Niet gewend aan al die luxe had ik in het menu gezocht naar een gerecht dat me bekend voorkwam en me in angstige besluiteloosheid afgevraagd welk onderdeel van het bestek ik het eerst moest oppakken. Toen had ik kip Kiev besteld en een fles Mateus-rosé, wat me toen het toppunt van gedistingeerdheid had geleken. Nu was ik gewend aan dure restaurants en joegen menu's me geen angst meer aan.

Zelfverzekerd liep ik naar binnen en keek om me heen.

Gestreept regency-behang, mosgroen tapijt en in zwart-wit geklede obers droegen bij aan de ouderwetse ambiance, maar wie het voortreffelijke innovatieve menu kende, was niet op zoek naar een uit metaal en glas bestaand interieur.

We liepen naar de gerant en vroegen om een tafel.

'Natuurlijk, dames, volgt u mij alstublieft, dan breng ik u naar het restaurant.'

'Kunt u ons eerst de bar wijzen?' vroeg ik.

'Luncht u bij ons?' vroeg ze ijzig. 'Vindt u het niet comfortabeler in het restaurant?'

Ik wist dat dames in dit soort restaurants een aperitief, liefst een zoete sherry, aan tafel bestelden. Dat was niets voor mij.

'Ik wil eerst champagne en oesters,' zei ik gedecideerd. 'We lunchen later.'

De gerant aarzelde een ogenblik bij deze breuk met de etiquette, maar ging ons toen voor naar de bar, waar we aan een klein tafeltje bij het raam konden zitten en van onze drankjes genieten. 'Hebben u en uw vriendin iets te vieren?' vroeg ze met een lichte snuif van afkeuring; ze bezat dan misschien geen overmaat aan charme, maar haar nieuwsgierigheid kon ze niet onderdrukken.

Ik had haar de waarheid kunnen vertellen en zeggen: 'Ja, ik vier de dood van mijn vader.' Maar omdat ik haar niet wilde choqueren, antwoordde ik medelijdend: 'We genieten van onze vakantie. En dit restaurant werd ons erg aanbevolen. We verheugen ons op het menu – ik heb gehoord dat het uitstekend is.'

Haar gezicht verzachtte. Ze nam kennelijk aan dat we toeristen waren 'van de overkant van het water' die niet beter wisten, dus vergaf ze ons het gebrek aan decorum en bracht ons naar een tafeltje bij het raam.

Voor één keer vergat ik mijn dieet, onmatigheid was aan

de orde. De barman bracht de ijsemmer met de champagne en schonk twee glazen in. Ik hief mijn glas om een toost uit te brengen op mijn vader. 'Bedankt, pa, voor de eerste maaltijd die je ooit voor me betaald hebt!'

'Die goeie ouwe Joe,' mompelde mijn vriendin, en als twee samenzweerders klonken we grijnzend met elkaar. Ze kende de waarheid. Daarom had ze aangeboden mee te gaan naar Ierland om me te helpen. Een uur later was de champagnefles leeg, waren de oesters verorberd en was het tijd om naar het restaurant te gaan. We hadden al een chateaubriand besteld voor twee, met alle bijgerechten en een fles van de beste rode wijn.

'Denk je dat één fles genoeg is?' vroeg ik mijn vriendin en zag geamuseerd de verschrikte blik op het gezicht van de ober. Nog iets wat een dame niet doet, is dronken worden in een chic Iers restaurant. Hij kon niet weten dat we niet bepaald groentjes waren op het gebied van wijn en champagne. Ik trok me er niets van aan. Ik had al besloten dat we met een taxi terug zouden gaan en de auto later zouden ophalen.

'Ja,' antwoordde ze vastbesloten, maar werd weer wat toegeeflijker toen ik het kaasassortiment bestelde. Later waren we het erover eens dat Irish coffee een absolute *must* was.

Drie Irish coffees later, onder het genot waarvan we hadden zitten praten als twee oude vriendinnen en de uren minuten leken, merkten we plotseling dat het begon te schemeren en het personeel op het punt stond de tafels te dekken voor de dinergasten.

'Tijd om de rekening te betalen,' zei ik en wenkte de ober.

Er verscheen een opgeluchte blik in zijn ogen toen hij besefte dat we weggingen en niet nog meer drank bestelden. De rekening werd met discrete haast op een zilveren blaadje gepresenteerd.

De gerant kwam weer tevoorschijn met haar oorspronke-lijke afkeurende uitdrukking. 'Is die rode auto die buiten ge-parkeerd staat van u?' vroeg ze.

Ik begreep de hint. 'Ja. Kunnen we hem hier laten staan tot morgenochtend? We hebben zo van onze lunch genoten dat we misschien een beetje te ver zijn gegaan.' Ik zag dat ze het van harte met me eens was. Maar door mijn verstan-dige voorzichtigheid, om nog maar te zwijgen van de royale fooi, liet ze zich enigszins vermurwen en met een minzaam knikje liep ze weg om een taxi te bestellen.

Ze hield de deur voor me open toen we vertrokken. Voor we buiten waren, kwam een groepje mannen binnen. Ik kende ze – het waren leden van mijn vaders golfclub.

'Gecondoleerd met uw recente verlies,' mompelden ze toen ze me zagen. 'Het is vreselijk om je vader te moeten missen.'

Achter me hoorde ik het verbrijzelen van illusies.

Die avond ging ik terug naar het huis van mijn vader. De be-grafenis was de volgende dag, en hoe eerder ik klaar was met het huis, hoe eerder ik de stad kon verlaten.

Dan pas kon het verleden verdwijnen en zou ik vrij zijn van de gedachten aan Antoinette die door mijn hoofd gin-gen. De beelden verschenen één voor één op mijn netvlies en zonder dat ik het wilde voelde ik mijn volwassen ik te-ruggaan naar een voorbije tijd.

10

Antoinette probeerde hem te negeren, maar ze was zich ervan bewust dat de ogen van haar vader al haar bewegingen volgden. Wat ze ook deed – haar kamer opruimen, theezetten, televisiekijken, naar haar werk gaan – hij sloeg haar gade.

Als ze thuis was, verwachtte Joe van haar dat ze hem bediende als een gehoorzaam hulpje. Uiterlijk inschikkelijk telde Antoinette bij zichzelf de uren tot ze het huis uit kon.

Intussen hield haar moeder het spelletje vol van 'papa heeft buiten de stad gewerkt'. Ze gedroeg zich alsof hij niet langer dan een week was weg geweest. De werkelijke aanleiding voor zijn afwezigheid was een gesloten boek. Ruth was vastbesloten ervoor te zorgen dat er niet alleen geen woord over werd gesproken, maar dat het verleden volledig werd herschreven en haar rol daarin uitgewist. Ze was er nooit bij geweest, opzettelijk blind en zwijgend, al die jaren dat haar man hun dochter misbruikt had. Het was domweg niet gebeurd.

Antoinette had het gevoel dat de laatste tweeënhalf jaar

hadden opgehouden te bestaan. Opnieuw was ze een meisje geworden dat heel weinig controle had over haar eigen leven. Nu haar ouders herenigd waren als echtpaar, waren ze weer machtig geworden en was ze buiten hun magische cirkel gezet, in haar eentje voortploeterend en volkomen aan hun genade overgeleverd.

De portierswoning was voor Antoinette niet langer het thuis dat zij en haar moeder hadden gecreëerd. Joe's aanwezigheid was er binnengeslopen: overvolle asbakken werden naast de oorfauteuil achtergelaten zodat zijn dochter ze kon legen; kranten, opengeslagen bij de sportpagina's, werden op de grond gegooid, en zijn kopje, aangekoekt met de restanten van zijn talloze koppen thee, gezet door Antoinette of haar moeder, stond op de koffietafel. Er stond een scheerkom in de keuken en een groezelige handdoek, die Antoinette weigerde om ook maar met een vinger aan te raken, lag op het afdruiprek.

Zoals Ruths geluk tweeënhalf jaar geleden werd bepaald door de stemmingen van haar man, zo was het nu weer. Haar gelukkige glimlach vervaagde langzamerhand en werd vervangen door een frons van ongenoegen of de lijdzame uitdrukking van het slachtoffer dat Ruth meende te zijn. Antoinette hoorde haar zelden meer haar favoriete liedjes neuriën. Waarom zag haar moeder het niet in? vroeg ze zich af. Was ze de simpele pleziertjes vergeten van het rustige, harmonieuze leven dat ze hadden geleid voordat *híj* was teruggekomen? Waarom wilde ze weer leven onder zijn gezag, duldde ze dat het hele huis werd beheerst door zijn stemmingen en de sfeer van grimmige macht die hem omgaf? Het kwam Antoinette onmogelijk voor dat iemand de voorkeur zou geven aan dit bestaan boven het leven dat ze samen hadden gehad voordat haar vader werd vrijgelaten.

Ook materieel was Ruth er niet op vooruitgegaan. Hoewel haar man een baan had als civiel monteur bij het leger en vele overuren kreeg uitbetaald, leek zijn bijdrage aan het huishouden Ruths financiële situatie er niet gemakkelijker op te maken. Met een extra mond om te voeden en Joe's gewoonte van veertig sigaretten per dag, leek geld eerder nog schaarser geworden.

Vier weken na zijn terugkomst kondigde hij aan dat hij in het weekend moest werken. 'Vroeg weg en laat terug,' had hij gezegd met zijn joviale glimlach.

'O, Paddy,' had ze geprotesteerd, haar koosnaam voor hem gebruikend, 'Niet op zaterdag. Je weet dat ik het weekend vrij heb.'

Het café dat Ruth managede was gericht op de beroepsbevolking die vijf dagen per week werkte, en zonder hun klandizie had de eigenaar besloten op zaterdag na lunchtijd te sluiten, een beslissing die werd toegejuicht door Ruth en haar dochter.

Toen Joe de achterdochtige blik zag in de ogen van zijn vrouw, sloeg zijn opgewekte stemming om in ergernis. 'Nou, we hebben het geld toch nodig? Jij bent toch altijd degene die zegt dat ze wil verhuizen naar een grotere woning in Belfast?'

Antoinette zag de uitdrukking op het gezicht van haar moeder veranderen in de berusting die de afgelopen weken zo vertrouwd was geworden, terwijl ze antwoordde: 'Ja, Joe.'

'Wat klaag je dan? Ik krijg anderhalf maal het loon uitgekeerd in het weekend. Als die grote dochter van je wat meer zou bijdragen in plaats van alles uit te geven aan kleren en die verrekte rommel die ze op haar gezicht smeert, zou ik misschien niet zo hard hoeven werken.'

Antoinette wachtte tot haar moeder zijn beschuldiging weerlegde. Ze had bijgedragen aan de huishouding sinds de dag waarop ze daartoe in staat was geweest. Maar Ruth zweeg.

Hoewel ze wist dat Ruth altijd verlangd had naar eenzelfde huis als dat waarin ze was opgegroeid, een elegant georgiaans gebouw van drie verdiepingen, was het de eerste keer dat Antoinette dat plan verwoord hoorde. Ze had de indruk dat haar vader over alles zeggenschap wilde hebben, zelfs over waar ze woonden.

De portierswoning was comfortabel genoeg voor ons voordat hij zijn opwachting maakte, dacht ze wrokkend. Overuren maken was gewoon weer een excuus om zijn vrouw het zwijgen op te leggen.

Ze wantrouwde zijn verhaal en toen ze de triomfantelijke uitdrukking zag nadat hij de korte woordenwisseling had gewonnen, geloofde ze het nog minder. De wetenschap dat haar moeder slechts voorwendde zijn redenering te accepteren, wakkerde haar ergernis nog meer aan. 'Hij gaat natuurlijk naar de windhondenrennen,' mompelde ze.

Joe, die de uitdrukking op het gezicht van zijn dochter zag en correct interpreteerde, keek haar woedend aan en snauwde: 'Wat sta jij daar te niksnutten? Help je moeder liever als ik de deur uit ben – maak jezelf eens een keer nuttig.'

Met die woorden vertrok hij. De dreun van de deur die achter hem dichtsloeg weergalmde in de nu stille kamer.

Ruth en haar dochter keken elkaar aan en Antoinette zag het verdriet op het gezicht van haar moeder. Ze pantserde zich ertegen, want ze voelde er niets meer voor om te proberen haar moeder op te beuren. Voor één keer had Ruth wel eens voor haar dochter mogen opkomen en duidelijk maken dat ze meer dan genoeg bijdroeg. Ze voelde de onrechtvaardigheid van zijn opmerkingen en was gekwetst door het gebruikelijke gebrek aan steun van haar moeder. Als zij het niet voor haar opnam, wie dan wel?

Antoinette ging naar haar kamer, hopend dat haar vader genoeg zou winnen bij de rennen om hem buitenshuis te houden tot ze 's avonds wegging. Ze wist dat zij net zoveel aan het huishouden had bijgedragen als hij – een feit dat zijn smeulende woede jegens haar aanwakkerde.

Ze dacht aan hoe hij de baas speelde over de televisie die zij had gekocht en naar de sportprogramma's zat te kijken waaraan zij een hekel had; hoe haar moeder zijn lievelings-gerechten klaarmaakte en nooit aan Antoinette vroeg wat zij wilde eten; hoe, toen haar dochter aanbood voor het eten te zorgen, hij haar had uitgelachen om wat hij noemde 'die verdomde opgeprikte rotzooi van je'. Sinds zijn terugkeer, op die ene onsuccesvolle poging na, was ze gedegradeerd tot de ondergeschikte taak van afwasser.

Antoinette voelde er niets voor haar vader te ontmoeten als ze haar uitgaanskleding aanhad. Ze wist dat hij de spot zou drijven met haar pogingen om er aantrekkelijk uit te zien en haar toch al zwakke zelfvertrouwen nog verder de grond in zou boren. Als hij in een slechte bui was, zou ze het doelwit zijn, een mentale boksbal om zijn woede op te koelen, een woede die nu toch altijd vlak onder de opper-vlakte tierde. Ook wilde ze Ruths droefheid niet zien, al dacht ze onwillekeurig dat haar moeder die aan zichzelf te wijten had. Antoinette zag de zin er niet van in iemand in huis te hebben die zo'n wanklank veroorzaakte, en ze kon niet begrijpen waarom haar moeder zich erbij had neerge-legd dat hij in zo korte tijd zijn oude gedrag weer had opge-vat. Ze hoorde Joe's ontwijkende antwoorden, zag hoe zelf-voldaan hij was en hoe haar moeder vloog op zijn bevelen. Ze voelde een groeiende minachting voor haar ouders ter-wijl ze de dominantie van haar vader en de toegeeflijkheid van haar moeder observeerde.

Als haar vader niet thuis was, zocht haar moeder haar op

voor gezelschap en een luisterend oor waar ze haar klachten kwijt kon, maar deze keer was Antoinette vastbesloten zich niet te laten vermurwen. In plaats daarvan bleef ze 's middags in haar kamer en zocht de kleren uit die ze op haar uitgaansavond wilde dragen, tot ze een selectie had gemaakt. Zorgvuldig legde ze een lichtgele jurk op bed, met een lage hals en een rechte rok met een smalle plooi van achteren, die haar in staat stelde met gemak te lopen en tegelijk haar lange, slanke benen accentueerde. De met een donkerdere stof beklede brede ceintuur die ze had uitgezocht zat strak om haar middel en maakte haar nog slanker.

Heel gedistingeerd, dacht ze, tevreden over haar keus.

Ze had de jurk gekocht in een van de nieuwe boetieks voor tienermode die overal geopend werden. Deze zaak was van een winkelketen uit Engeland en kortgeleden in het centrum van Belfast geopend. De verkoopsters van middelbare leeftijd waren vervangen door lange, slanke modellen, die de kleding zo elegant droegen dat alle meisjes, ongeacht hun lengte en maat, ze wilden imiteren.

Ze wist dat de andere meisjes in haar groep ook nieuwe outfits zouden hebben aangeschaft, want het was een bijzondere avond. Een nieuwe band die werd geleid door een klarinettist, Acker Bilk, trad voor het eerst in Belfast op. Alle meisjes waren er enthousiast over. Hun eerste plaat stond in de hitlijsten en alleen dat al onderscheidde de band van de gebruikelijke groepen die regelmatig in Noord-Ierland optraden.

Antoinette had om halfacht met haar vriendinnen afgesproken op de gebruikelijke plaats, het café waar ze slechts een paar weken geleden haar vader had ontmoet, iets waar ze niet aan probeerde te denken. Als ze eraan dacht, rilde ze van afschuw.

Ze luisterde tevreden naar de laatste plaat van Elvis Presley, die ze net had gekocht. Met een glas wodka in de ene hand en een verboden sigaret in de andere, kneep ze haar ogen dicht tegen de rook en bewoog zich op de maat van de muziek. In haar verbeelding bevond ze zich al op de dansvloer en ving ze bewonderende blikken op terwijl ze de nieuwe danspassen die ze had geleerd in praktijk bracht.

Judy, die wist dat Antoinettes voorbereidingen een voorbode waren van haar vertrek, sloeg haar treurig gade vanaf haar plek op het bed.

Antoinette keek weer in de spiegel om te zien of haar zorgvuldig aangebrachte make-up nog een finishing touch nodig had.

'Alleen nog wat lippenstift,' zei ze tegen zichzelf, en besloot toen te wachten tot ze haar wodka op had en het laatste trekje van haar sigaret had genomen. Ze wilde zolang mogelijk van deze zeldzame momenten genieten. Ze voelde zich ontspannen en bijna gelukkig, want het scheen dat haar wens was vervuld en haar vader niet zou thuiskomen voor ze wegging.

De muziek overstemde het geluid van de dichtslaande voordeur. Haar kortstondige rust werd verstoord door een kwaad gebrul en het drong onmiddellijk tot haar door dat haar vaders drinkgelag van die middag gevolgd moest zijn door een verlies op de renbaan. Hij zou alleen maar vroeg thuiskomen als hij geen geld meer had en de woede in Joe's stem, die opsteeg langs de trap en haar kamer binnendrong, wees erop dat de dag niet naar wens was verlopen. Op de een of andere manier zou dat natuurlijk iemand anders' fout zijn. Dat was het altijd. Antoinette wist dat ze het mikpunt zou worden van een van zijn driftbuien. Ze kon de harde schreeuw niet negeren en deed angstig de deur van haar kamer open.

'Antoinette, kom beneden en zet die verdomde muziek af, hoor je?'

Met tegenzin ging ze haar kamer weer binnen, haalde de plaat van de pick-up en liep naar beneden. Haar vader stond onder aan de trap, zijn gezicht paars van door alcohol opge-fokte woede. Achter hem zat Ruth, met haar gebruikelijke passieve gelaatsuitdrukking, en een in een vaag, strak glim-lachje vertrokken mond op haar stoel naar haar man en dochter te kijken.

Antoinette begreep dat ze zoals gewoonlijk geen hulp van die kant kon verwachten en bleef zwijgend staan om te horen wat haar vader wilde. De pret bederven van haar uit-stapje met haar vriendinnen zou boven aan zijn lijst staan, want als zijn dag niet plezierig was verlopen, kon hij de ge-dachte niet verdragen dat zij zou genieten van haar avond.

'Waar wil jij naartoe met al die rommel op je gezicht, mijn meisje?'

'Naar een dansavond hier in de huurt met mijn vriendin-nen.' Ze onderdrukte haar nervositeit en antwoordde op kalme toon, in de hoop zijn slechte humeur te sussen.

'Je ziet er niet uit. Zo laat ik je niet mijn huis uit.' Hij strekte zijn arm uit en trok haar ruw naar zich toe, greep haar kin vast en hief haar gezicht op om dat minachtend te bekijken.

Antoinette deinsde achteruit toen ze zijn adem rook en kromp ineen, maar hij wist dat ze te bang was om te protes-teren. Joe grijnsde spottend terwijl hij zijn vingers nog har-der in haar wangen drukte. 'Ga naar de gootsteen en was die verdomde make-up eraf,' beval hij.

Ze liep naar de keuken en deed wat haar gezegd was. Ze knipperde de verraderlijke tranen weg die dreigden langs haar wangen te glibberen. Snel veegde ze wat foundation weg, voelend dat zijn ogen haar volgden. Ze keek naar haar gezicht in het spiegeltje boven de gootsteen en zag de aan-trekkelijke moderne tiener die ze zo graag wilde zijn met elke veeg van de vochtige doek verdwijnen. Langzaam bette ze haar gezicht droog om zolang mogelijk uit te stellen dat ze zich om moest draaien naar haar vader, want ze wist dat hij er nog geen genoeg van had haar te kwellen.

'Zo beter?' vroeg ze, haar trots inslikkend.

Het enige wat ze wilde, was hem voldoende kalmeren om het huis te kunnen verlaten zonder een totale uitbarsting. Ze wist dat niets hem meer genoegdoening zou geven dan een excuus te vinden om haar te verbieden uit te gaan en haar naar haar kamer te sturen.

'Je ziet er nog steeds verschrikkelijk uit. En je wordt dik.'

Dat vreselijke woord, dat elke tiener vreesde, vloog als een dart door de lucht en landde met dodelijke nauwkeurigheid in het hart van haar zelfvertrouwen. Ze kromp ineen en Joe wist dat zijn hatelijkheid haar zelfachting had ondermijnd. Hij keek haar minachtend aan en snoof spottend. 'Kom niet te laat thuis. Ik wil dat je om elf uur terug bent en geen minuut later, begrepen?'

De zelfverzekerde tiener die slechts een paar minuten geleden door de spiegel in haar kamer was weerkaatst, was totaal verdwenen en had een onbeholpen, zenuwachtig jong meisje in haar plaats achtergelaten. Antoinette wilde haar mond opendoen en protesteren, maar ze wist wat het gevolg zou zijn als ze dat deed. Ze boog haar hoofd en staarde naar het tapijt omdat ze hem niet wilde aankijken. Ze voelde de zwijgende druk van haar beide ouders die een antwoord verlangden. 'Ja, papa,' zei ze, naar ze hoopte op verzoenende toon.

Antoinette wist wel beter dan tegen te werpen dat de avond pas om elf uur was afgelopen en dat ze dan nog in de rij moest staan voor haar jas en naar de bushalte moest lopen. Ze zou vroeg weg moeten en alleen naar huis gaan. Het laatste deel van de avond werd haar ontzegd: het gezelschap van de andere meisjes terwijl ze op de laatste bus stonden te wachten, lachend, babbelend en herinneringen ophalend aan de afgelopen avond.

Haar vader draaide zich met een zelfvoldane glimlach om. Nu hij gewonnen had, scheen hij er geen plezier meer in te hebben haar nog langer te treiteren.

Ze wist dat hij zijn regels niet voorschreef omdat het hem ook maar iets interesseerde hoe laat ze thuiskwam, maar omdat hij een totale onderworpenheid van haar verlangde. En, net als toen ze nog een kind was, kwam haar moeder nooit tussenbeide. Ze negeerde het gewoon.

Antoinette zag het genoegen van haar vader, die wist dat hij haar plezier in de avond had ondermijnd, en toen vervaagde zijn glimlach en scheen zijn kwaadaardigheid erdoorheen. Hij had liever dat ze zich verzet had; het had hem nog meer voldoening geschonken als hij haar had kunnen verbieden om uit te gaan.

Eén keer was ze in opstand gekomen tegen zijn gezag en was ze een woordenwisseling met hem begonnen toen hij haar ervan beschuldigde dat ze niet genoeg deed in de huishouding. Voor dat onbeschofte gedrag, zoals hij het betitelde, had hij haar naar boven verbannen en haar verboden haar kamer te verlaten. Die avond was Antoinette hongerig naar bed gegaan terwijl de etensgeuren uit de keuken omhoogzweefden, samen met de klanken van de televisie die zij had betaald.

Ze liep weer de trap op en voelde een golf van woede door zich heen gaan, die overging in een opwelling van haat, deze keer tegen haar beide ouders gericht: haar vader omdat hij een arrogante bullebak was en haar moeder omdat ze slaafs onderdanig was. De woede wakkerde haar verzet aan en haastig stopte ze al haar make-up in haar handtas. Ze zou zich in de bus opmaken. Uit die gedachte putte ze troost. Ze trok haar lichtbruine kousen aan en haar gele jurk en bevestigde de ceintuur strak om haar middel. Daarna stak ze haar voeten in de puntige pumps met naaldhakken, en ze was klaar om te gaan. Om hem niet de voldoening te geven nog meer spottende opmerkingen te maken, verborg ze haar outfit haastig onder een jas.

Vastbesloten niet opnieuw het doelwit te worden van de spot en hatelijkheden van haar vader of, erger nog, hem op een of andere manier nog meer te ergeren, glipte ze snel het huis uit. Ze wist dat ze te vroeg zou zijn en in haar eentje zou moeten wachten tot haar vriendinnen kwamen.

God, ik haat hem. Waarom kan hij me niet met rust laten? vroeg ze zich miserabel af terwijl ze naar de bushalte liep. Ze voelde de tranen weer in haar ogen springen. Kwaad veegde ze ze weg. Ze wilde niet dat het restantje mascara langs haar wangen zou druipen en donkere sporen zou achterlaten.

'Laat je er niet onder krijgen,' zei ze tegen zichzelf. 'Geniet van de avond, gun hem niet de overwinning.' Ze rechtte haar schouders, hief haar hoofd en liep doelbewust door, haar eigen advies volgend.

11

Antoinette plakte een glimlach stevig vast op haar gezicht toen ze het café binnenging. Ze wilde niet dat haar vriendinnen zouden denken dat er iets mis was of zouden weten dat ze het afgelopen uur in haar eentje in een bar had gezeten. Dat ze de starende blikken had genegeerd die gericht werden op een eenzaam meisje in een door mannen gedomineerde omgeving, en daar twee dubbele wodka's had besteld.

Er werden cappuccino's naar hun tafel gebracht terwijl de meisjes praatten over de nieuwe band, over de klarinettist die zo goed was en – beter nog – zijn vak blijkbaar in het leger geleerd had.

Ze zetten grote ogen op bij elk roddeltje en Antoinette lachte en giechelde samen met de anderen, met het vaste voornemen niet te laten merken dat voor haar de lol van de avond grotendeels bedorven was. Na nog een rondje koffie gingen de vriendinnen op weg naar de Plaza, een populaire discotheek in het centrum van Belfast. Het was een groot, helder verlicht gebouw, met stijlvolle fluwelen stoelen en een bar gedecoreerd met vele spiegels. Livebands brachten de nieuwste muziek ten gehore waarop de stadsjeugd op zaterdagavond kon dansen.

Tafels en stoelen stonden rond de grote dansvloer, een ronddraaiende glitterbal verspreidde een magisch licht en met de chique stoelen en het elegante decor was de Plaza de *place to be*. Hier kon je de laatste mode en de nieuwste haarstijlen bewonderen. De meisjes brachten de middag voor ze gingen dansen bij de kapper door, de jongens hadden ontdekt dat je met Brylcreem niet alleen het haar glad naar achteren kon kammen, maar met wat moeite keurig geknipt haar ook omhoog kon draaien in de modieuze kuif die populair was gemaakt door hun favoriete popsterren.

Antoinette en haar vriendinnen gaven hun jassen af bij de garderobe en stevenden regelrecht af op de damestoiletten. Daar voegden ze zich bij de vele meisjes die hun make-up bijwerkten en zichzelf bewonderden in de grote spiegels. Als ze de laatste hand aan hun make-up hadden gelegd, moest die door de anderen worden gecontroleerd, waarna ze nonchalant naar buiten slenterden en zich in het feestgedruis stortten.

De avond voldeed aan de verwachtingen van de groep en ze jiveden dat het een lust was op het upbeat tempo van de band, samen met de horden jonge mensen in de discotheek. Toen de klarinettist het instrument aan zijn mond zette en op verzoek van het publiek de meeslepende melodie 'Stranger on the Shore' voor de tweede keer speelde, danste Antoinette langzaam op de verleidelijke klanken van de hit. Ze lette nauwelijks op haar partner en hoorde niet wat hij zei; slechts één gedachte knaagde aan haar: wat voor excuus kon ze verzinnen voor het feit dat ze vroeg weg moest?

Om tien uur draaide ze zich om naar een van haar vriendinnen en zei dat ze weg moest.

'Wat, nu al?' vroeg haar vriendin verbaasd. 'Dan mis je het

eind van de avond. En dat is het leukste gedeelte. Waarom moet je zo vroeg weg? Je hoeft anders toch ook nooit naar huis voordat wij gaan.'

Antoinettes excuus kwam er vlot uit. Per slot van rekening had ze de hele avond de tijd gehad om het te verzinnen. 'Ik weet dat het jammer is, maar mijn ouders gaan morgen met me naar Coleraine. Lunch bij mijn grootouders en dan door naar mijn tante en oom en neven en nichten, dus we moeten heel vroeg opstaan om er op tijd te zijn. Het is drie uur rijden, zie je. Dus moet ik vanavond bijtijds naar bed.' Het was vreemd dat ze zo gemakkelijk kon liegen over haar relatie met de familie die haar drie jaar geleden had verstoten.

Haar vriendin knikte en haalde haar schouders op. Het kon haar niet veel schelen of Antoinette bleef of niet. 'Tot volgende week dan. Doeg,' was alles wat ze zei voor ze haar aandacht weer op de band richtte.

Antoinette maakte zich ongemerkt uit de voeten en haalde haar jas af bij de garderobe. Bij de bushalte stopte ze een stuk kauwgum in haar mond. Ook al was ze al een tijdje geleden van whiskey overgegaan op wodka, toch vond ze het veiliger om naar pepermunt te ruiken. Haar moeder wist wel dat ze dronk, maar ze wilde niet dat haar vader nog meer zwakheden zou opmerken dan hij nu al deed. Antoinette zag de ironie ervan niet in dat het haar vader was die haar als kind had laten kennismaken met whiskey.

Zoals haar vader had voorgeschreven ging ze met de vroege bus naar huis, die haar geruime tijd voor de ingestelde avondklok bij haar huis afzette. Ze wilde hem geen reden geven zich te beklagen over haar gedrag. Hij zal een ander excuus moeten vinden om tegen me tekeer te gaan, dacht ze grimmig.

Op haar tenen liep ze naar binnen, opgelucht dat haar

beide ouders blijkbaar sliepen, want het bleef doodstil in huis toen ze de trap op sloop. Ze wist dat als ze later was thuisgekomen dan de vereiste tijd, Joe het op een of andere manier zou hebben geweten. Antoinette pakte Judy op en zette haar op het bed. Toen ze klaar was, stapte ze naast haar hondje in bed en knuffelde haar terwijl ze wachtte tot ze in slaap zou vallen.

Ik haat hem, dacht ze, toen ze slaperig begon te worden. Ze verlangde terug naar het leven zoals het was geweest voordat hij thuiskwam, maar ze wist dat dat onmogelijk was.

Antoinette klopte op het bed om Judy uit te nodigen bij haar te komen. Hoewel het hondje nu reumatisch was, werd het aanbod om naast haar bazin te komen liggen altijd enthousiast aanvaard. Deze keer, ze probeerde op bed te klimmen, gleed ze uit en viel met een korte jank op de grond.

Antoinette strekte haar armen uit, pakte de oude hond op en legde haar naast zich. Judy jankte weer en bezorgd speurde Antoinette naar de oorzaak van het ongemak. Ze liet haar vingers zachtjes over Judy's maag glijden, die opgezwollen voelde. Toen vond ze onderaan een knobbel die klein maar hard was.

'Ik ga met je naar meneer McAlistair,' zei ze, meer om zichzelf gerust te stellen dan de hond. 'Hij zal je beter maken.'

Zachtjes aaide ze Judy terwijl ze geruststellende woordjes in haar oor fluisterde, en merkte toen met een plotselinge angst dat de ruggengraat van het hondje heel prominent was geworden, een harde richel zonder vlees, die tot nu toe onder haar dikke vacht verborgen was gebleven. Judy, besefte ze nu pas ten volle, was een oude hond geworden.

Ze hield haar lieveling, die ze vanaf haar vijfde verjaardag al haar geheimen had toevertrouwd, in haar armen en zoende Judy op haar kop, vervuld met liefde voor het hondje. Ze wist dat honden meestal niet ouder werden dan twaalf en Judy had bijna die leeftijd bereikt, maar die wetenschap maakte de werkelijkheid niet draaglijker.

Ze had een brok in haar keel. In de afgelopen zes maanden, sinds haar vader was thuisgekomen, was Judy niet alleen de voornaamste reden geweest waarom ze thuis was gebleven, maar het enige goede daarin.

Zelfs al had ze een hospita kunnen vinden die bereid was een kamer te verhuren aan een tiener met een hondje, dan nog had ze de oude hond niet kunnen weghalen uit haar vertrouwde omgeving en de kleine tuin waaraan ze gewend was. Wat had ze haar in ruil kunnen bieden? Ze had zich niet meer kunnen veroorloven dan een kleine studio. Al was haar vader nog zo wreed tegen haar, hij reageerde zijn woede nooit af op de dieren. Nee, hij aaide Judy en de oranje kat waar haar moeder zo dol op was, terwijl hij naar háár schreeuwde.

Judy was de enige constante geweest in Antoinettes leven. Anders dan de mensen die deel hadden uitgemaakt van haar leven, had de hond altijd blijk gegeven van haar onvoorwaardelijke liefde voor haar bazinnetje. Ze zat stilletjes naast Antoinette als die zich wanhopig voelde en likte haar hand om haar steun te bieden, en op haar beurt hield Antoinette zielsveel van Judy.

Ze keek in Judy's waterige bruine ogen, die haar blik vol vertrouwen beantwoordden, en wist dat ze moest doen wat het beste was voor haar lieveling. Ze omhelsde haar nog een keer en ging toen naar beneden om de dierenarts te bellen.

Nog geen uur later hoorde Antoinette de woorden die ze gevreesd had sinds ze de knobbel had gevonden. 'Het spijt me, Antoinette, maar de tumor is kwaadaardig.'

'Kunt u haar opereren?' vroeg ze. Ze wilde haar handen op Judy's oren leggen om haar te beschermen, te voorkomen dat ze zou horen wat haar lot was. Aan het gezicht van de arts kon ze zien wat het antwoord was. Zachtjes streek ze over Judy's kop en maakte zich klaar voor wat er komen ging.

'Ze is al oud – het zou niet eerlijk zijn haar dit te laten doormaken. Weet je, ook als we de tumor weghaalden, zou hij toch weer terugkomen.'

'Wat kunt u doen?'

'Ze heeft pijn, Antoinette, en dat zal erger worden. Je moet dapper zijn en het onder ogen zien. Ik weet hoeveel je van haar houdt,' ging hij zachtjes verder, 'Maar het is het laatste wat je voor haar kunt doen. Je wilt haar toch niet laten lijden, of wel?'

Antoinette drong de snikken terug die uit haar keel dreigden te ontsnappen, ze wilde niet dat Judy haar verdriet zou voelen. Het diertje, dat altijd wist wanneer haar bazin van streek was, keek haar nieuwsgierig aan.

'Het is goed, Judy, je zult niet lang meer pijn hebben,' fluisterde ze, en keek weer naar de dierenarts. 'Wanneer wilt u het doen?'

'Morgen. Ik wil dat je een leuke avond met haar hebt, en geef haar dan morgenochtend vroeg een pil die haar slaperig zal maken. Breng haar om tien uur bij me. Ik geef haar een injectie en je kunt haar vasthouden tot ze slaapt. Pas daarna brengen we haar naar deze kamer voor de definitieve injectie, maar dan weet ze nergens meer van. Haar laatste herinnering zal zijn dat jij haar in je armen houdt.'

'U belooft me dat ze er niets van zal voelen?'

'Nee, Antoinette, ze zal er absoluut niets van merken.'

Antoinette verliet de dierenartsenpraktijk met Judy en probeerde niet aan een leven te denken zonder het gezelschap van haar hond.

Toen ze thuiskwam, legde ze haar moeder met bevende stem en terwijl de tranen over haar wangen rolden, uit wat de dierenarts had gezegd. Bij uitzondering was Ruth begrijpend en probeerde Antoinette te troosten, ook al was ze ontroostbaar. Door haar dochters huilen kwamen ook Ruths eigen tranen tevoorschijn, want ook zij hield van het hondje.

Toen, tot Antoinettes verbazing, zei haar vader iets volkomen onverwachts. 'Antoinette, ik weet hoeveel je van je hond houdt. Wil je dat ik haar morgenochtend wegbreng? Het is niet gemakkelijk, weet je, wat je gaat doen.' Joe bukte zich en streek zacht over Judy's kop.

Antoinette keek hem even aan, eerst verbluft, en toen ze besefte dat hij het meende dankbaar. 'Dank je, papa, maar ik wil het zelf voor haar doen. Ik wil bij haar zijn.'

Haar vader stond op en gaf haar een vriendelijk klopje op haar hoofd. 'Weet je wat, ik haal verderop voor ons allemaal wat lekkere *fish and chips* en dan zet je moeder thee voor ons. Jij blijft bij je kleine hondje.' Met een glimlach die haar herinnerde aan de vader die ze eens gekend had toen ze nog heel jong was, ging Joe weg.

Hij kwam terug met niet alleen grote porties fish and chips, maar ook met ingelegde uitjes en erwtenpuree. Ruth dekte de tafel, zorgde voor dunne sneetjes brood met boter, en ze deden zich tegoed aan het feestmaal. Na de fish and chips kwamen er dikke plakken fruitcake, en tijdens het eten verlichtten ze de droefheid met het ophalen van herinneringen aan het leven van het hondje.

'Weet je nog die keer dat Judy uit een bovenraam sprong toen ze nog een puppy was?' vroeg Joe. 'Ik moest onmiddellijk met haar naar de dierenarts, en na al dat gedoe bleek ze nog geen botje gebroken te hebben. Ze had alleen maar een spier verrekt. Maar ik hield er wel een enorme rekening aan over.'

Ze lachten, herinnerden zich hoe Judy's twee voorpootjes aan elkaar getapet waren terwijl de spier genas, en hoe grappig ze er had uitgezien. Haar vreemde verschijning als ze werd uitgelaten deed geen enkele afbreuk aan haar plezier en weerhield haar er evenmin van om met modderpoten op de meubels te springen.

'En die keer dat je haar uitleende aan de lokale boer om ratten te vangen?' zei Ruth. 'Ik was woedend op je!'

Maar toen ze zich de geestdrift herinnerden van het kranige kleine hondje, werd de boosheid vergeten en lachten ze weer.

'Ze heeft een goed leven gehad, Antoinette,' zei haar vader ten slotte. 'Ik zal de tafel afruimen. Kijken jij en je moeder maar televisie, dan zet ik nog een kop thee voor ons.'

En die ene avond werd Antoinette gesust met de gedachte dat het spelletje van een gelukkig gezin, dat Ruth zoveel jaren had gespeeld, werkelijkheid was geworden. Het waren die korte momenten van geluk die haar aanmoedigden in de mythe te blijven geloven dat ze tot een van die gezinnen behoorde.

Die laatste nacht deelde Judy Antoinettes bed; ze rolde zich op in de armen van haar bazin en bewoog nauwelijks. Toen Antoinette de volgende ochtend vroeg haar ogen opende, gaf Judy haar een paar zachte likjes voor ze weer tevreden ging liggen. Antoinette pakte haar op en droeg haar de trap af om haar uit te laten in de tuin. Daar hurkte Judy op de grond, deed haar behoefte, en snuffelde op haar gemak aan wat gras voor ze weer naar binnen ging.

Antoinette schonk wat van haar thee op een schoteltje. Judy dronk liever thee dan water en likte het schoteltje dankbaar leeg. Toen het tot de laatste druppel leeg was, keek ze hoopvol naar Antoinette op. Ze kwispelde wild met haar staart toen ze tot haar verrukking nog een traktatie kreeg – een flink stukje ham. Daarin, helemaal in het midden, had Antoinette kunstig de pil verborgen. Toen Judy alles had opgegeten, nam Antoinette haar op schoot. Ze streek met haar vingers door Judy's vacht tot ze de knobbel raakte die de buik van het hondje misvormde, en trok er kringetjes omheen. Ze legde haar hoofd tegen Judy's ruwe vacht, die kriebelde in haar gezicht. Daarna nam ze de kop van haar trouwe jeugdkameraadje tussen haar beide handen, draaide die naar haar toe en zag de toewijding. Ze had onvoorwaardelijke liefde ontvangen van Judy, die de koude, angstige plek in haar hart had doen smelten en haar de troost had geboden die ze van niemand anders te verwachten had. Hoe vaak had ze niet gehuild tegen Judy's warme lijfje tot het diertje haar tranen met hondenzoentjes had weggelikt.

Antoinette voelde een pijn in haar borst die een brok leek te zijn van alle tranen die ze in de loop der jaren vergoten had. Ze vroeg zich af waar die vandaan kwamen. Bestaat er een zak die gemaakt is van een heel dun vlies, die ons verdriet opvangt en verandert in water, en dan, als hij vol is, uiteindelijk barst en een onstuitbare stortvloed loslaat?

Toen Judy's lijfje zwaarder en haar ademhaling dieper werd, wist Antoinette dat ze in slaap was gevallen en dat het tijd was om haar naar de dierenarts te brengen. Ze pakte haar voorzichtig op, want ze wilde haar niet wakker maken, en droeg haar tijdens de korte wandeling naar de dierenarts.

Hij deed zelf open, glimlachte vriendelijk en bracht ze snel naar de spreekkamer. 'Ik geef haar de eerste injectie, Antoinette. Dan raakt ze gewoon nog dieper in slaap. Ze zal er niets van voelen.'

Vechtend tegen haar emoties keek ze toe hoe de naald in de achterkant van Judy's hals gleed, en droeg haar toen terug naar de wachtkamer. Daar ging ze zitten met haar lieveling op schoot en weigerde te denken aan de avond die voor haar lag, wanneer ze alleen naar huis zou gaan. Het leken slechts een paar minuten, maar het duurde in werkelijkheid bijna een uur voordat de arts haar weer riep voor de definitieve injectie. Hij nam de slapende hond van Antoinette over en legde haar op de tafel. Antoinette zag hoe de naald in Judy's poot drong. Nog steeds vechtend tegen haar tranen streek ze over Judy's kop tot ze haar slap voelde worden en terwijl het leven uit het hondje verdween, nam ze zwijgend afscheid.

De tranen stroomden over haar gezicht terwijl ze de korte afstand naar huis aflegde. Ze ging het nu ondraaglijk stille huis binnen en ging regelrecht naar haar kamer. Daar klampte ze zich vast aan haar kussen om troost te zoeken en huilde om het verlies van het geliefde kameraadje uit haar jeugd.

Haar enige troost was dat ze wist dat ze Judy's liefde had beantwoord met dit laatste geschenk, dat ze haar gegund had heen te gaan in de veilige zekerheid van Antoinettes liefde, pijnloos in een laatste slaap weg te zinken.

12

Antoinette had haar eerste date en plotseling voelde ze zich een zorgeloze tiener. Derek nam haar mee uit eten naar een restaurant dat net geopend was in Belfast. Het was een Chinees restaurant, het eerste in de stad, en Antoinette, die alleen nog maar gehoord had over die vreemde keuken, was enthousiast bij het vooruitzicht.

In de discotheek in Belfast had afgelopen zaterdag een gedrongen blonde jongeman van een jaar of twintig haar voor de eerste dans gevraagd en had haar toen praktisch niet meer alleen gelaten. Pas toen er een langzaam nummer werd gespeeld, zei hij: 'Je weet niet meer wie ik ben, hè? Ik heb bijna een jaar geleden met je gedanst in de tent in Lisburn.'

Ze bekeek hem wat aandachtiger. 'O, ja! Ik herinner me je,' zei ze, toen ze zich realiseerde dat hij de jongen met het ronde gezicht was die haar voor de laatste wals naar de dansvloer had geleid. 'Je was een beetje vrijpostig, hè?,' zei ze, maar met een glimlach om te tonen dat ze het niet onaardig bedoelde.

Derek glimlachte terug en in de loop van de avond besefte Antoinette dat hij in een jaar veranderd was van een aardige jongen in een man met sociale vaardigheden. Hij kocht frisdrank voor haar zonder een druppel van de gesmokkelde wodka waar Antoinette zo van was gaan houden, maar ze genoot te veel van de bewondering in zijn ogen om zich er iets van aan te trekken. Haar eigen ogen straalden terug. Het beviel haar zoals hij eruitzag. In zijn sportjasje en corduroy broek was hij anders dan de groep waarmee ze gewoonlijk omging.

'Ik heb sinds die avond naar je uitgekeken,' vertrouwde hij haar toe.

'Echt?' Ze kon het moeilijk geloven. Ze was meer gewend zweethanden te vermijden als de eigenaar een beetje veel gedronken had dan dat een bewonderaar die echt belangstelling voor haar had naar haar op zoek was. Ze was onder de indruk van hem – hij was geen jongen die haar even snel wilde betasten, maar een jongeman die haar wilde leren kennen en tijd met haar wilde doorbrengen. Toen hij vroeg of ze er iets voor voelde met hem te gaan eten, voelde ze zich overweldigd en probeerde haar opwinding te verbergen toen ze accepteerde.

Het was de eerste keer dat ze mee uit was gevraagd voor een serieuze date, iets waarvan ze wist dat alle meisjes uit haar groep erop hoopten. Ze wilde haar plezier delen met haar moeder, wilde dat ze blij zou zijn voor haar, maar haar instinct zei haar dat Ruth dat niet zou zijn.

De weken na de thuiskomst van haar man hadden hun sporen achtergelaten, en Ruths gezicht had nu permanent een ontevreden uitdrukking. De goede stemming van haar man op de vooravond van Judy's dood was snel verdwenen en weer was hij in de weekends zelden thuis, zonder enige reden op te geven.

Had Derek me maar gevraagd voor een zaterdag, dacht ze toen ze die avond naar huis ging. Dan hoefde ik het mijn moeder of mijn vader niet te vertellen. Maar ik kan geen excuus bedenken voor het feit dat ik laat thuiskom op een doordeweekse avond. Nee – ik zal het haar gewoon moeten vertellen en hopen dat ze toestemt.

Ze wist dat de reden dat ze op zaterdagavond uit mocht niet alleen te danken was aan het feit dat ze die toestemming had gekregen voordat haar vader terugkwam. Hoewel hij het haar misschien graag had belet, had hij geen goed excuus kunnen vinden, mede omdat hij heel goed wist dat Antoinettes bijdrage aan de huishouding zijn leven gemakkelijker maakte. Als hij te ver ging en ze vertrok, zou hij zijn eigen bijdrage moeten verhogen.

Zoals zo vaak wenste Antoinette dat ze een normaal gezin had. Ze wilde zo graag twee ouders die het beste met haar voor hadden, in plaats van een vader die haar kwelde met zijn pesterijen en een moeder die weinig belangstelling had voor iets anders dan het bewaren van de lieve vrede ten koste van het geluk van haar dochter.

Ik zou iets kunnen verzinnen om uit te leggen waarom ik uit wil, dacht Antoinette. Ik zou haar kunnen vertellen dat ik met een vriendin naar de bioscoop ga... Nee, dat is niks. Ze weet dat ik geen echt goede vriendinnen heb. Ze zou me nooit geloven. Ze zou me dwingen te zeggen wie het is, me vragen haar naar het café te brengen om haar te ontmoeten...

De meisjes in Antoinettes vriendinnengroep kwamen alleen bij elkaar om te dansen, omdat je onmogelijk in je eentje naar een discotheek kon; daarbuiten hadden ze weinig contact met elkaar, zoals Ruth maar al te goed wist. Het zou moeilijk zijn een plotselinge vriendschap voor te wenden.

Op haar zestiende wist Antoinette dat vriendschap gevaarlijk was. Vriendschap bracht vragen met zich mee, en ze wilde geen antwoorden geven over haar verleden of heden. Ze stond zichzelf zelden toe iets van eenzaamheid te voelen of te verlangen naar vriendschap met een meisje van haar eigen leeftijd. Ze herinnerde zich maar al te goed hoe de meisjes van haar school, van wie ze sommige al een paar jaar kende, zich tegen haar hadden gekeerd toen de feiten van haar zwangerschap aan het licht kwamen.

Antoinette besefte dat de meisjes met wie ze ging dansen uit haar leven zouden verdwijnen zodra ze een vriendje hadden. Ze accepteerde hun gebrek aan belangstelling voor haar en voelde zich opgelucht dat ze zo weinig nieuwsgierigheid wekte.

Ik zal het haar vertellen, besloot ze, en dan zie ik wel wat er gebeurt.

De volgende dag trof ze haar moeder alleen in de keuken.

'Ik ben mee uit gevraagd,' zei Antoinette zo achteloos mogelijk. 'Een jongeman, Derek, wil donderdag met me gaan eten. Ik heb ja gezegd. Is het goed?'

Ze keek aandachtig naar het gezicht van haar moeder, waarop ze tegenstrijdige emoties zag: bezorgdheid en angst, en tegenzin om zo'n simpel en normaal verzoek te weigeren.

Waar is mijn moeder zo bang voor? vroeg ze zich af. Ze wist dat ze allebei, ieder op haar eigen wijze, bang waren voor haar vader, maar toch zei haar instinct dat de angst van haar moeder nog een ander aspect had. Per slot van rekening zouden in een normale vriendschap en een normale relatie vragen worden gesteld die Antoinette zou moeten beantwoorden. Misschien zou Antoinette op een dag iemand de waarheid vertellen en dan zou het hele zorgvuldig geconstrueerde bouwwerk, het leven dat Ruth zoveel moeite had gekost om op te bouwen en te geloven, instorten.

Antoinette zag haar worstelen met haar twijfels, maar

toen gaf Ruth met een zucht toe. 'Goed, je kunt gaan. Ik zie wel dat je graag wilt en omdat je al ja hebt gezegd, denk ik niet dat ik je kan tegenhouden.' Toen voegde ze eraan toe: 'Maar ik denk dat het beter is als papa denkt dat je met een vriendin naar de bioscoop gaat. Laat je door die jongen na het eten terugbrengen naar de koffiebar, want ik heb avonddienst, dus je kunt met mij mee naar huis.'

'Goed dan. Dank je, mam.' Als dat de prijs was die ze moest betalen voor een avond met Derek, was ze daartoe bereid, ook al had ze zich erop verheugd door Derek in zijn auto naar huis te worden gebracht. In haar hart wist ze dat haar moeder de vrede in huis wilde bewaren en dat Ruth opnieuw de gemakkelijke uitweg had gekozen een medeplichtige te worden van haar man en te buigen voor zijn heerszucht.

Ze zette de hinderlijke vraag uit haar gedachten waarom haar vader zich zou ergeren aan het feit dat ze een date had. Ze vermeed het ook zich af te vragen waarom haar moeder had voorgesteld het voor hem te verbergen. Diep vanbinnen kende ze het antwoord op beide vragen, maar ze was nog niet zover dat ze al tegen die antwoorden opgewassen was, dus zette ze ze van zich af en sloot haar ogen ervoor.

De avond voor haar dinerafspraak inspecteerde Antoinette haar garderobe, zoekend naar een geschikte outfit, en keurde de ene jurk na de andere af. Uiteindelijk bleef alleen haar favoriete gele jurk over, maar Derek had haar daarin al gezien, dus die kwam niet in aanmerking. Zoals de meeste meisjes van haar leeftijd die van kleren hielden, gaf ze de voorkeur aan kwantiteit boven kwaliteit: shoppen en gezien worden in een nieuwe outfit was het belangrijkst. Omdat ze vond dat de kleren die ze naar de wekelijkse dansavonden had gedragen niet erg geschikt waren, haalde ze zichzelf zonder veel moeite over haar spaargeld aan te spreken. Ze had al ontdekt dat niets zo verleidelijk is als nieuwe kleren die in vloeipapier zijn gewikkeld en daarna in een fraaie draagtas verpakt met het logo van een bekende boetiek.

De volgende dag ging ze vroeg het huis uit om naar de boetiek te gaan waar ze de outfit die ze wilde al in de etalage gezien had. Ze duimde dat de tweedelige outfit waarop ze haar oog had laten vallen er nog zou zijn en, net zo belangrijk, dat die er in haar maat zou zijn. Eén minuut na openingstijd was ze in de winkel en zag tot haar opluchting dat de gewenste outfit er nog hing. Toen de verkoopster het van de etalagepop had gehaald, ontdekte ze verrukt dat het haar maat was, maat veertig.

Toen ze het had aangetrokken en voor de spiegel paradeerde, voelde ze dat het de perfecte kleding was voor haar date: een rechte marineblauwe rok en een bijpassende pull met witte manchetten en een grote witte matrozenkraag.

Mijn witte schoenen en handtas zullen er uitstekend bij staan, dacht ze terwijl ze het geld overhandigde. Vervolgens ging ze naar Woolworth en snuffelde door de Rimmel-collectie. Ze zocht een lichtroze lippenstift uit met ongeveer dezelfde kleur als de zes lippenstiften die ze al had. Ten slotte trakteerde ze zich op een flesje Blue Grass-parfum en enthousiast over haar aankopen ging ze koffiedrinken in een nabij café.

Daar, omringd door haar tassen, verloor ze zichzelf in de droom dat ze was opgenomen in gegoede kringen. Uitgenodigd werd op feesten waar ze, schitterend gekleed, het middelpunt van de aandacht was. Ze zag zichzelf met een glas in de hand, elegant op hoge hakken, een groep bewonderaars vergasten op geestige verhalen. Andere meisjes vroegen haar met jaloerse blikken om modetips.

Ze kwam weer terug in de werkelijkheid toen ze op haar horloge keek en zag dat het tijd was om terug te gaan naar de koffiebar om aan haar middagdienst te beginnen. Ze moest aan het werk, tafels dekken, bestek poetsen en glazen opwrijven, maar al die tijd lag er een brede glimlach op Antoinettes gezicht terwijl ze serveerde en tafels afruimde. Ze bleef maar denken aan de komende avond.

Derek zou haar komen ophalen bij de koffiebar. Ze was om halfzes vrij en had een afspraak met de kapper naast de koffiebar, want ook haar haar moest perfect zijn, net als haar kleding. Ze kon zich opmaken in hun spiegel terwijl haar haar geföhnd en gestyled werd. Dan kon ze zich verkleden in het café en met een schuimig kopje koffie en een achteloos gezicht wachten tot Derek kwam.

Haar moeder was er al voor de avonddienst toen Antoinette zorgvuldig opgemaakt en fris gestyled terugkwam van de kapper.

'Hoe zie ik eruit, mam? Vind je mijn nieuwe outfit mooi? Denk je dat Derek het mooi zal vinden?' vroeg ze.

'Heel goed, schat,' was Ruths enige commentaar, en daar moest ze het mee doen.

Derek kwam precies op tijd en Antoinette stelde hem voor aan Ruth. Ruth was de manager en in tegenstelling tot de serveersters, die een uniform moesten dragen, droeg ze haar eigen kleren. Derek glimlachte toen hij aan haar werd voorgesteld, kennelijk op zijn gemak.

Ze zag er waarschijnlijk net zo uit als de vriendinnen van zijn moeder, dacht Antoinette opgelucht toen ze zijn goedkeurende blik zag. Die avond was ze trots op haar moeder: Ruths beschaafde accent en chique pakje wekten de indruk dat haar achtergrond niet alleen respectabel was, maar ook veilig. Per slot van rekening hoorden ouders zich zorgen te maken over hun jeugdige dochter, ze zouden haar willen beschermen, de man willen ontmoeten met wie hun dochter uitging en verwachten dat ze 's avonds op tijd thuiskwam.

Ruth scheen te weten wat Antoinette van haar verlangde en werd instinctief de elegante dame die voor de avond de zorg voor haar dochter overdroeg aan iemand anders. Het was een moeder die Antoinette voor het eerst zag. Toen ze wegging, voelde ze zich als elke andere tiener op haar eerste date.

Het restaurant was precies zoals ze gehoord had. Andere restaurants in Belfast hadden stenen muren waarop jachtprenten hingen, maar de wanden van dit etablissement waren in een magnoliakleur geschilderd en er waren beelden van vrouwen met witte gezichten en opvallend rode lippen die uitbundige kleding droegen. Hun dikke zwarte haar was vastgestoken in een grote wrong, die hun zwanenhals mooi deed uitkomen, en ze hielden fraaigekleurde waaiers in hun slanke handen. De prenten van de exotische vrouwen uit een ander continent en de vreemde tinkelende achtergrondmuziek boeiden haar; ze had het gevoel dat ze een glimp opving van een andere cultuur, een die veel ouder en mysterieuzer was dan die van haarzelf.

'Mooi is het hier,' zei Antoinette toen ze naar hun tafel werden gebracht.

'Ik ben blij dat het je bevalt,' zei Derek. 'Wil je iets drinken?'

Hij bestelde wijn en daarna werden de menu's gebracht. Antoinette raakte in de war bij het zien van de lijst gerechten die weinig leken op iets wat ze ooit had gegeten. Derek zag haar verwarring en bood galant aan voor haar te bestellen; een paar minuten later werden er kleine porseleinen kommetjes heldere kippensoep met maïs voor hen neergezet.

Ze bracht de grote porseleinen lepel naar haar mond en slikte behoedzaam. Een blijde glimlach verscheen op haar gezicht. Heerlijk, dacht ze, tegelijk verbaasd en verrukt. Als het allemaal zo lekker is, dan denk ik dat ik van Chinees eten houd.

Na de soep kwam iets dat chop suey heette. Om tegemoet te komen aan de Noord-Ierse smaakpapillen, was er een gebakken ei bovenop gelegd. Ze goot een kleine hoeveelheid sojasaus op de rand van haar bord, schepte met enige moeite een hap op en straalde toen ze die in haar mond stak.

'Heb je het naar je zin?' vroeg Derek met een al even stralende glimlach.

Ze knikte en vroeg zich af wat hij zou zeggen als hij wist dat dit niet alleen haar eerste Chinese maaltijd was, maar ook de eerste keer dat ze een date had. Maar met vrouwelijk inzicht hield ze dat voor zich. Misschien zou ze het hem vertellen als ze hem wat beter kende. In plaats daarvan praatten ze, een beetje stijfjes, over de feesten waar ze waren geweest en het soort muziek waarvan ze hielden. Ze waren niet veel meer dan tieners, maar probeerden zich te gedragen als volwassenen, te praten zoals ze dachten dat volwassenen dat deden.

Na haar tweede kleverige likeur en haar laatste kop koffie was het tijd om te gaan. Per slot van rekening moest ze op tijd thuis zijn en ze wist, terwijl Derek haar in haar jas hielp, dat hij haar daarom juist respecteerde. Ze voelde haar wangen gloeien van plezier toen hij haar vroeg die zaterdagavond met hem uit te gaan. Hij stelde een film voor waarvan hij dacht dat ze die goed zou vinden en het kon haar niet schelen wat voor film het was, ze zei onmiddellijk ja.

Ze was op tijd terug in het café om haar moeder te treffen.

'Plezier gehad vanavond, lieverd?' vroeg Ruth toen ze Antoinette zag.

'O, ja, het was geweldig,' antwoordde ze opgetogen. 'We hebben heerlijk gegeten...'

Ze wilde niets liever dan haar moeder vertellen over haar date, maar Ruth viel haar in de rede. 'Goed. Maar weet je, het is beter als je je vader niet vertelt wat je hebt gedaan. Dat zou alleen maar problemen geven. Misschien kun je je beter verkleden voor we naar huis gaan. Dat begrijp je toch hè, Antoinette? Het is niet nodig je vader van streek te maken.'

Haar gelukkige stemming begon weg te ebben toen ze naar haar moeder keek. Ruth kon haar niet recht in de ogen kijken en Antoinette merkte dat ze worstelde met de wens haar uit te leggen waarom haar man niet zou willen dat zijn dochter een date had. Ruth vond het moeilijk de juiste woorden te vinden en bij uitzondering gaf Antoinette haar niet de kans die te vinden. Niets mocht haar avond bederven.

13

Drie maanden na hun eerste afspraak zei Derek tegen Antoinette dat hij wilde dat ze zijn beste vrienden zou ontmoeten.

'Neil en Charlotte gaan al een paar jaar met elkaar uit,' vertelde hij. 'Charlotte woont thuis, zoals je zou verwachten, maar Neil zit in zijn laatste studiejaar op Queens en deelt met twee andere studenten een flat dicht bij de universiteit. Ik dacht dat het misschien leuk zou zijn als we met ons vieren uitgingen. Wat denk je ervan?'

'Klinkt goed,' zei Antoinette, al vroeg ze zich meteen bijna panisch af of Dereks vrienden haar wel aardig zouden vinden. Ze besloot onmiddellijk dezelfde blauwe outfit aan te trekken als ze had gedragen toen Derek haar meenam naar het Chinese restaurant. Sindsdien had ze regelmatig met hem afgesproken en tot dusver had ze voor haar vader geheim weten te houden dat ze een vriendje had, al begon ze de hele situatie erg stressvol te vinden. Ze zag Derek op zaterdagavond als ze gingen dansen, en soms op een zondag als ze naar buiten glipte om hem te ontmoeten. Dan maakten ze een wandeling of gingen naar een film en daarna zoenden en knuffelden ze. Het was allemaal volkomen normaal, en tot dusver had ze weten te vermijden hem mee naar huis te nemen, maar ze wist niet hoeveel langer ze Dereks bestaan nog kon verbergen.

Deze keer, de avond dat ze uit zouden gaan met Neil en Charlotte, had ze goed gevonden dat hij haar thuis kwam afhalen. Omdat haar moeder avonddienst en haar vader een snookerwedstrijd had, zou ze het huis voor zich alleen hebben. Joe zou op zijn minst tot middernacht wegblijven om met zijn vrienden te feesten als hij had gewonnen of zich bij hen te beklagen als hij had verloren. Wat het ook was, ze zou hem niet zien en hij zou niet weten wat ze die avond van plan was.

Toen ze zich aankleedde, besefte ze hoe zenuwachtig ze was. Want als Derek wilde dat ze zijn vrienden leerde kennen, was dat een teken dat hun relatie serieus begon te worden. Ze wist het, maar toch moest ze nog vechten tegen de verleiding weer een nieuwe outfit te kopen. Ik moet sparen voor mijn opleiding, hield ze zichzelf streng voor. Het was nog steeds haar droom het diploma te behalen dat ze nodig had om te ontsnappen.

Ze waste en stylede haar haar, bracht zorgvuldig haar make-up aan en borstelde haar pakje goed af voor ze zich rijkelijk besproeide met parfum. Ze was klaar, maar ze had nog een halfuur voor haar vriendje zou komen. Ze hield van het woord vriendje en bleef het in gedachten herhalen. Elke keer als ze dat deed, ging er een warme gloed door haar heen. Ze luisterde aandachtig of ze Derek hoorde komen en toen ze een autoportier hoorde dichtslaan, holde ze naar de deur om open te doen.

In plaats van in de grote oude auto waarin hij steeds had gereden, stopte hij voor haar huis in de kleinste auto die ze ooit had gezien.

'Wat is dat voor auto?' vroeg ze. Ze had nog nooit zoiets gezien.

'Dat is een Mini,' antwoordde hij. 'Ze zijn net op de markt.'

'O, wat enig!' riep ze uit, er aandachtig omheen lopend. 'Hij is zo klein!'

'Vind je hem mooi?' vroeg Derek.

'O, ja,' antwoordde ze. Ze hoorde de trots en vreugde in zijn stem over haar verbazing. 'Ik vind hem prachtig.'

Hij opende met een zwierig gebaar het portier aan de passagierskant. Ze ging zitten en zwaaide haar benen de auto in met een beweging waarvan ze een illustratie had gezien bij een tijdschriftartikel over hoe je elegant een auto in en uit moest stappen. Zodra ze zat, ging hij met een sprong achter het stuur zitten, zette zijn voet op het gaspedaal, en het autootje liet een harde brul horen toen ze wegreden.

Eindelijk heb ik het bereikt, dacht ze blij. Dit moet de meest gewilde auto in Belfast zijn. Haar knieën raakten bijna het dashboard en haar elleboog stootte tegen het raam, maar niets kon de opwinding wegnemen van gezien worden in zoiets chics. Dit was een auto voor de moderne jeugd en zij zat erin!

Ze reden door Belfast naar de populaire Candle Light Inn, een groot restaurant annex bar aan de rand van de stad. Derek parkeerde snel en ze stapten uit. Hij gaf haar een bezitterige arm en liep met haar naar de bar.

Zijn vrienden waren er al. Toen ze hen zag, voelde Antoinette zich ongemakkelijk.

Charlotte was eenvoudig gekleed in een grijze rok en een lichtgele twinset en droeg leren pumps met een lage hak. Haar haar viel in natuurlijke golven om haar gezicht en behalve wat roze lippenstift had ze geen make-up op. Neil droeg een sportjasje en een keperbroek. In hun verzorgde vrijetijdskleding straalden Dereks vrienden een zorgeloos, comfortabel en gedistingeerd leven uit. Antoinette wilde haar witte naaldhakken verbergen onder de barkruk. Plotseling had ze het gevoel dat haar outfit goedkoop was en dat ze zich te zwaar had opgemaakt.

Terwijl Derek iedereen voorstelde, zag ze nog iets anders dat haar het hart in de schoenen deed zinken. Onder Neils kraag zag ze een das die ze herkende. Hij was van het jongensgymnasium in Coleraine – de geboorteplaats van haar vader.

Neil is een paar jaar ouder dan ik, dacht ze ongerust. Snel begon ze te rekenen. Hij zou in zijn eerste jaar van de universiteit hebben gezeten toen het schandaal losbarstte. Toch maakte het zien van die das haar zenuwachtig. Hoe ze ook haar best deed zichzelf gerust te stellen, dat gestreepte stukje stof gaf haar het angstige vermoeden dat haar geheim onthuld zou worden. Ze kon het artikel in de krant nog voor zich zien waarin het stadje op de hoogte werd gebracht van haar vaders misdrijf. Het begon: 'Joseph Maguire, een monteur woonachtig in Coleraine, is vandaag tot vier jaar gevangenisstraf veroordeeld wegens een serieus vergrijp tegen een minderjarige.' Ook al was haar naam niet genoemd omdat ze nog minderjarig was; iedereen had geweten wie die minderjarige was. Ze wisten, oordeelden en veroordeelden.

Ze pakte haar drankje stevig beet en ademde diep in in een poging haar zenuwen in bedwang te krijgen. Ze had de afkeer op te veel gezichten gezien om niet te weten wat er gebeurt als mensen haar verleden ontdekten. Stop, zei ze tegen zichzelf. Concentreer je gewoon op een leuke avond.

'Wat doe jij?' Neil keek vriendelijk en geïnteresseerd toen hij de gevreesde vraag stelde.

'O, volgend jaar ga ik een cursus secretarieel werk volgen,' antwoordde ze luchthartig. 'Op het ogenblik help ik mijn moeder met het runnen van een koffiebar.'

Vraag me alsjeblieft niet wat mijn vader doet of waar ik naar school ging, bad ze bij zichzelf, en het scheen dat haar gebed werd verhoord, want na een paar minuten prietpraat hadden de mannen meer belangstelling voor sport dan voor haar verleden. Ze voerde een geforceerd gesprek met Charlotte, die ook over een secretariële cursus dacht na haar examen.

'Waarom begin je niet meteen dit jaar?' vroeg ze.

'Omdat ik nog niet genoeg geld heb gespaard' was het eerlijke antwoord, maar niet het antwoord dat Antoinette wilde geven. Haastig improviseerde ze. 'O, ik aarzelde tussen dat en de hotelschool, dus mijn moeder stelde voor er nog een jaartje over te denken.'

Met het gevoel dat ze die vraag zonder al te veel problemen had weten te beantwoorden, nam ze weer een slok en leegde haar glas. Derek, die het lege glas zag, bestelde onmiddellijk een nieuw rondje. Hij en Neil dronken bier en Charlotte een Babycham. Zonder erbij na te denken vroeg Antoinette om een wodka, haar zelfvertrouwenshot, en Derek bestelde die zonder enig commentaar. Ze sloeg de wodka snel achterover en hield toen haar hand op het glas om te verbergen dat het plotseling al weer leeg was.

Ze voelde een plotselinge depressie opkomen. Deze mensen hadden het leven waarop zij gehoopt had. Het was pas drie jaar geleden dat ze ervan overtuigd was geweest dat ze naar de universiteit zou gaan, maar die droom was verbrijzeld; er was een abrupt einde gekomen aan haar opleiding toen ze geschorst werd. Zodra het bestuur hoorde wat er met haar gebeurd was, werd haar verzocht onmiddellijk te vertrekken. Als ze had kunnen blijven en kunnen studeren, zoals het plan was geweest, zou ze nu een van hen zijn. Maar sinds ze gedwongen was de school te verlaten, hadden de jaren haar veranderd van het leergierige meisje dat trots was op haar schoolwerk in iemand die ervoer dat ze heel weinig gemeen had met degenen die hun opleiding konden voortzetten.

Het gevoel dat ze hier niet op haar plaats was, bleef haar de hele avond bij. Later, in het restaurant, proefde ze nauwelijks iets van de maaltijd die werd geserveerd. Ze had het benauwd. De ober bleef haar glas vullen en ze dronk haar wijn veel sneller dan de anderen. Ze voelde dat Derek naar haar keek toen haar drinktempo hem opviel. Ze geneerde zich ervoor, maar kon het niet laten het glas naar haar mond te brengen.

Toen ze allemaal klaar waren, stelde Neil voor dat ze nog een laatste glas zouden drinken aan de bar. Antoinette voelde dat haar hoofd begon te draaien terwijl ze de korte afstand naar de bar aflegde. Haar benen wankelden een beetje op hakken die nu nog hoger leken. Ze ging op de hoge met fluweel beklede barkruk zitten, stopte haar benen eronder en probeerde nuchter over te komen. Toen, terwijl ze probeerde het gezellige geroezemoes te volgen van het gesprek om haar heen, gingen de haren in haar nek rechtovereind staan.

Plotseling kreeg ze het verontrustende gevoel dat iemand in het café haar gadesloeg. Er leken ogen in haar rug te prikken en met tegenzin draaide ze zich om.

Het was haar vader.

Hij stond bij een groepje mannen dat ze nooit eerder gezien had. Ze zat slechts een meter van hem af; zijn kwaadaardige blik kwam recht op haar af. Volledig van haar stuk gebracht draaide ze zich met een beverig glimlachje weer om naar haar gezelschap en pakte haar glas, dat ze in één slok leegdronk.

'Nog een drankje?' vroeg Neil hoffelijk.

Ze merkte Dereks groeiende afkeuring op. Het was haar derde grote glas wodka die avond, maar de behoefte eraan overtrof haar verlangen het hem naar de zin te maken.

'Ja, graag, hetzelfde,' antwoordde ze enigszins uitdagend.

'Charlotte?' vroeg Neil.

'Iets fris, dank je,' zei ze, en voegde er snel aan toe: 'Ik moet morgen hard studeren.'

Antoinette begreep niet dat het meisje aardig wilde zijn met dat excuus; door het woord 'studeren' voelde ze zich nog ellendiger.

'O, ik ben vrij tot morgenmiddag,' zei ze met een stem waarvan ze wist dat hij te hard was. Toen prikten haar nekharen weer. Ze voelde de aanwezigheid van haar vader achter zich nog voordat ze zich helemaal naar hem had omgedraaid.

Joe stond vlak voor haar. 'Antoinette, ik wil je even spreken,' zei hij. Zonder enige aandacht te schenken aan haar gezelschap, gebaarde hij met een kwaad gezicht dat ze hem moest volgen.

Ze liet zich van haar kruk glijden en gehoorzaamde met een gevoel van naderend onheil.

Antoinette zag haar vader zoals haar nieuwe vrienden hem zouden zien: een man van middelbare leeftijd wiens bloeddoorlopen ogen en roodgeaderde wangen hem het stempel gaven van de dronkaard die hij was; een onontwikkelde man, poenig gekleed, die zich voortbewoog als iemand die denkt dat hij nuchter overkomt; een dronkaard met een agressieve houding en het ruwe stemgeluid van de ongeschoolden. Ze wist onmiddellijk dat hij nooit welkom zou zijn in het huis van haar vrienden.

'Wat doe je daar met dat nichterige joch en zijn vrienden?' vroeg hij. Ze zag dat hij zijn vuist balde en zich met moeite bedwong die tegen haar op te heffen. 'Ga naar huis, naar je moeder.'

Antoinette balde haar vuisten in nabootsing van de zijne, maar in haar geval was het om haar angst te bedwingen.

'Derek brengt me straks thuis,' antwoordde ze, wetend dat niets hem kon sussen. In zijn ogen zag ze de ware reden voor zijn woede. Jaloezie. De wet had hem dan wel gestraft voor zijn misdaad, maar de wens om die te plegen was nog steeds aanwezig. In zijn ogen lag de uitdrukking van iets obsceens dat binnen in hem school.

'Je gaat regelrecht naar huis, hoor je me?'

Derek kwam naast haar staan. 'Gaat het goed met je?' vroeg hij op bezorgde toon. Hij had alleen Antoinettes moeder ontmoet, en door haar charmante glimlach en beschaafde stem had hij niet kunnen vermoeden dat ze getrouwd zou zijn met het soort man dat nu voor hem stond.

'Derek, dit is mijn vader, Joseph Maguire,' zei ze snel en deed een schietgebedje dat het slechte humeur van haar vader hem er niet van zou weerhouden beleefd te zijn. 'Papa, dit is Derek.'

Joe negeerde Dereks uitgestoken hand en keek woedend naar de jongeman, die onwillekeurig een stap achteruit deed. Toen leek de een of andere gedachte aan zelfbehoud tot hem door te dringen. Op hetzelfde moment zagen Antoinette en hij twee mannen in donker pak, de onopvallende lieden van de beveiligingsdienst, kijkend naar het tafereel dat zich voor hun ogen afspeelde. Na een ogenbik stelde hij zich tevreden met een minachtend gesnuif en zei toen met een stem die beefde van nauwelijks onderdrukte drift: 'Breng haar nu meteen naar huis – en bestel geen drank meer voor haar!'

Met die woorden draaide Joe zich abrupt om en liep weg met zijn enigszins beschonken loop en een hals die vuurrood zag van onderdrukte woede. Een afschuwelijke stilte volgde op zijn vertrek. Antoinette voelde het bloed naar haar wangen stijgen – ze wist dat iedereen had gehoord wat hij zei – en ze probeerde op erbarmelijke wijze haar vernedering te verlichten met nerveus gebabbel terwijl ze terugliep naar haar barkruk.

Ze zag zichzelf zoals ze dacht dat de anderen het deden: een meisje in goedkope kleren met te veel make-up; een meisje dat te veel gedronken had – net als haar vader zo overduidelijk had gedaan. Ze zien me natuurlijk als de dochter van een luidruchtige, ordinaire bullebak, dacht ze wanhopig. En als zijn met olie bevlekte werkmanshanden al niet duidelijk maakten dat hij niet tot hun kring behoorde, deden zijn slechte manieren dat wel.

'Kom, Antoinette, dan breng ik je naar huis.' Derek pakte haar arm en hield die stevig vast, meer om ervoor te zorgen dat ze recht liep dan uit genegenheid, terwijl ze zwaaide en wankelde op haar hoge hakken.

Ze waren nauwelijks van het parkeerterrein weggereden of ze voelde de misselijkheid opkomen. 'Stop, ik moet kotsen!'

Haar benauwde opmerking had onmiddellijk uitwerking – Derek was niet van plan zijn nieuwe Mini eraan te wagen. De auto stopte meteen en hij reikte over haar heen om het portier te openen en haar met haar hoofd boven het trottoir te duwen.

Ze kotste op de straat en veegde vervolgens haar mond af met een papieren zakdoekje. Ze ging weer recht op haar stoel zitten en vroeg zich af of er verder nog iets mis kon gaan. Toen voelde ze zich weer misselijk worden en met een ruk gooide ze haar hoofd weer buiten de auto en gaf over.

De tranen stroomden langs haar wangen en vormden zwarte strepen mascara.

'Klaar?' vroeg Derek.

'Ik geloof het wel,' fluisterde ze beschaamd.

'Draai je raam omlaag,' beval hij kortaf. 'De frisse lucht voorkomt misschien dat je weer misselijk wordt.'

Ze wist dat Dereks bezorgdheid meer op het interieur van zijn nieuwe auto was gericht dan op haar welzijn. Ze reden in een hoog tempo verder over de bochtige wegen naar Lisburn. Antoinette zat ineengedoken naast hem, haar armen over elkaar geslagen voor wat warmte. De rest van de rit werd zwijgend afgelegd. Ze voelde zich diep ellendig toen de auto voor haar huis stopte.

'We zijn er,' zei hij koel. Maar toen hij Antoinettes diepbedroefde gezicht zag, scheen hij medelijden met haar te krijgen. 'Hoor eens, het is jammer dat de avond niet zo succesvol is verlopen als ik had gehoopt. Ik weet dat je van streek bent door je vader, maar zijn gedrag is niet jouw schuld.' Hij zweeg even en ging toen verder: 'Hij had overigens wel gelijk dat je te veel gedronken had, weet je.'

Ze putte enige troost uit het feit dat Derek het gedrag van haar vader toeschreef aan haar benevelde toestand en niet aan het feit dat ze met Derek uit was.

'Je moet echt niet zoveel drinken,' zei hij. Hij boog zich voor haar langs om het portier te openen. Het verbaasde haar niet dat hij haar geen zoen gaf – wie zou iemand willen zoenen die net over had gegeven? – maar hij zei ook niets over een volgende afspraak. Antoinette kreeg een akelig voorgevoel. Natuurlijk wilde hij haar na dit alles niet meer zien – waarom zou hij? Ze kon het hem niet kwalijk nemen. En het zou toch niet lang geduurd hebben voor hij erachter kwam wie ze werkelijk was.

Ze stapte uit de Mini en liep onzeker over het pad naar de voordeur. Ze hoorde zijn auto wegrijden voordat ze de deur geopend had. Ze keek om en zag zijn achterlichten na een bocht in de weg verdwijnen. Een ongelukkige Antoinette besefte dat met zijn vertrek ook het ticket verloren was dat haar toegang kon verschaffen tot het leven dat ze wenste.

14

De volgende twee dagen liep Antoinette rond in een waas van verslagenheid. Op de derde dag belde Derek. Tot haar verbazing was hij weer net zo aardig en vriendschappelijk als vroeger. In zijn stem was niets te horen van de afkeuring van een paar dagen geleden. Wilde ze aanstaande zaterdag zoals gewoonlijk met hem uit?

Haar depressie verdween als sneeuw voor de zon en ze voelde zich enorm opgelucht. Zij en Derek waren nog steeds een koppel – ze behoorde weer tot de bevoorrechte groep meisjes die een vriendje hadden. Ze hoefde zich geen zorgen te maken dat ze de zaterdagavonden zou moeten doorbrengen in discotheken met de overgebleven meisjes van hun groepje. De paar die nog geen vriendje hadden gevonden, leken met de week wanhopiger te worden.

Goddank hoor ik daar niet bij, dacht ze opgelucht. Ze was eraan gewend geraakt met Derek uit te gaan. Het was niet erg opwindend meer om zich op te tutten voor een ontmoeting met haar vriendinnen. Alleen al de gedachte met hen naar een discotheek te gaan vond ze nu deprimerend en niet iets waar ze naar uitkeek; ze wilde haar zaterdagavonden doorbrengen met haar vriend. Het was zo heerlijk iemand te hebben met wie ze kon praten, die haar waardeerde en goedkeurend naar haar keek. Als ze die bewonderende blik in zijn ogen zag, voelde ze zich iets heel bijzonders.

Antoinette voelde de eerste roerselen van liefde. Het was opwindend en beangstigend tegelijk, en het bracht de aandrang met zich mee om hem in vertrouwen te nemen. Ze wilde wat de meeste mensen wilden – geliefd worden om zichzelf. Ze wilde dat Derek haar kende, haar leven begreep, haar daaruit weghaalde en haar beschermde. Ze hield van het beschermde gevoel als hij haar zoende en knuffelde – verder ging het nooit, en die mogelijkheid kwam zelfs niet bij haar op. Ze wilde het ook niet. Ze was gelukkig met de situatie zoals die was.

De fantasie van een heerlijk leven waarin Derek haar koesterde en beschermde, bleef haar bij terwijl ze de uren telde tot ze hem weer zou zien. Het was haar laatste gedachte voor ze insliep en de eerste toen ze wakker werd. Op een dag, hoopte ze, zou die droom werkelijkheid worden.

Zaterdagmiddag begon Antoinette zich gereed te maken voor haar date met Derek. Terwijl ze haar haar stond te wassen bij de gootsteen voelde ze een stijgende opwinding bij de gedachte dat ze hem weer zou zien. De gebruikelijke dromen van een leven met hem, veilig en beschermd, ver weg van haar vader, zweefden door haar hoofd. Het was nogal vaag voor haar wat een leven met Derek precies zou inhouden. Antoinette, met al haar ervaring van één kant van het leven, wist heel weinig over de andere kant. Ze wist heel weinig over volwassen relaties en haar moeder had haar nooit voorbereid op volwassenheid. Haar kennis had ze opgedaan uit tijdschriften en het vluchtige gezelschap van de meisjes met wie ze ging dansen, en met haar nog net geen zeventien jaar was ze een stuk naïever dan haar leeftijdgenoten. Ze kon zich alleen maar een onduidelijk sprookjesscenario voorstellen waarin zij en Derek lang en gelukkig samenleefden.

Nu, met haar date al over een paar uur en hoge verwachtingen, had ze haar kleren uitgezocht en was ze opgewekt bezig haar nagels te lakken terwijl ze ontspannen voor de televisie zat.

Haar moeder was in de keuken om thee te zetten en haar slechte humeur werd duidelijk door de manier waarop ze het serviesgoed met een bons neerzette en haar snibbige opmerkingen tegen haar dochter. 'Zorg ervoor dat je vroeg thuis bent. Je vader wil niet dat je te laat komt.'

Antoinette lette er niet op. Niets zou haar plezier van het weerzien met Derek bederven. Ze keek naar *Juke Box Jury*, neuriede melodieloos mee met de liedjes die ze herkende terwijl ze tevreden dacht aan haar nieuwe leven.

Haar vader had niets meer gezegd over de vorige zaterdagavond en de paar keer dat ze hem had gezien, had hij zelfs in een goed humeur geleken. Misschien had zijn driftbui in het bijzijn van haar vrienden iets van zijn woede op haar weggenomen. Wat het ook was, Antoinette was blij met de tijdelijke luwte in de vijandschap.

Ze keek verrast op toen de deur openvloog en haar vader met zware voetstappen binnenkwam – de muziek had het geluid van zijn auto overstemd. Ze zag onmiddellijk dat zijn goede humeur was verdwenen. Hij stonk naar alcohol en keek haar met een kwaad gezicht aan.

'Wat haal je je in je hoofd hier zo rond te hangen?' vroeg hij toen hij zag dat ze alleen haar ochtendjas aanhad. Zijn mond trilde van woede. Ze krabbelde snel overeind en trok haar ochtendjas stevig dicht. 'En zet die verdomde televisie uit – ik wil niet naar een stel idioten kijken die rondhupsen op junglemuziek.'

'O, kom nou, papa, het is het enige waar ik naar kijk. Jij kijkt altijd naar sport als je thuis bent. Ik heb die tv wél zelf gekocht, weet je.'

Hij keek haar woedend aan toen haar woorden tot hem doordrongen. Hij had maar een ogenblik nodig om te reageren. Zijn gezicht liep paars aan van woede bij de gedachte dat ze het gewaagd had hem tegen te spreken. Een donkere blos kroop van kin naar voorhoofd en zelfs het wit van zijn ogen kreeg kleur. Speeksel spatte uit zijn mond toen hij met bevende stem schreeuwde: 'Vertel me niet wat ik in mijn eigen huis moet doen, meisje!'

Toen ze de onmiskenbare dreiging in zijn stem hoorde, probeerde ze in beweging te komen, maar het was al te laat. Antoinette kromp ineen van angst toen ze zijn gebalde vuist zag. Ze wist dat ze te ver was gegaan en een razernij in hem had ontketend. De dikke vingers van zijn linkerhand grepen haar schouders beet terwijl hij zijn rechtervuist naar achteren zwaaide en hard tegen haar borst sloeg.

Tranen van pijn en angst verblindden haar terwijl ze naar adem snakte. Het was de eerste keer dat hij haar had aangeraakt sinds hij uit de gevangenis was ontslagen. Daarvóór was hij gemeen en gewelddadig geweest, maar sinds zijn gevangenisstraf had Antoinette geloofd dat angst voor vergelding hem zou tegenhouden. Dat leek dus niet zo te zijn. Ze hoorde zijn snelle ademhaling en rook zijn zweet, en ze beefde van angst.

Zijn ogen gleden langs haar lichaam, richtten zich strak op de opening in haar ochtendjas, en een plotselinge geile uitdrukking verscheen op zijn gezicht, een blik die ze herkende uit haar kindertijd. Hij wist dat ze naakt was onder die ochtendjas. Het was een uitdrukking van wellust, maar er school nog iets verontrustenders achter: de overweldigende behoefte om pijn te doen.

Toen ze nog een kind was, had hij geloofd dat ze zijn bezit was, waarmee hij kon doen wat hij wilde. Die overtuiging had hem in de gevangenis gebracht. In die paar seconden waarin ze elkaar in de ogen keken, bad ze in stilte dat hij zich dat zou herinneren.

Dat deed hij.

Met een gesnuif dat leek op walging, gooide hij haar van zich af. Ze wankelde achteruit, maar ergens in haar kwam er woede boven. Eindelijk wilde ze terugvechten. Voor het eerst was ze niet bereid als een mak lammetje te vluchten naar de veiligheid van haar kamer. Misselijk van de uitdrukking op zijn gezicht, waardoor ze zich bezoedeld voelde, kwam haar eigen woede in een schreeuw naar buiten.

'Als je me aanraakt, vertel ik het aan de politie! Toe dan! Waag het eens!'

Op dat moment wilde ze de confrontatie, wilde ze dat hij haar zou slaan en dat de politie gebeld zou worden. Zelfs de gedachte dat ze geslagen zou worden, weerhield haar niet. Ze had het nog niet gezegd of zijn beheersing knapte.

Hij trok haar naar zich toe en toen hij zijn vuist ophief om haar een vuistslag toe te dienen, ging haar moeder tussen hen in staan.

Al was ze klein, Ruth was niet bang voor de man met wie ze getrouwd was, en evenmin was ze bezorgd om haar dochter. Maar ze was wél bang voor een schandaal en Antoinette was zich maar al te goed bewust van de reden waarom Ruth tussenbeide kwam.

'Niet doen, Paddy,' zei ze dwingend terwijl ze een hand op zijn arm legde.

Haar stem leek hem te kalmeren en hij stopte, hijgend, en

liet zijn vuist zakken. Hij liet Antoinette los, duwde haar van zich af en keek haar woedend aan. Toen zei hij op furieuze toon tegen zijn vrouw: 'Ik wil dat ze het huis uit gaat als ze met die verrekte secretaressecursus begint waar ze het telkens over heeft. Ze zal natuurlijk willen dat wij haar onderhouden. Nou, ze kan naar die vrienden gaan die ze zo belangrijk vindt. Waar gaat ze vanavond naartoe? Je hebt haar veel te lang haar gang laten gaan.' Terwijl de woorden uit zijn schuimbekkende mond rolden, kreeg hij weer een woedeaanval. Hij scheen niet langer bang te zijn voor represailles toen hij Ruth opzijduwde, zijn dochter weer beetpakte en haar door elkaar rammelde. 'Ik wil dat je dit huis uit gaat – je hebt genoeg moeilijkheden veroorzaakt!' bulderde hij. 'Je gaat je spullen pakken, begrepen?'

Hij sleurde haar naar de trap en duwde haar de treden op. Terwijl ze haastig omhoogklauterde in een poging te ontsnappen, haalde hij weer uit naar haar rug. Ze holde naar boven, naar de beschutting van haar kamer, en liet zich op bed vallen. Zijn woedende stem steeg omhoog en daarna de zachtere klanken van haar moeder, die probeerde hem te sussen. Ze hoorde de voordeur dichtslaan en zijn auto starten als aankondiging van zijn vertrek.

Een paar minuten gingen voorbij en toen klonken de voetstappen van haar moeder op de trap. De deur ging open en Ruth kwam haar slaapkamer binnen.

Antoinette zat wezenloos op het bed. Zoals altijd wanneer haar vader zijn agressie op haar botvierde, blokkeerde ze alle emoties en reacties. Het was de enige manier om ermee om te gaan. Toch sloeg ze hoopvol haar ogen op toen haar moeder binnenkwam. Nu zou Ruth haar man toch zien zoals hij werkelijk was. Hij had haar geslagen, gedreigd haar de deur uit te gooien, en dat alles om een volkomen onbenullige reden. Was dat eerlijk of rechtvaardig?

Eén blik op het kille gezicht van haar moeder maakte een eind aan haar verwachtingen. Elk sprankje hoop dat ze nog had dat haar moeder het voor haar op zou nemen, werd de kop ingedrukt door Ruths eerste woorden. 'Antoinette, waarom erger je je vader toch zo? Ik heb er genoeg van om te proberen de vrede te bewaren. Ik heb met hem gesproken en hij heeft erin toegestemd dat je hier kunt blijven tot je naar Butlins gaat. Dat is over twee weken. Daar zul je genoeg geld kunnen sparen om in de stad een kamer te huren als je terugkomt. Ik kan jullie niet allebei onder hetzelfde dak hebben. Je kunt het gewoon niet laten hem van streek te maken, hè? Ik denk dat het komt omdat jullie zo op elkaar lijken.'

'Op elkaar lijken?' herhaalde ze ongelovig.

'Ja, liefje, je lijkt op de Maguires. Je wilt altijd weg, je kunt je drift niet in toom houden en jullie zijn allebei egoïstisch.' Ze zag de geschokte uitdrukking op het gezicht van haar dochter bij deze karaktermoord en ging haastig verder. 'O ja, meid, zo ben je. Denk er maar eens aan hoe vaak je me hier alleen liet in de tijd dat papa weg was. Maar daar zullen we het nu niet over hebben. Hij is mijn man en jij bent oud genoeg om op eigen benen te staan, dus zul jij moeten vertrekken.' Ze ging op de rand van het bed zitten en zei wat vriendelijker: 'Het is beter zo. Je kunt natuurlijk altijd op bezoek komen, ik wil alleen dat je je eigen stek krijgt.'

En Antoinette begreep dat haar moeder opnieuw haar keuze had gemaakt.

Toen Ruth weg was, bleef ze op het bed zitten en staarde zonder iets te zien naar het plafond. Ze ging terug naar vroeger, toen ze nog een klein kind was, doodsbang en volslagen hulpeloos. Het bange kind was weer terug, hunkerend naar iemand die de pijn en angst zou wegnemen en haar een beter gevoel zou geven. Er moest toch wel iemand zijn die haar kon helpen.

Ja, dacht ze. Er is iemand. Ik ben niet meer alleen. Ik zal het Derek vertellen, dat zal ik doen. Hij geeft om me. Hij wil me beschermen. Ik weet dat hij me zal helpen en zal zorgen dat ik me veilig voel.

Getroost door die gedachte keek ze glimlachend voor zich uit. Eindelijk was er iemand die de last van haar schouders kon nemen.

15

Derek sloeg zijn armen om haar heen terwijl ze huilde. Ze was op de voorbank van de Mini neergevallen en zodra ze zich in de veiligheid van de auto bevond, had ze schokschouderend en snikkend toegegeven aan haar ellendige gevoel van hulpeloosheid.

'Wat is er mis, Antoinette? Wat is er?' vroeg hij met een ongerust gezicht. Hij was duidelijk bezorgd om haar, maar had geen idee wat hij moest doen nu de levendige jonge vrouw met wie hij de laatste drie maanden was uitgegaan had plaatsgemaakt voor dit hevig ontstelde meisje dat er jonger uitzag dan gewoonlijk.

Antoinette deed haar best, maar ze kon onmogelijk ophouden met huilen en ze kon geen woord uitbrengen.

'We kunnen niet naar het restaurant – niet in deze toestand.' Hij fronste zijn wenkbrauwen. 'We kunnen maar beter naar mijn flat gaan.'

Ze wist dat hij een flat deelde met een vriend, maar ze was er nog nooit geweest. Als ze niet naar een restaurant of feest gingen, zaten ze in zijn auto. Daar zoenden en knuffelden ze elkaar voor hij haar naar huis bracht. Hij had nooit geprobeerd verder met haar te gaan, en Antoinette wist dat de reden hiervoor was dat hij een mogelijkheid zag voor een serieuze relatie. Als een jongen met een meisje dat hij respecteerde naar bed ging, stond dat gelijk aan een verloving, en daar waren ze nog niet klaar voor, ongeacht Antoinettes mooie dagdromen.

Ze reden naar zijn flat en hij nam haar mee naar binnen. De flat was verlaten – zijn vriend was niet thuis – en hij bracht haar naar de bank en liet haar zitten. Ze huilde niet meer, maar haar ademhaling ging nog onregelmatig en ze beefde nog over haar hele lichaam.

'Ik zal iets te drinken voor je halen,' zei Derek vriendelijk. 'Je ziet eruit alsof je het nodig hebt, deze keer.'

Hij schonk een flinke hoeveelheid whiskey voor haar in, vulde die aan met cola en gaf haar het glas. 'Drink op. Het zal je goeddoen.' Hij schonk ook een whiskey in voor zichzelf, ging toen naast haar zitten en sloeg zijn arm om haar schouders.

Met trillende handen bracht ze het glas naar haar mond en nam een slokje.

'Goed zo,' zei hij. 'En vertel me nu wat het probleem is.'

Ze hief een betraand gezicht naar hem op. 'Het is mijn vader. Hij heeft me geslagen.' De tranen kwamen weer terug, ze veegde ze met één hand weg en nam nog een slok van haar drankje.

Aan Dereks gezicht was duidelijk te zien dat hij niet veel wist over gezinnen waarin vaders hun dochters sloegen. Hij had een beschermde opvoeding genoten in een welvarend gezin en niemand die hij kende maakte op gewelddadige wijze ruzie. 'Waarom heeft hij je geslagen?'

'Omdat ik zei dat de televisie van mij was.'

'En?'

'Hij sloeg me met zijn vuist tegen mijn borst.' Verse tranen rolden over haar wangen.

'Was je moeder erbij?'

'Ja, en ze deed niks, zoals altijd. Ze was in de keuken en ze zag niet waar hij me raakte. Het zou toch geen verschil hebben gemaakt als ze het wél had gezien.'

Derek fronste. 'Hij heeft je eerder geslagen?'

'Ja.'

'Luister, geef me antwoord – slaat je vader ook je moeder?'

'Nee.'

'Waarom niet? Als hij zo gewelddadig is, waarom dan alleen tegen jou?'

'Omdat ze hem in de steek zou laten. Ze kan hem echt wel onder de duim houden als ze dat wil.' Toen ze dat zei, begon ze weer te huilen.

Derek wachtte tot de nieuwe uitbarsting voorbij was. Hij leek in de war en niet op zijn gemak, zoekend naar woorden. Ten slotte zei hij: 'Maar als hij je slaat, waarom blijf je daar dan? Je zou toch uit huis kunnen gaan? Per slot van rekening heb je werk en verdien je je eigen geld. En nu je hondje is overleden, is er niets meer dat je daar nog vasthoudt, of wel?'

Het gesprek ging niet de richting uit die Antoinette gehoopt had. Waar blijft zijn aanbod om te helpen, dacht ze wanhopig. Wanneer vertelt hij me dat hij voor me zal zorgen en op me zal passen?

Plotseling wilde ze dat hij de ernst begreep van wat er werkelijk gebeurd was. Dan zou hij natuurlijk woedend worden en dat alleen al zou ervoor zorgen dat hij de zorg voor haar op zich zou willen nemen.

'Hij had toen hij me sloeg dezelfde blik in zijn ogen als in de tijd voordat hij de gevangenis in ging,' zei ze langzaam.

'Heeft hij in de gevangenis gezeten?' vroeg Derek verbaasd. 'Waarvoor?'

'Omdat hij me zwanger had gemaakt,' fluisterde ze. Onmiddellijk voelde ze zijn lichaam verstijven. Hij haalde zijn arm van haar schouders en draaide zijn gezicht naar haar toe.

'Wat zei je?' vroeg hij heel zacht.

De uitdrukking van verbijsterd ongeloof op zijn plotseling bleke gezicht deed haar wensen dat ze haar woorden terug kon nemen, maar ze wist dat het te laat was. En ze kon het niet inhouden, het hele verhaal van haar jeugd kwam eruit. Ze vertelde over de jaren van misbruik door haar vader. Ze had er nooit over gesproken, behalve tegen de politie, een keer tegen een lerares en later tegen de psychiaters. Dit was de eerste keer dat ze het iemand toevertrouwde die haar dierbaar was en van wie ze geloofde dat hij om haar gaf.

Maar tot haar afschuw zag ze geen sympathie, begrip en medeleven in Dereks ogen, maar afkeer toen hij besefte dat de onbedorven maagd op wie hij verliefd was geworden niet was wie hij gedacht had, maar iemand die hem weerzin inboezemde door de gebeurtenissen in haar verleden. Ze was niet langer een mooi, leuk vriendinnetje, maar bezoedeld en ongewenst.

Door haar tranen heen zag en herkende ze de walging die ze op haar veertiende zo vaak had gezien in de ogen van mensen als ze hoorden wat er met haar gebeurd was. De echo van haar vaders dreigende woorden, die hij steeds weer herhaald had toen ze nog een kind was, galmde door haar hoofd: 'De mensen zullen niet van je houden als je het vertelt, Antoinette. Iedereen zal jou beschuldigen.'

In haar verbeelding zag ze de blikken van minachting als mensen zich van haar afwendden en hun deuren dichtsmeten. De kinderen met wie ze op school had gezeten, was het verboden om met haar te praten, alsof ze alleen al door een oppervlakkig contact besmet konden worden.

Waarom was ik zo stom om te denken dat het nu anders zou zijn, dacht ze treurig.

Ze dacht dat het enige wat ze kon doen, was te proberen haar laatste beetje waardigheid op te houden. Ze ging recht-op zitten en strekte haar rug. Het had geen zin om nog lan-ger te praten. Ze wist dat ze een gok had genomen en ver-loren. 'Breng je me naar huis?' vroeg ze.

'Nee. Ik zal een taxi bellen en je het geld geven.' Zijn ge-zicht vertrok van de inspanning om haar iets duidelijk te willen maken. Ze wist dat hij van nature een aardige, vrien-delijke jongen was, maar het product van zijn opvoeding. Hij geloofde dat nette meisjes niet met Jan en alleman naar bed gingen en dat een ongewenste zwangerschap uitliep op een huwelijk of op schande. Hij had waarschijnlijk nog nooit gehoord van een meisje dat seks had met haar vader, nooit geweten dat een dergelijk misdrijf bestond. Ze zag te-genstrijdige emoties op zijn gezicht, tot hij eindelijk iets zei.

'Hoor eens, je kunt daar niet langer blijven. Als ik naar de politie ging, zou je vader gearresteerd kunnen worden met zijn strafblad, maar daar zou je niets mee opschieten. Er is maar één ding dat je kan helpen en dat is uit huis gaan.'

Ze staarde hem aan. Ze wilde nu net zo graag een eind maken aan het gesprek als hij.

Hij vervolgde: 'Je gaat in de komende paar weken bij But-lins werken, dus ga niet meer terug.'

'Als ik dat doe, blijven we elkaar dan zien?' zei ze, niet in staat de smekende klank uit haar stem te weren. Maar ze wist het antwoord al terwijl ze het vroeg.

'Nee.' Hij keek naar haar en ze kon duidelijk zien dat zijn verliefdheid voorbij was. 'Ik wil trouwen en kinderen krijgen, en ik zou nooit met jou kunnen trouwen. Wil je weten wat ik vind?'

Dat wilde ze niet, maar ze wist dat hij het haar zou vertellen.

'Als je weer iemand ontmoet, vertel hem dan niets over je vader. Vertel het aan niemand. Vertel het niet aan je vriendinnen en zeker niet aan mannen – niet als je ooit nog een andere vriend wilt tenminste.'

Ze bleven in stilzwijgen zitten tot de taxi kwam. Antoinette wilde niet horen dat hij haar nooit meer wilde zien. Ze wilde weg voordat haar zelfbeheersing haar in de steek liet. Toen herinnerde ze zich hoe ze zichzelf staande had gehouden toen ze nog maar een meisje van veertien was. Toen had ze haar emoties gescheiden, voorkomen dat de realiteit tot haar bewustzijn zou doordringen. Dat, besloot ze, zou ze nu weer moeten doen.

16

Joe was niet teruggekeerd naar de woning op de avond dat zijn dochter het huis verliet.

Ze wist dat hij zijn terugkeer zou uitstellen tot een tijdje na haar vertrek. Haar moeder deed net of het een gewone dag was en haar dochter met vakantie ging. Antoinette probeerde zichzelf dat ook wijs te maken. Ze ging in een vakantiekamp werken, dus ze zou vast wel wat lol hebben.

Toen ze haar koffertje gepakt had en klaar was om weg te gaan, draaide Antoinette zich om naar Ruth. Ze vocht tegen de behoefte zich voor een laatste omhelzing in de armen van haar moeder te storten; ze wist dat elk vertoon van spijt op Ruths gezicht een spel zou zijn. Dus bood ze haar wang aan en kreeg een kille kus.

'Dag, schat. Vergeet niet een kaartje te sturen, oké?'

'Nee, natuurlijk niet, mam,' zei ze, niet bij machte de diepgewortelde gewoonte van gehoorzaamheid te verbreken. Ze pakte haar koffer op, opende de deur en liep de vrijheid tegemoet.

Het was niet de eerste keer dat ze de oversteek maakte

tussen Noord-Ierland en Engeland. Ze was in Engeland geboren en pas toen ze vijfenhalf was in het land gaan wonen waar haar vader vandaan kwam.

Toen de bus in de haven aankwam en ze het schip zachtjes zag schommelen in het olieachtige water, herinnerde ze zich de reis die zij en haar moeder elf jaar geleden hadden gemaakt. Met Judy waren ze met de trein van Kent naar Liverpool gereisd en hadden vandaar de twaalf uur durende overtocht met de veerboot naar Belfast gemaakt. Haar vader was al eerder gegaan om onderdak en werk te vinden, maar zou in de haven op ze wachten.

Antoinette herinnerde zich de lichte huiveringen van spanning toen ze, veel te klein om over de reling heen te kunnen kijken, moest worden opgetild. Toen, in de vroege uurtjes van een vochtige ochtend, had ze een glimp opgevangen van de haven van Belfast. Dit – daar was ze van overtuigd – kondigde de eerste dag aan van het leven in een land waar ze allemaal gelukkig zouden zijn.

Een brok kwam in haar keel toen ze in gedachten het jonge kind zag dat wriemelde van verwachting toen ze in de menigte zocht naar haar vader. In die tijd was hij in haar ogen een grote, knappe man, die haar moeder aan het lachen maakte en cadeautjes kocht voor zijn dochter.

Tot Ruths verrukking had Joe een auto geleend om zijn gezin af te halen, zodat ze de laatste etappe van de reis comfortabel konden afleggen. Warm in een geruite plaid gewikkeld had hun kleine meid achter in de auto gezeten en haar hals uitgerekt om alles in zich op te nemen van het nieuwe land waar ze gingen wonen. Ze had Judy bij het raam opgetild en opgewonden gewezen naar het landschap dat zo verschilde van wat ze gewend was. Met weemoed herinnerde Antoinette zich de opgetogen begroeting van haar grote Ierse familie. Ze hadden allemaal in het kleine rijtjeshuis van haar grootouders gewacht op de komst van Joe en zijn gezin, klaar om haar zoveel ze konden te vertroetelen en verwennen. Ze was het eerste kleinkind en het jongste lid van de familie, en ze was gaan houden van haar mollige Ierse oma met het witte haar, haar zwijgzame opa, haar tantes, ooms en haar talloze nichtjes en neefjes.

Toen Antoinette elf was, waren ze weer verhuisd naar Zuid-Engeland, in de hoop het geluk te vinden dat hen steeds weer leek te ontsnappen. Toen was het gelukkige kind dat met de boot in Belfast was gearriveerd, verdwenen en vervangen door een bleke, depressieve en eenzame elfjarige, die al vijf jaar lang gebukt ging onder het misbruik door haar vader. Antoinette had zich ongelukkig gevoeld in Engeland en toen haar drie jaar later werd verteld dat ze weer teruggingen naar Ierland, was ze opgelucht.

De dertienjarige die terugkwam in Ierland was een bleke schaduw van de Antoinette die daar als klein meisje was aangekomen. Hoewel ze verwachtte haar school daar af te maken en dan naar de universiteit te gaan, was blijheid een emotie die ze allang niet meer kende. Haar wereld was inmiddels grauw geworden en zelfs de gedachte dat ze haar familie terug zou zien, kon de schaduw van de depressie niet verjagen. Op haar dertiende wist ze dat ze gevangenzat in een leven waaruit ze geen uitweg zag, en alleen Judy's aanwezigheid bood haar enige troost. Sindsdien was haar leven verder weggezakt in een poel van ellende en wat aanvoelde als een eindeloze straf voor dingen waarover ze geen zeggenschap had.

Antoinette zette de gedachten van zich af die het zien van de boot bij haar hadden opgeroepen; ze wilde haar ouders en de afwijzing van haar familie vergeten. Ze wilde de knagende ongerustheid van zich af zetten dat ze – afgezien van de accommodatie in de zomer bij Butlins – zestienenhalf en dakloos was.

Daar wil ik nu niet aan denken, hield ze zich vastberaden voor. Dat kan allemaal wachten tot ik terug ben. Nu ga ik op avontuur en dat is alles waarop ik me zal concentreren. Ik ga de hele zomer werken, mijn eigen geld verdienen, en, het beste van alles, mensen ontmoeten die niets weten over mij of waar ik vandaan kom.

Ze plakte een opgewekte glimlach op haar gezicht toen ze over de loopplank de boot op liep en naar de hut ging die ze gereserveerd had. Ze wilde daar even alleen zijn. Ze had definitief besloten dat Antoinette achter zou blijven op de Ierse kust en dat als de boot aanlegde, Toni aan wal zou gaan.

Toni kleedde zich naar de laatste mode en droeg haar haar modieus naar achteren gekamd. Haar gezicht was opgemaakt zoals dat van andere meisjes: een bleek gezicht en lippen en dikke zwarte eyeliner en mascara. Toni was een meisje met een gelukkig thuis, liefhebbende ouders en plannen om een secretaresseopleiding te volgen, en Toni was klaar om nieuwe vrienden te leren kennen.

Eenmaal in haar hut begon Antoinette aan haar metamorfose. Ze trok de kleren uit waarin ze het huis had verlaten. Onder in haar koffer borg ze de grijze rok en de gehate blauwe twinset weg. In de plaats daarvan trok ze een nieuwe strakke spijkerbroek, een wit T-shirt en een nieuw paar zachtleren pumps aan. Staande op de enige stoel in de hut bekeek ze zichzelf vol bewondering in de kleine spiegel boven de wasbak en sprong toen op de grond om haar makeuptasje te pakken. Ze had maar een paar minuten nodig om het gezicht te creëren van een vrolijke, zelfverzekerde tiener, en het haastig met haarlak bewerkte kapsel maakte de look compleet. Als een slang had ze haar oude huid afgeworpen en zich veranderd in een typische tiener. Ze keek weer in de spiegel en zag een meisje dat zich verheugde op de komende maanden, dat geen zorgen had en populair zou worden. Plotseling was ze vol optimisme en hoop.

Om haar nieuwe voorkomen uit te proberen, verliet ze haar hut en ging naar de bar. Verlangend keek ze naar de flessen wodka. Hoewel ze wist dat ze gemakkelijk voor achttien kon doorgaan, was ze bang dat ze naar haar identiteit zouden vragen, dus bestelde ze koffie. Ze ging ermee aan een klein tafeltje zitten, keek naar de andere passagiers die in groepjes bijeen zaten en vroeg zich af of een van hen dezelfde bestemming zou hebben als zij.

Het gerammel van de loopplank die omhoog werd getakeld, werd gevolgd door het trillen van de boot die van de kade wegvoer. Antoinette keek uit de patrijspoort en zag de skyline van Belfast langzaam in de verte verdwijnen toen het grote schip de haven uitvoer, tot de stad totaal uit het zicht verdwenen was. Ze wendde haar ogen pas af toen het begon te schemeren en alleen de zachte zilveren gloed van de maan schaduwen wierp op de duistere diepte van de Ierse Zee en glinsterde op de witte schuimkoppen van de golven. Toen liep ze terug naar haar hut en ging slapen.

De volgende ochtend stond ze op en kleedde zich in haar nieuwe incarnatie. Toen nam ze haar koffer op om te zien hoe de boot de haven van Liverpool binnenvoer.

17

Ze had de precieze reisroute naar Butlins genoteerd. Eerst moest ze met de trein naar Noord-Wales. Daar zouden bussen wachten om haar en de andere nieuwkomers naar het vakantiekamp te brengen.

Het station in Liverpool was gemakkelijk te vinden, al vond ze de stad in vergelijking met Belfast enorm groot en intimiderend. Op het station vond Antoinette al snel haar trein en zocht een plaats bij een raam. Ze had gelogen over haar leeftijd om haar baan bij Butlins te krijgen, maar na herhaalde blikken in de spiegel en het meermalen bijwerken van haar make-up was ze ervan overtuigd dat niemand zou raden dat ze achttien maanden jonger was dan de vereiste leeftijd van achttien jaar. De trein reed weg en ze begon te dagdromen terwijl het landschap voorbijflitste. Ze leek in een mum van tijd haar bestemming te hebben bereikt, en ze stapte uit en ging op zoek naar de bus die haar naar het kamp zou brengen. Hij stond geparkeerd bij het station en liep vol met zomerkrachten zoals zijzelf. Ze lieten hun bagage achteloos slingeren in het gangpad en gingen pratend en lachend zitten. Antoinette vond een plekje en maakte het zich gemakkelijk, genietend van de vakantiesfeer aan boord. Het voelde niet als personeel dat op weg was naar hun werk, meer als een uitstapje. Misschien, dacht ze hoopvol, zou het leuk worden.

Butlins is zeker net zo groot als Lisburn, dacht Antoinette toen de bus eindelijk door het hek naar binnen reed. Het vakantiekamp zag eruit als een klein stadje; aan weerszijden van de straten waren pubs, restaurants en winkels, daarachter talloze rijen houten chalets van één verdieping en dichtbij grote eetzalen. Overal waar ze keek, zag ze groepjes vakantiegangers in vrijetijdskleding rondslenteren.

De nieuwe personeelsleden stapten uit de bus en zochten hun bagage bij elkaar, waarna ze naar hun chalets werden gebracht. Antoinette werd naar haar accommodatie gebracht door een man in een blauw jasje, die haar vertelde dat dit zijn derde seizoen was. De kampopzieners droegen blauwe jasjes, legde hij uit, en als nieuwe personeelsleden problemen hadden, konden ze bij hen terecht.

Antoinette zou een chalet delen met drie andere meisjes en omdat ze als laatste aankwam, kreeg ze een bovenbed en een kleine kluis voor haar spullen. Dit zou haar thuis zijn voor de komende drie maanden. Ze keek rond in de kamer en vroeg zich even af hoe vier mensen daarin de hele zomer konden wonen. De vier bedden, waarop dunne dekens lagen, namen de meeste ruimte in beslag en lieten nauwelijks plek over voor het koffietafeltje en vier houten stoelen. Op een kleine buffetkast stonden een ketel, theepot, melkkan en kopjes. Door muren die nauwelijks meer dan tussenschotten waren drongen aan de ene kant stemmen door en aan de andere kant muziek.

De drie meisjes met wie ze het chalet moest delen, zagen

eruit als het tegenovergestelde van wat haar moeder zou hebben beschreven als 'aardige meisjes'. In strakke kleren, zwaar opgemaakt en met een sigaret in hun mondhoek, zaten ze hun nagels te lakken. Ze keken zonder veel belangstelling op en lieten haar toen de smalle kast zien waarin ze haar kleren kon hangen.

Een van hen zette een pot sterke thee. 'Wil je ook thee?' vroeg ze Antoinette terwijl ze de pot midden op de koffietafel zette.

'Ja, graag,' antwoordde Antoinette beleefd.

'Pak dan maar een kopje,' zei het meisje met een knikje naar de buffetkast. Antoinette deed wat haar gezegd werd.

Ze gingen zitten, dronken thee terwijl de meisjes hun nagels lieten drogen, en begonnen te praten.

'Hoe heet je?' vroeg een van hen.

'Toni,' antwoordde ze, en ze knikten, namen het aan zonder verder iets te vragen. Ze kwamen uit Noord-Engeland, vertelden ze, en ze waren oudgedienden bij Butlins – dit was hun vierde seizoen.

'Dit is voor mij de eerste keer,' bekende Antoinette. 'Ik ben nogal zenuwachtig. Ik heb geen idee hoe het hier zal zijn.'

'Wees maar niet bang,' zei de jongste van het drietal, een kleine, jolige brunette. 'We zullen je wel wegwijs maken. Er is hier een hoop te doen.'

'En hopen mannen om het mee te doen!' zei een ander lid van het groepje, een aantrekkelijk gebleekt blondje, en lachte vrolijk.

Ze begonnen vol pret te vertellen over hun avonturen. Antoinette luisterde met naar ze hoopte een nonchalant gezicht. Deels wilde ze horen bij dit groepje meiden, die zo anders waren dan degenen die ze in Ierland had gekend, maar ze huiverde ook een beetje bij hun achteloze gepraat over jongens.

Sinds de breuk met Derek voelde ze er niets voor om iemand anders te leren kennen. Maar toen ze de drie meisjes hoorde praten, werd haar duidelijk dat het er hier heel anders aan toe ging. In Ierland heersten strenge gedragsregels, en jonge mensen verwachtten geen seks – althans geen gemakkelijke seks. Dat scheen hier niet te bestaan. Ze hoorde de anderen zo onverschillig over condooms praten alsof ze om een extra lepel suiker vroegen. Alleen het woord al deed haar rillen en ze voelde haar toegenomen zelfvertrouwen weer wegebben.

Mannen in alle soorten en maten kwamen in drommen naar Butlins, vertelden haar nieuwe kamergenoten. Met voldoende geld op zak waren ze erop uit om lol te hebben. Alle drie hadden ze een vriend opgedoken aan het begin van het vorige seizoen, maar hadden die al meerdere malen vervangen en zouden dat nog een paar keer doen voor ze naar huis gingen. Als de nieuwe romance zijn twee weken had uitgediend en de vakantie voorbij was, werd er onder tranen afscheid genomen en werden er beloftes uitgewisseld om te schrijven, die echter snel vergeten waren als de volgende bus weer een drom gretige jongemannen uitspuwde.

'Willen jullie geen vaste vriend?' vroeg Antoinette, denkend aan de meisjes thuis, die niets liever wilden. Zodra de vraag eruit was en drie paar ogen haar vol onbegrip aankeken, wist ze dat ze had verraden dat ze heel wat groener was dan ze eruitzag.

'Wie wil daar nou mee opgezadeld worden?' riep een van de meisjes uit. 'Toch niet als er om de twee weken nieuwe mannen komen met een hoop geld.'

Ze gierden van het lachen bij het zien van Antoinettes gezicht, dat vuurrood was geworden, en hun ogen schitterden bij de gedachte aan de nachten die komen gingen. Antoinette kreeg een voorgevoel dat ze zich minder zou vermaken dan ze had gedacht.

De aantrekkelijke brunette zag haar verlegenheid en vroeg recht voor zijn raap: 'Ben je nog maagd?'

Antoinette moest een kreet van afschuw onderdrukken. Het was een vraag die bij geen fatsoenlijk Iers meisje opkwam, niet om te vragen en niet om te beantwoorden. Ze worstelde met het antwoord. Als ze 'nee' zei, werd ze een van hen, maar dan zou er van haar verwacht worden dat ze deelnam aan hun activiteiten. Als ze 'ja' zei, zou ze onmiddellijk anders zijn en er niet bij horen, wat ze niet wilde.

Haar kamergenoten kregen medelijden met haar. Door haar verwarring en haar zwijgen terwijl ze probeerde een antwoord te bedenken, namen ze aan dat ze zichzelf verraden had. Ze was kennelijk nog steeds een maagd – in hun ogen was het beschamender om onervaren te zijn dan met jongens naar bed te gaan.

'Hoe oud ben je eigenlijk?' vroeg een van hen, haar aandachtig opnemend.

Ze vroeg zich even af of ze moest proberen voor te wenden dat ze achttien was, maar ze wist meteen dat ze haar niet zouden geloven. 'Zestien-en-een-half,' zei ze.

De meisjes keken naar elkaar en toen naar Antoinette.

'Je neemt wel een risico, hè?' zei de brunette.

'Ik weet het. Ik heb gelogen over mijn leeftijd omdat ik zo graag hiernaartoe wilde. Jullie verraden me toch niet, hè?'

'Maak je geen zorgen, wij zwijgen als het graf.'

'Beloven jullie het?'

'Tuurlijk. Het kan ons niet schelen hoe oud je bent,' zei een van hen, en de anderen knikten instemmend.

'Maar als je nog zo jong bent, zou ik mijn maagdelijkheid nog maar een tijdje houden!' zei het blondje vriendelijk.

Ze vroegen haar waarom ze zo graag naar Butlins wilde en

Antoinette verzon snel het verhaal dat haar vader haar moeder in de steek had gelaten en er niet genoeg geld was om haar opleiding te betalen. Ze was hier, zei ze, om zoveel mogelijk geld te sparen. Ze kon merken dat ze nu hun sympathie had en dat ze van een vreemd meisje met een bekakt accent nu jong en onschuldig was geworden, iemand voor wie gezorgd moest worden.

'Alle mannen zijn hufters,' zei het trio in koor.

'Als iemand je lastigvalt, kom je maar bij ons,' zei het blondje en haar twee vriendinnen knikten.

Antoinette voelde zich plotseling veilig en koesterde zich in de warmte van de onverwachte vriendelijkheid van haar nieuwe vriendinnen. Die avond namen de meisjes haar mee uit en lieten haar zien waar ze zich kon aanmelden voor extra avondwerk als ze dat wilde.

'Wacht er maar mee tot morgen,' zei een van hen.

'Wacht maar tot je een dag gewerkt hebt en kijk dan hoe je je voelt,' adviseerde een ander.

'Vergeet niet dat je ook een beetje lol moet hebben,' voegde de derde eraan toe terwijl ze aan hun kroegentocht begonnen.

De bars waren groter dan de discotheken in Belfast en puilden uit van de gezinnen. Het scheen dat drie generaties hier tegelijk met vakantie gingen, plus groepjes vrienden van beide seksen. De eerste stop van de meiden was een helder verlichte bar met een groot podium waar een vrouw in een katoenen jurk een nummer van Connie Francis stond te galmen, begeleid door een band achter haar. Het barpersoneel was druk bezig pullen bier te tappen, alcoholische drankjes in glazen te schenken en rietjes te plaatsen in flesjes priklimonade voor de jongste klanten. Kelners met bladen drank baanden zich een weg door de massa vrolijke, zongebruinde klanten, jong en oud. Lachende kinderen met zakken chips in de hand zaten elkaar achterna tussen de benen van de volwassenen, pubermeisjes schudden hun haar naar achteren en wierpen zijdelingse blikken op de groepjes jongens, terwijl echtparen op huwelijksreis twee aan twee stonden met hun armen om elkaar heen geslagen.

Antoinette merkte tot haar opluchting dat haar kamergenoten haar onder hun hoede hadden genomen en haar alles uitlegden wat ze moest weten over het werken bij Butlins. Tegen het eind van de avond voelde ze zich een stuk vrolijker en ze keerden allemaal voldaan terug naar het chalet, waar Antoinette tevreden in haar bovenbed sliep tot haar wekker haar om halfzeven wakker maakte.

In tegenstelling tot de oudere meisjes vond Antoinette het niet lastig om vroeg op te staan en ze maakte zich nog meer geliefd bij de groep door de ochtendthee te zetten. Om kwart over zeven namen ze Antoinette mee naar de enorme eetzalen waar honderden vakantiegangers in twee lichtingen te eten zouden krijgen. Ze lieten haar achter bij een opziener om haar de kneepjes van het vak te leren en gingen naar hun eigen werk. Na een snelle rondleiding door de werkruimte kreeg ze haar uniform, een geruite jurk die ze snel aantrok, waarna ze zich voorbereidde op haar taak. Ze vertrouwde erop dat ze het werk gemakkelijk aankon, dankbaar dat haar tijd in de koffiebar haar had klaargestoomd voor het werk bij Butlins. In tegenstelling tot de meeste nieuwe meisjes, die mooie hooggehakte schoenen droegen, wist ze wat een paar uur staan betekende en had ze gemakkelijke schoenen en katoenen sokjes meegenomen. Ze keek met enig medelijden naar meisjes die nylon droegen, want ze wist dat ze aan het eind van de dag blaren op hun hielen zouden hebben.

Elke serveerster kreeg een eigen plek toegewezen met tien tafels, en een ruimte waar het bestek werd afgewassen.

In de loop van twee uur moesten tachtig mensen worden bediend, borden afgeruimd en bestek afgewassen, voordat het personeel te eten kreeg. Met rekken om de maaltijden op te stapelen draafden de serveersters door de gangpaden, smeten de borden bijna voor de gasten neer voordat ze terug holden naar de enorme verhitte trolleys voor een nieuwe lading. Ze renden heen en weer, deelden zoveel mogelijk maaltijden en glimlachjes uit. De serveersters waren zich er maar al te goed van bewust dat een brede glimlach het bedrag van de fooi verhoogde die aan het eind van elke week werd gegeven, als de vakantiegangers bij hun vertrek hun waardering toonden voor de ontvangen service.

Er waren drie maaltijden per dag en na elke maaltijd at het personeel haastig zelf iets. Ze hadden de laatste hap nog niet binnen of het was alweer tijd om de tafels te dekken voor de volgende maaltijd.

De avond was een herhaling van de lunchtijd met het verschil dat er nu drie gangen werden geserveerd, wat betekende dat er tweehonderdvijftig keer borden voor de vakantiegangers moesten worden neergezet. De serveersters hadden er 's avonds nog meer belang bij om snel te bedienen: ze wilden allemaal naar hun chalet om zich te verkleden voor een avondje uit. Zodra het begon te schemeren, kwam het personeel van Butlins net zo in de vakantiestemming als de gasten, en de neonlichten van de talrijke bars en clubs nodigden hen uit om de hele nacht te feesten.

Antoinette had besloten het advies van haar vriendinnen op te volgen, niet meer dan vijf dagen per week te werken en de andere twee vrij te houden voor de lol. Haar kamergenoten verzekerden haar dat ze voor haar zouden zorgen.

'We zullen alle jongens tegenhouden die te heftige avances maken,' hadden ze letterlijk gezegd.

Ze voelde zich een beetje als de mascotte van het groepje,

maar was toch erg blij dat ze zich onder hun beschermende paraplu bevond zodra ze het chalet verliet om weer een avond met ze uit te gaan.

Antoinette had haar naam opgegeven om te werken als serveerster in de grote bar waar ze de eerste avond waren geweest. De manager had vriendelijk naar haar gelachen toen hij de enige vraag stelde die hem scheen te interesseren: hoeveel avonden wilde ze werken? En ze zou de volgende avond beginnen. De gezinnen die daar kwamen gaven betere fooien dan de tieners, hadden haar vriendinnen haar verteld. De jeugdige gasten waren vaak al door hun geld heen voordat de vakantie was afgelopen en fooien waren belangrijk. Als ze daarvan kon leven, kon ze haar hele loon opsparen, en ze had uitgerekend dat ze aan het eind van het seizoen voldoende geld zou hebben voor een studio en een semester schoolgeld.

Het leven in het kamp verviel snel in een routine. Overdag werkte ze hard met het bedienen in de eetzaal. 's Avonds ging ze naar de bar en begon haar dienst. De muren trilden als de bands het volume van de speakers verhoogden om een eind te maken aan het geroezemoes van de honderden gasten, die hun muziek overstemden. Wat hun leeftijd ook was, alle gasten hadden één wens met elkaar gemeen: ze wilden plezier hebben en genieten van hun vakantie, en dat schiep een aanstekelijk vrolijke stemming. Hier was geen ruimte voor droefheid. Iedereen wilde lol hebben en alles uit elke minuut halen. Antoinette liet zich meeslepen door de feestelijke sfeer en haar depressie over Derek verdween. Vastberaden zette ze elke gedachte aan haar ouders en de onzekere toekomst die haar wachtte als ze thuiskwam van zich af.

Dat komt later wel, besloot ze. Ik heb het hier naar mijn

zin. Ik heb vriendinnen, een plek om te wonen, voldoende werk om me bezig te houden en drie maanden om me te amuseren, dus zal ik er zoveel mogelijk van profiteren.

Op haar vrije avonden was ze vastbesloten plezier te hebben. Entertainment was gratis in Butlins, niet alleen voor de vakantiegangers maar ook voor het personeel. Elke ochtend werden de gasten begroet met de woorden: 'Goedemorgen, kampbewoners!', uitgezonden via de luidsprekers. Daarna kondigde een entertainer in rode jas de geplande activiteiten voor die dag aan. Er was genoeg te doen voor iedereen, jong en oud, en Antoinette en haar kamergenoten luisterden naar het hele avondprogramma voor ze hun keus maakten.

Antoinettes favoriet waren de talentenjachten, waarin hoopvolle amateurs hun dagelijkse kleren uittrokken, zich zo mooi mogelijk uitdosten en met de zelfverzekerdheid van een ware professional het toneel op liepen. Een van hun collega-serveersters, die een bril droeg met glazen zo dik als de bodem van een Coca-Cola-flesje en verlegen door de middenpaden scharrelde om de gasten te bedienen, veranderde 's avonds in een glamoureuze clubzangeres. Haar geruite katoenen uniform maakte plaats voor een glitterjurk, en in plaats van sokken en sportschoenen droeg ze naaldhakken, en ze liet haar bril achter in de coulissen. Als ze opende met haar versie van 'Summertime', werd het stil in de zaal, en iedereen kreeg kippenvel als de zilverige klanken van haar stem zich verspreidden door de ruimte. Met de microfoon in één hand en de andere losjes langs haar zij, stond ze bijziend de zaal in te turen die niet meer dan een wazige vlek voor haar was terwijl ze opging in de muziek van het beroemde lied van Gershwin. Na afloop kreeg ze een daverend applaus dat ze met een licht verbaasd glimlachje in ontvangst nam, alsof ze niet geloofde in de macht van haar stem; daarna verliet ze het podium en verdween. De volgende dag was ze weer de zacht sprekende, verlegen serveerster.

Op andere avonden gingen de vier meisjes naar de gebruikelijke entertainers kijken – zangers, dansers, komieken en goochelaars en alle andere soorten – allemaal hopend dat een talentscout ze zou zien en tot ster zou bombarderen. Sommigen werden beroemd, anderen zakten weg in de vergetelheid. Antoinette hield van de goochelaars die duiven vonden onder zakdoeken en vakantiegangers de illusie gaven dat ze hun schaars geklede assistentes in tweeën zaagden, maar die altijd weer fris en vrolijk uit hun kist tevoorschijn kwamen, glimlachend naar het publiek terwijl de lichten de lovertjes op hun kostuums deden fonkelen.

Tot haar vreugde ontdekte ze dat de vakantiegangers op de vijf avonden dat ze werkte nog royaler waren dan ze verwacht had. Elke avond telde ze de zilveren munten die ze voor haar op tafel hadden achtergelaten. Het betekende dat ze niet alleen haar hele loon kon sparen, maar ook een groot deel van de fooien. Toen, als extraatje bovenop wat ze al als een gelukje beschouwde, kreeg ze van Butlins de mededeling dat ze voor elke week die ze gewerkt had een bonus van tien shilling zou ontvangen als ze tot het eind van het seizoen bleef. Opgeteld bij haar dag- en avondverdiensten betekende het dat ze genoeg geld had om niet alleen het schoolgeld te betalen, maar ook kleren te kopen die pasten bij haar studie.

Zowel overdag als 's avonds werken deed de tijd zo snel voorbijgaan dat ze nauwelijks tijd had om haar thuis te missen. Ze stuurde diverse kaarten naar haar moeder, hield haar op de hoogte van haar activiteiten en liet haar weten dat het haar goed ging, maar ze kreeg slechts één kort briefje als antwoord.

Een week voor haar vertrek gingen Antoinette en haar nieuwe vriendinnen op zoek naar geschikte kleren voor de cursus, die naar ze hoopte begin van de herfst zou beginnen. Voor ze uit Ierland vertrokken was, had ze zich ingeschreven, maar ze zou pas horen of ze was geaccepteerd wanneer ze terugkwam. Antoinette wilde er serieus en vrouwelijk uitzien en herinnerde zich hoe Dereks vriendin Charlotte eruit had gezien op die rampzalige avond toen ze elkaar hadden ontmoet. Die look zou ze kopiëren, besloot ze, en ze zocht simpele, elegante rokken en truitjes uit. Als drie moederkloeken klakte het trio afkeurend met hun tong bij het zien van de eenvoudige kleren die ze koos. Ze hielden meer van een opvallende en hippe look en gaven hardop hun mening te kennen. Met een brede glimlach negeerde Antoinette hen en betaalde haar aankopen. Ze was verrukt over haar keuzes, ook al waren haar vriendinnen dat niet, en ging met ze naar een café aan de overkant om het te vieren met scones, roomcakejes en koppen sterke thee.

De laatste dag in Butlins was aangebroken. Het verbaasde Antoinette hoe emotioneel ze werd toen ze het kamp moest verlaten. Ze realiseerde zich dat ze hier gelukkig was geweest. Ze had hard gewerkt, maar ook een hoop plezier gehad en goede vriendinnen gemaakt. Alle activiteiten hadden de tijd zo snel voorbij laten gaan dat ze nauwelijks kon geloven dat ze hier drie maanden geweest was. Iedereen draafde rond, pakte zijn spullen in en bereidde zich voor op de terugkeer naar het normale leven.

'Zien we je volgend jaar weer?' vroeg een van haar kamergenoten.

'Ik hoop het,' zei Antoinette.

'Dan heb je in ieder geval bijna de juiste leeftijd,' zei een ander plagend. 'Dan hoeven we niet alle jongens van je af te slaan.'

Antoinette lachte. Ze had het leuk gevonden hun mascotte te zijn en had zich de hele zomer veilig gevoeld onder hun bescherming. Ze omhelsden elkaar en voordat ze in de bus stapten die hen naar hun diverse bestemmingen zou brengen, spraken ze af elkaar volgend jaar op dezelfde plek te ontmoeten.

Toen de bus wegreed uit het kamp, zwaaide Antoinette enthousiast naar haar vriendinnen voordat ze ging zitten. Ze wist niet wat het komende jaar voor haar in petto had en was zenuwachtig over de terugkeer naar huis. Ze zou nu moeten beginnen maatregelen te nemen om op zichzelf te gaan wonen en om haar opleiding te volgen. Het was allemaal nogal intimiderend.

Maar als ik enigszins kan, kom ik volgend jaar terug, beloofde ze zichzelf. En ik zou niet weten waarom dat niet mogelijk zou zijn.

Die week, in het begin van september, had Antoinette niet kunnen weten dat haar leven op het punt stond opnieuw te veranderen. Ze zou nooit meer terugkomen om nog een seizoen te werken.

18

Antoinette zat op een van de houten stoelen buiten de interviewkamer. In haar tas had ze het geld voor één studiesemester. Eindelijk, na twee jaar sparen plus wat ze verdiend had in het seizoen bij Butlins, had ze genoeg geld om haar ambitie te realiseren. Nu vroeg ze zich zenuwachtig af of ze zou worden aangenomen. Ze was al onder voorbehoud toegelaten op grond van haar aanmeldingsformulier, maar alles hing af van het persoonlijke gesprek met de directeur, Miss Eliot.

Ze was de dag begonnen met het uitkammen van haar suikerspinkapsel tot een meer sobere stijl en had zich bescheiden opgemaakt. Daarna had ze een van de eenvoudige rokken en truitjes aangetrokken die ze in Wales had gekocht, hopend dat ze de juiste keuze had gemaakt. Ze wilde er zo graag net zo uitzien als de andere meisjes die zich hadden aangemeld.

Maar er was één ding dat zij niet had en alle andere gegadigden wel, en dat was een vader of moeder die haar begeleidde. Nou ja, daar kon ze niets aan doen. Ze moest het in haar eentje klaren.

Terwijl ze op haar beurt wachtte, was ze zich bewust van de nieuwsgierige blikken van de andere twee aanwezigen: een meisje van ongeveer haar eigen leeftijd en een vrouw die duidelijk haar moeder was. Ze droegen identieke kleren, een chique op maat gemaakte jas met een bontkraag en glimmend gepoetste schoenen met lage hakken die pasten bij de handtas die ze vasthielden met in leren handschoenen gestoken handen. Ze zagen er ontspannen en comfortabel uit en het meisje leek het volste vertrouwen te hebben in het komende gesprek. Antoinette keek hen na toen ze binnengeroepen werden en wenste dat ze slechts een greintje van hun zelfverzekerdheid bezat.

Ze was de laatste die werd opgeroepen. Toen ze het kantoor binnenkwam, zag ze een imposante vrouw van achter in de vijftig achter het bureau zitten. Ze droeg een donkergrijs pak en haar dikke haar was in een strakke knot naar achteren getrokken. Antoinette vond haar indrukwekkend en streng overkomen. Miss Eliot keek verbaasd en toen afkeurend bij het zien van de onbegeleide tiener.

'Jij bent Antoinette Maguire, is het niet? Ben je alleen?' vroeg ze abrupt.

'Ja.' Het had geen zin om met excuses of verklaringen te komen, dus zweeg ze.

Miss Eliot nam haar nieuwsgierig op. 'Tja, het is gebruikelijk dat onder deze omstandigheden een van de ouders aanwezig is. Als je wordt aangenomen, zal ik de kwestie van het lesgeld met iemand moeten bespreken.'

Antoinette wist dat er een wachtlijst was van meisjes die aan de gerenommeerde school wilden studeren. Door de afkeurende blik van Miss Eliot kreeg ze het ontmoedigende gevoel dat de afwezigheid van een ouder meer tegen haar zou pleiten dan ze gedacht had. Maar ze had niet twee jaar lang gewerkt en gespaard om zich zonder meer te laten afwijzen.

Ze rechtte haar rug, keek Miss Eliot strak in de ogen en zei: 'Het lesgeld zit in mijn handtas. Ik heb het de laatste twee jaar opgespaard.'

Even keek de oudere vrouw perplex, toen verzachtte haar gezicht. 'Wil je zo graag secretaresse worden, meisje?'

Antoinette dacht dat ze het verst zou komen met de waarheid. 'Nee,' zei ze eerlijk. 'Ik wil een diploma dat bewijst dat ik op mijn achttiende van school ben gekomen en niet op mijn veertiende, wat wél het geval is.' Het leek haar geen zin hebben de feiten te verfraaien, want ze wist zeker dat Miss Eliot elke uitvlucht zou doorzien.

Miss Eliot glimlachte vluchtig om de bravoure van de tiener. 'Ga zitten, alsjeblieft.'

Opgelucht nam Antoinette plaats. Ze wist dat ze geslaagd was voor een of andere test, en de rest van het gesprek verliep vlot en gemakkelijk. Het leek of er pas een paar minuten verstreken waren toen Miss Eliot haar vroeg de formulieren te tekenen en het voorschot te betalen. Daarna heette ze haar met een korte handdruk welkom als leerling van het Belfast Secretarial College.

Antoinette had een ijskoude begroeting gekregen toen ze thuiskwam van Butlins. Haar vader negeerde haar, bracht nog meer tijd buitenshuis door dan gewoonlijk, en haar moeder was kil, sprak alleen tegen haar om erop aan te dringen een eigen kamer te zoeken.

'Je weet wat we hebben afgesproken, Antoinette,' zei ze. 'Je moet hier weg. Je vader wil je niet langer in huis hebben. Je bent nu uitstekend in staat om voor jezelf te zorgen.'

Zodra ze door de school was aangenomen, ging Antoinette op zoek naar een kamer. Hiervoor zou ze het moeilijk hebben gevonden iemand te vinden die haar een kamer wilde verhuren, maar nu ze kon bewijzen dat ze studeerde en kon uitleggen dat ze een kamer zocht in de buurt van de school, zouden hospita's wat gemakkelijker zijn. Vrijwel onmiddellijk vond ze een onderkomen dat haar geschikt leek – een kamer in een gemeenschappelijk huis in de studentenwijk van Malone Road. Het was wel niet de meest ideale plek, maar de kamer was goedkoop, de hospita was bereid hem haar te verhuren en het zou een ontsnapping zijn uit het huis waar ze niet langer gewenst was.

Ze overhandigde het voorschot en zei dat ze onmiddellijk haar intrek kon nemen. Toen ging ze terug om haar spullen te pakken. Haar ouders waren beiden uit huis, dus verliet ze de woning alleen en zonder afscheid te nemen.

Ik zou me verdrietig moeten voelen, dacht ze toen ze met haar koffer de trap af liep. Maar ze voelde niets. Per slot van rekening was Judy er niet meer om een laatste beetje liefde en kameraadschap te bieden. Ze had hier niets meer te zoeken.

Ze deed de deur achter zich dicht in de overtuiging dat ze hier nooit meer terug zou komen.

Op de eerste dag van het semester werd Antoinette vroeg wakker. Ze keek om zich heen in de armzalige kamer met het dunne tapijt, waarvan het patroon zo uitgesleten was dat het nauwelijks meer zichtbaar was. De kamer was karig gemeubileerd met twee bekraste houten stoelen aan een al even gammele tafel en een oude leunstoel bij het raam. Ze had een paar bontgekleurde kussens gekocht om de kamer wat op te fleuren, maar ondanks haar dappere pogingen het gezelliger te maken, bleef het er kil uitzien. Maar ze wist dat ze bofte dat ze onderdak gevonden had. Veel hospita's zouden geweigerd hebben een kamer te verhuren aan een jong meisje zonder werk, ook al was ze studente. Maar dankzij een ruim voorschot had ze de haveloze kamer gekregen.

Dit was de eerste studiedag, vandaag zou ze aan de opleiding beginnen die haar uit dit soort kamers zou weghalen en een nieuw leven voor haar zou openen.

Ze rekte zich uit, stapte van de doorzakkende matras en wankelde slaperig de gang in naar de gemeenschappelijke keuken. Ze had de avond ervoor een bad genomen zodat ze die ochtend niet voor de badkamer in de rij hoefde te staan met de vijf andere huurders die het huis bewoonden. Alle anderen waren de vorige avond uit geweest en ze had voldoende munten voor de meter, zodat ze zo lang ze wilde in het emaillen bad kon liggen zonder bang te zijn dat ze gestoord zou worden.

In de keuken trok ze haar neus op bij het zien van de rotzooi die de andere bewoners hadden achtergelaten: vuile borden stonden hoog opgestapeld in de gootsteen en gestolde resten van een haastig avondeten plakten aan de formicatafel. Ze zocht vergeefs een schoon kopje, haalde er toen zuchtend een uit het smerige water in de gootsteen en waste het af onder de kraan. Ze zette de ketel op en stopte wat brood in de rooster, en terwijl ze wachtte op haar ontbijt, ging er een steek van heimwee naar de portierswoning door haar heen.

'Maar dat was het leven voordat híj terugkwam,' hield ze zich streng voor. 'Ik ben hier beter af.' Toen ze haar thee had gezet en haar geroosterde brood met boter besmeerd, nam ze het ontbijt mee naar haar kamer. Na het eten kleedde ze zich aan en pakte toen haar schooltas, die alle boeken bevatte die ze nodig had voor de opleiding.

Het was maar een halfuur lopen naar school en uit zuinigheid besloot ze dat te doen. Het was een mooie dag vroeg in de herfst en de wandeling door Belfast vrolijkte haar op. Eindelijk voelde ze zich de studente die ze al zo lang had willen zijn.

Antoinettes vingers bewogen zich onhandig over de letters en tikten op het zwarte metalen scherm dat haar belette het toetsenbord te zien.

Concentreer je! prentte ze zich in terwijl ze naar het leerboek keek en haar vingers op de juiste toetsen plaatste. 'A,S,D,F,' mompelde ze en bracht haar vingers toen naar G,H,J,K en vervolgens L. Ze zuchtte. Mensen plaagden zichzelf toch zeker niet elke dag met deze machines? Hoe zou ze dit ooit goed leren? Het leek onmogelijk, dacht ze terwijl ze de frustrerende oefening herhaalde.

'Concentreer je, Antoinette,' zei Miss Eliot op ijzige toon terwijl ze tussen de lessenaars op en neer liep en de prestaties van de meisjes in de gaten hield. 'Accuratesse, niet snelheid, is het doel van deze les,' herhaalde ze voor de zoveelste keer.

De lompe kleine schrijfmachine met het zwarte scherm leek haar te bespotten terwijl haar vingers naar een ritme zochten. Er gingen nog eens drie kwartier voorbij. Buiten scheen de zon en binnen bogen twintig keurig gekapte hoofden, geen suikerspin te bekennen, zich over hun taak. Achtendertig handen bewogen zich rustig en gelijkmatig, maar de vingers van Antoinettes twee handen leken 's nachts gezwollen te zijn. Op de een of andere manier waren ze onhandelbare aanhangsels geworden die van de toetsen gleden en weigerden haar te gehoorzamen.

Eindelijk was de typeles voorbij. Een stenoles volgde, en terwijl ze haar boek opensloeg, keek Antoinette ontsteld naar wat talloze nietszeggende krabbels leken.

'Hoe moet ik dat ooit leren?' vroeg ze zich wanhopig af,

starend naar de vreemde tekens met hun punten en ringen. Ze wist dat ze dat schrift onder de knie moest krijgen. Ze had een officiële verklaring nodig als bewijs dat ze het steno beheerste om een kans te maken op de arbeidsmarkt, en ze was vastbesloten dat ze de volgende keer dat ze ging solliciteren, gewapend zou zijn met een diploma. Voor haar geen serveerbaantjes meer.

Aan het eind van de eerste les kon ze een brief beginnen met *Geachte heer Smit...* maar hoe ze die ooit moest afmaken, was haar een raadsel.

De laatste les voor de middagpauze was boekhouden en ze kon zich eindelijk ontspannen. De vele oefening in het café waar ze de rekeningen in haar hoofd had moeten uitwerken, had haar vertrouwd gemaakt met getallen. Tot haar voldoening merkte ze dat zij de enige was die er zo over dacht, maar ze onderdrukte de neiging om te glimlachen. Ze wilde niet de aandacht op zichzelf vestigen of uitleggen waar haar rekenvaardigheid vandaan kwam. Jaren in de bediening en in haar hoofd optellen van rekeningen was het eerlijke antwoord, maar niet een dat ze wilde geven.

De welkome middagpauze brak aan. Toen ze zag dat de andere meisjes groepjes vormden en afspraken maakten, pakte Antoinette een boek en begaf zich snel naar het dichtstbijzijnde café. Ze wilde zich niet onder de andere leerlingen mengen. Ze zou alleen maar pijnlijke vragen moeten beantwoorden, die ze liever vermeed. Haar omstandigheden en het feit dat ze in haar eentje in een kamer woonde, zouden niet begrepen worden door de andere meisjes. Ze wist precies hoe het er bij hen thuis uit zou zien: zilver op het buffet, dikke kleden op de vloer en laaiende vuren in een open haard; hun huizen zouden ruiken naar meubelwas en bloemen en 's avonds zouden de kookgeuren uit de keuken naar binnen zweven.

Anders dan Antoinette zouden deze meisjes zich niet druk maken over de prijs van eten en drinken, hoeveel munten apart moesten worden gelegd voor de meters en of ze de huur konden betalen. Geen van hen zou naar school lopen om geld uit te sparen. Nee, zij werden 's morgens met de auto door hun moeder bij de school afgezet en als ze thuiskwamen, werden ze begroet door liefdevolle ouders die geïnteresseerd waren in hun vorderingen.

Ze kende het soort huizen waar deze meisjes vandaan kwamen. Tijdens de avondwandelingen die ze maakte om te ontsnappen aan de claustrofobische eenzaamheid van haar kamer, slenterde ze door de welvarende buitenwijken van Belfast, langs huizen waar mensen als haar klasgenoten woonden. Door de grote ramen ving ze glimpen op van ge- zinnen die samen zaten te praten of zag ze een lamp die een zacht licht wierp op een groepje rond de eettafel, opgaand in de maaltijd en elkaar.

De meisjes die uit die huizen kwamen, straalden een on- bekommerd leven uit. Ze herkende het zelfvertrouwen dat hen beschermde. Hun levenspad was al gepland – voor de jongens leidde dat via de universiteit naar een goedbetaalde loopbaan; voor hun zussen naar een keurig baantje dat niet al te veel eisen stelde voordat ze trouwden en de zorg voor een gezin hun prioriteit werd.

Terwijl ze lunchte in een naburig café, dacht ze aan haar ongezellige tijdelijke verblijf: de gemeenschappelijke keu- ken met de eeuwige stapel ongewassen serviesgoed, de wc waarnaar ze elke keer dat ze ging haar eigen rol wc-papier moest meenemen en de gemeenschappelijke badkamer met het afgebladderde bad. Ze zag de vuile rand in het bad voor zich, achtergelaten door bewoners die het te druk hadden voor zo'n alledaagse taak als schoonmaken. Ze kreeg een hol gevoel terwijl ze dacht aan de leegte van haar kamer, hoe kaal die aanvoelde zonder zelfs maar een hondje om haar te begroeten. Een golf van eenzaamheid dreigde haar te verstikken.

Ze zette dat gevoel van zich af en verving het door een ander beeld. Dat van haarzelf, goed verzorgd, met glanzend haar en mooi gemanicuurde nagels, in een modern kantoor een dictaat opnemend van een knappe mannelijke werkgever. Ze zag zichzelf weglopen, haar opschrijfblok in de hand, en achter een moderne, elektrische schrijfmachine gaan zitten zonder scherm om de toetsen te verbergen. Ze zag haar handen snel heen en weer gaan terwijl ze een brief typte zonder één tikfout, die aan haar baas gaf om te ondertekenen en hem dankbaar glimlachend hoorde zeggen: 'Ik zou niet weten wat we zonder jou moesten beginnen.'

De dagdroom bleef hangen tijdens een tweede kop koffie en zweefde nog door haar hoofd terwijl ze terugliep naar school.

Het einde van het semester kwam en daarmee de eerste examens. Antoinette had de opleiding eentonig gevonden en had al besloten ermee op te houden en een baan te zoeken. Ze had dan wel niet het hele jaar afgemaakt, maar ze zou een bewijs hebben dat ze met de secretaresseopleiding op zeventienjarige leeftijd was gestopt, dat ze goed kon typen, een basiskennis bezat van boekhouden en dat haar steno redelijk was. Dat zou voldoende zijn voor een sollicitatiegesprek, dacht ze. Ze verlangde wanhopig naar werk, zodat ze een inkomen zou hebben en de kamer kon verlaten. De eenzaamheid daar was dodelijk. Ze had op school geen enkele vriendin gemaakt en er ook niet haar best voor gedaan. Zich afzijdig houden voelde als een noodzaak. Ze probeerde alles in zichzelf te verwerken en zich te concentreren op de toekomst, die ongetwijfeld zonniger moest zijn.

Aan het eind van het semester slaagde ze voor haar examens en sloeg de schooldeur voorgoed achter zich dicht. Het speet haar niet dat ze wegging, al was de cursus zo lang haar droom geweest; ze had nu wat ze nodig had. Gewapend met haar kwalificaties en een persoonlijke referentie van Miss Eliot ging ze op zoek naar een baan en vond al snel werk als receptioniste bij een klein kappersbedrijf.

Het werk was niet moeilijk en het was een aangename omgeving. De meisjes die daar werkten leken niet op de damesachtige typetjes uit de middenklasse op school; ze leken meer op de meisjes met wie ze vroeger naar de discotheken ging, maar er was één verschil als het erop aankwam vriendinnen met ze te worden. Toen ze ging dansen, had ze haar zelfvertrouwen gehaald uit een paar opbeurende drankjes, maar dat kon ze overdag niet doen, en zonder de kunstmatige bravoure van de alcohol stond haar zelfvertrouwen op een laag pitje. Het was voor haar onmogelijk om mee te doen aan het luchthartige gebabbel van de kapsters. Het gevolg was dat ze haar ongeïnteresseerd vonden en na een paar pogingen om vriendelijk tegen haar te zijn, negeerden ze haar.

Op een vreemde manier was dat precies wat ze wilde. Hoewel ze hunkerde naar de vriendschap van andere jonge mensen, was ze doodsbang iemand te dichtbij te laten komen. Haar collega's konden misschien het meisje tolereren of zelfs aardig vinden dat ze pretendeerde te zijn: het meisje dat net van de secretaresseopleiding kwam en een beschaafd accent had. Maar ze zouden haar volledig de rug toekeren als ze haar verleden kenden. Iedereen nam aan dat ze thuis woonde, en ze was niet plan hun ooit te laten weten hoe ze werkelijk woonde. Maar ze kon niet weg uit de kamer voor ze meer geld had en haar spaargeld had aangevuld, dat bijna op was door de kosten van de cursus en haar levensonderhoud in de maanden dat ze geen werk had gehad.

Tot die tijd zou ze in zichzelf gekeerd blijven en de eenzaamheid zo goed mogelijk verdragen.

19

Antoinette wilde haar ogen niet meer openen. Een eerdere poging was voldoende geweest om erachter te komen dat het daglicht ze pijn zou doen, maar de behoefte om naar de wc te gaan was dringend geworden. Met tegenzin zwaaide ze haar benen uit bed en zette aarzelend haar voeten op het koude linoleum van haar kleine kamer. Toen ze rechtop stond, draaide de kamer om haar heen en ze moest met haar handen tegen de muur steunen om niet te vallen. Slingerend liep ze naar de deur en wankelde de koude gang in.

Met benen die in de loop van de nacht zwaar waren geworden, deed ze de paar passen naar de gemeenschappelijke badkamer en bekeek zichzelf in de spiegel. Een bleek gezicht keek terug, de enige kleur waren twee felrode plekken op beide wangen. Ze had keelpijn, haar hoofd bonsde – haar hele lichaam deed pijn.

Ze wist dat ze een flinke griep had en voelde de tranen in haar ogen prikken toen ze verlangend dacht aan haar slaapkamer thuis. Een jaar geleden, toen ze net zo'n griep had

gehad, had haar moeder vol medeleven thee naar boven gebracht, en koude drankjes en smakelijke snacks die ten doel
hadden haar eetlust op te wekken. Toen ze eraan dacht, kon
ze bijna de troost voelen van haar moeders handen die haar
haren, klam van het zweet, uit haar gezicht streken. Toen
Ruth 's avonds thuiskwam uit haar werk, had ze Antoinettes kussens opgeschud en haar eten op een blad boven gebracht. Als ze gegeten had, ging ze behaaglijk liggen om te
slapen terwijl Ruth behoedzaam de zachte wollen dekens
rond haar schouders trok.

Dat was de tijd voordat híj terug was. Dat was de tijd
waarin Ruth de moederliefde had kunnen geven waar Antoinette naar hunkerde. Het leek alsof Antoinettes ziekte
haar het gevoel gaf dat ze nodig was toen haar dochter hulpeloos in bed lag, en een genegenheid naar boven bracht die
ze zich zelden veroorloofde. Antoinette had zich erin gekoesterd, had dankbaar vanuit haar warme bed naar haar
moeder gekeken. Het kind dat ze nog zo kortgeleden was
geweest kwam weer boven tijdens de duur van haar ziekte;
ze had de hand van haar moeder weer willen vasthouden
zoals ze tien jaar geleden had gedaan. In plaats daarvan hield
ze haar vingers onder de dekens en strengelde die stevig
ineen om die behoefte te verbergen.

Bij die herinneringen voelde Antoinette een overweldigend verlangen thuis te zijn, zich weer geliefd te voelen en
verzorgd te worden.

Mam zou me weer in mijn oude bed stoppen, dacht ze. Ze
zou me laten slapen en kopjes thee brengen en blikken to-
matensoep verwarmen en die opdienen met dunne sneetjes
brood met boter. Het was eten voor zieken waardoor ze zich
gauw weer beter zou gaan voelen. En later, als ze zich goed
genoeg voelde om beneden te komen maar nog niet goed
genoeg om naar buiten te gaan, zou ze zich in haar oude

chenille ochtendjas wikkelen en bij de open haard gaan zitten. Daar, met haar voeten op de kleine gestoffeerde kruk, zou ze naar haar favoriete programma's kijken op de zwartwit televisie.

Ze werd overmand door een behoefte haar moeder te zien en weer vertroeteld te worden zoals vroeger. Alleen al de gedachte aan hoe het zou zijn in het oude huis en zich weer te kunnen overgeven aan Ruths zorgen, maakte dat ze zich beter voelde. Ze bande het beeld van haar vader, zijn woede op haar en zijn jaloezie op elke vorm van aandacht die haar moeder haar schonk volledig uit haar gedachten.

Zou ik terug kunnen? vroeg ze zich af. Alleen deze ene keer?

Ze had het maar een of twee keer gewaagd terug te gaan sinds ze naar de kamer was verhuisd, en dan alleen als ze zeker wist dat haar vader er niet was. Ze had de werkroosters van haar ouders genoteerd in een klein notitieboekje en ging naar huis als ze heel zeker wist dat haar moeder alleen was. Dan leek haar moeder blij haar te zien en had ze haar wat eten meegegeven als ze wegging.

Wetend dat Ruth deze ochtend thuis zou zijn en haar vader op zijn werk, zette ze haar aarzeling van zich af. De grote behoefte om zich weer kind te voelen, toen haar moeder voor alles zorgde, gaf de doorslag. Ze zou naar huis gaan.

Antoinette kleedde zich haastig aan, gooide haar pyjama en schoon ondergoed in een tas en liep met brandende koorts naar de bushalte. Tijdens de korte rit naar huis dommelde ze in tot de bus haar praktisch voor de deur afzette. Met de tas in haar hand geklemd liep ze met onzekere tred naar de voordeur en herinnerde zich toen dat ze geen sleutel meer had. Ze had hem achtergelaten toen ze naar Butlins ging, zoals haar ouders hadden verzocht. Ze klopte op de deur en leunde tegen de muur toen duizeligheid haar dreigde te overweldigen.

Ze hoorde voetstappen en toen het geluid van de sleutel die werd omgedraaid. De deur ging open en haar moeder stond in de hal tegenover haar. Een bezorgde glimlach bereikte haar ogen niet.

'Schat, wat een leuke verrassing. Waarom ben je niet op je werk?'

'Ik voel me niet goed.' Toen de woorden eruit waren, sprongen er tranen in haar ogen en rolden langs haar koortsig rode wangen.

'Kom binnen, schat, gauw.' Haar moeder duwde haar naar binnen, weg van de nieuwsgierige ogen van de buren. Met haar angst voor geroddel en de behoefte om de schone schijn op te houden, wilde Ruth niet dat iemand zich zou afvragen waarom Antoinette huilend bij haar op de stoep stond. Ze gingen naar binnen en Ruth deed de deur dicht.

'Ik moet gaan liggen. Mag ik alsjeblieft naar mijn kamer?' Terwijl ze het zei, voelde ze de aarzeling van haar moeder.

Ruths stem verzachtte toen ze vroeg: 'Antoinette, wat is er met je?' Ze legde even haar hand op Antoinettes voorhoofd. 'Nou, je gloeit inderdaad. Goed, je bed is nog opgemaakt. Ga liggen, dan breng ik je een kop thee.'

Bij het horen van die woorden voelde Antoinette zich voor het eerst in maanden weer verzorgd en beschermd. Ze lag nog niet in bed of haar moeder kwam binnen, trok de gordijnen dicht, zette de thee naast haar bed en gaf haar een zoen boven op haar hoofd. 'Ik heb de zaak gebeld om te zeggen dat ik later kom,' zei ze. 'Rust jij nu maar uit.'

Zodra de deur achter haar dicht was, viel Antoinette in een onrustige slaap. Toen ze een paar uur later wakker werd, wist ze eerst even niet waar ze was. Verward staarde ze naar de schemerige kamer en besefte toen dat ze in haar eigen kamer lag. Iets had haar gewekt en ze kwam half overeind, leunend tegen de kussens. Luide stemmen drongen door haar raam naar binnen – dat was wat haar slaap verstoord had. Ze herkende de harde, doordringende stem van haar vader en de woede die daarin klonk joeg haar angst aan. Ze kon niet horen wat er gezegd werd, maar ze wist dat haar vader razend was en zij de oorzaak daarvan was. De zachtere stem van haar moeder deed veronderstellen dat ze probeerde hem te sussen.

Waarom staan ze buiten, vroeg Antoinette zich verbaasd af. Haar moeders afkeer van enig publiek vertoon van onenigheid had altijd elke ruzie buitenshuis uitgesloten.

Zoals ze zo vaak had gedaan toen ze nog klein was, liet Antoinette zich omlaag glijden in bed en trok de dekens over haar oren. Als ze hen niet kon horen, gingen ze misschien weg. Niettemin hoorde ze het kraken van de trap, gevolgd door de gedempte voetstappen van haar moeder toen die de slaapkamer binnenkwam. Instinctief deed Antoinette of ze sliep. De hand van haar moeder raakte even haar schouder aan en toen hoorde ze de woorden die ze gevreesd had.

'Ben je wakker? Je moet opstaan. Je vader zegt dat je weg moet.'

Verdwaasd deed Antoinette haar ogen open en keek in het gezicht van haar moeder, zoekend naar de geruststelling dat ze bij uitzondering haar man eens niet zou gehoorzamen. Even vloog er een flits van schuldgevoel over Ruths gezicht, die echter snel werd vervangen door een keiharde vastberadenheid.

'Hij weigert binnen te komen zolang je hier bent. Hij zegt dat je nu het huis uit bent en dat je niet zomaar kunt terugkomen wanneer het jou uitkomt. Je moet op eigen benen staan.'

In plaats van haar gebruikelijke neerbuigende toon lag er een smekende klank in Ruths stem.

Antoinette zocht naar de bezorgdheid die ze eerder op het gezicht van haar moeder had gezien, hopend op een teken dat ze zou inschikken. Maar er was geen spoor meer te bekennen van Ruths eerdere bezorgdheid. Opnieuw was Ruth de vrouw geworden die geen enkele verantwoordelijkheid nam voor wat dan ook, maar die een ander de schuld gaf van al haar tegenslagen. Deze keer liet ze duidelijk blijken dat het Antoinettes schuld was.

Te ziek om zich tegen haar moeder te verzetten, of zelfs maar te reageren, kwam Antoinette met moeite uit bed, kleedde zich aan en pakte haar tas.

In de jaren daarop probeerde ze zich zonder succes die avond te herinneren. Het enige wat haar bijstond, was dat ze het huis verliet.

20

Eerst kwamen de hoofdpijnen.

In de vroege ochtend werd ze wakker van de pijn. Ze had het gevoel dat een gigantische hand zich om haar hoofd klemde. Ze visualiseerde de vingers die zich door haar schedel boorden, haar nek vastgrepen en net zo lang knepen tot de pijn achter haar ogen bleef zitten en haar gezichtsvermogen verstoorde.

Overdag, als de hoofdpijn voorbij was, voelde ze zich lusteloos, haar ledematen werden loodzwaar en haar hersens vertraagden tot ze volkomen futloos werd. Ze kon zich niet meer concentreren en de woorden in boeken, die haar vroeger zo getroost hadden, werden onscherp, tot zelfs de korte verhalen in tijdschriften haar te veel werden en ze die vermoeid opzijlegde.

Terug in haar kamer probeerde ze te slapen, maar ze kon zich niet ontspannen. Haar ongerustheid, haar eenzaamheid en haar schuldgevoel vergiftigden haar dromen, maakten de nacht tot een marteling. Rust werd haar ontzegd; ze werd naar duistere oorden gejaagd waar demonen haar achtervolgden.

Soms had ze de gewaarwording dat ze viel en in haar nachtmerrie voelde ze haar lichaam krampachtig bewegen als ze haar best deed zich tegen de val te verzetten. Als ze wakker werd, bonsde haar hart door de nog voortdurende paniek. Plotselinge geluiden lieten haar schrikken en een allesoverheersende eenzaamheid maakte zich van haar meester.

Toen kwam de droom; hij kwam elke nacht en was zoveel erger dan alle andere dat ze zich dwong om wakker te worden. Dan lag ze te wachten tot het licht werd, vastbesloten de slaap op een afstand te houden, doodsbang dat als ze haar ogen sloot, de droom terug zou komen. De nachtmerrie nam haar mee naar een bos waar hoge bomen zo dicht op elkaar groeiden dat hun bladerdak de lucht verborg en het licht van de maan verduisterde. Wanhopig zocht ze een uitweg terwijl natte takken haar in het gezicht sloegen en slijmerige ranken zich als slangen rond haar benen en voeten kronkelden en haar uitzinnige vlucht probeerden te verhinderen. Het gevoel dat ze in de val zat was angstaanjagend en het leek of er vreemde wezens verstopt zaten in het struikgewas. Ze voelde hun vijandigheid; onzichtbare ogen bespioneerden haar en op de een of andere manier wist ze dat haar vader zich onder hen bevond. Ze voelde zijn schimmige aanwezigheid, die haar gadesloeg en haar zwakke ontsnappingspogingen bespotte.

Zonder iets te kunnen zien in de kille zwarte duisternis van het woud, wist ze alleen maar dat ze bang en verdwaald was. Dan verscheen er plotseling een gapende afgrond voor haar voeten en viel ze, omlaag gezogen door een macht die sterker was dan haar wilskracht. Ze probeerde de wanden aan te raken om haar val te stoppen, maar haar handen graaiden slechts in een vochtige leegte. Onstuitbaar viel ze blindelings in de diepte richting iets afgrijselijks.

Ze wist dat ze sliep en vocht wanhopig om weer wakker te worden, maar dat lukte pas nadat een onhoorbare schreeuw uit haar mond ontsnapte terwijl ze voorover in de duisternis viel. Hulpeloze kreten verlieten haar mond terwijl de paniek doorbrak en haar bevrijdde. Zwetend en snakkend naar adem werd ze wakker, nog steeds paniekerig en angstig terwijl de nachtmerrie vervaagde. Ze wist dat ze op een haar na had weten te vermijden dat ze op de bodem viel van die afschuwelijke schacht. Het beddengoed om haar heen was in de war geraakt omdat ze met wild zwaaiende armen had liggen draaien en woelen.

Als ze wakker was, kon ze geen rationele verklaring vinden voor haar gevoel dat er iets rampzaligs stond te gebeuren, en werd ze overvallen door wanhoop dat ze nog leefde. Met haar polsen dicht bij haar gezicht keek ze naar de littekens van twee jaar geleden. Elke nacht staarde ze naar de dunne blauwe lijntjes die vlak onder het huidoppervlak lagen en zag ze weer het scheermes dat erdoorheen sneed.

Ze dacht erover honderd aspirines te slikken, zoals ze al eerder had gedaan, en herinnerde zich de misselijkheid en pijn die haar lichaam nog urenlang hadden gefolterd nadat de maagpomp was verwijderd. Ze proefde weer de gal die in haar keel had gebrand.

Als het haar lukte weer in slaap te vallen na haar nachtmerrie, werd ze precies om 4:30 wakker, alsof een boosaardige geest een wekker had gezet om haar uit haar te slaap te halen. Het was te vroeg om op te staan, dus rolde ze zich op en probeerde zich te dwingen wakker te blijven en niet weer te dromen. Terwijl ze slaperig bleef liggen, kwamen haar beelden voor ogen van haar ouders die haar niet langer wilden. Dan dacht ze aan haar grote Ierse familie, die haar had versmaad, en de mensen in haar dorp, die haar hadden verstoten. Ze probeerde de gedachte aan Derek van zich af te zetten, de weerzin die hij had getoond toen hij besefte wie ze in werkelijkheid was. Het leek haar dat Derek een afspiegeling was van hoe mensen reageerden als ze de waarheid over haar verleden wisten.

Antoinettes wereld begon te krimpen.

Ze kon niet langer goed genoeg functioneren om naar haar werk te gaan en ze belde om te zeggen dat ze ziek was. Ze wist dat ze ziek moest zijn, al had ze geen idee wat er mis was met haar. Het enige wat ze wist, was dat de wereld angstaanjagend was geworden.

Als ze zich buiten de deur waagde, deed het lawaai van het verkeer pijn aan haar hoofd en wilde ze haar handen beschermend over haar oren leggen om ze te beschermen. De straat oversteken liet haar huiveren; elke auto leek uit te zijn op haar destructie en ze was ervan overtuigd dat ze tegen haar op zouden botsen, haar zouden overrijden en verminken. Golven van paniek deden haar benen zo hevig trillen dat ze bijna weigerden haar te gehoorzamen als ze aarzelend op de rand van het trottoir stond. Elke stap naar de overkant betekende een enorme wilsinspanning.

Een winkel binnenlopen was angstwekkend, want op elk gezicht zag ze vijandigheid. Als andere klanten zwegen, wist ze dat het was omdat ze het zojuist over haar hadden gehad. Niet bij machte de winkeliers in de ogen te kijken prevelde ze haastig haar bestelling en holde naar buiten, haar inkopen stevig in haar armen geklemd. Ze wist zeker dat zij de oorzaak was van al het gelach en het gehoon dat haar volgde, de winkel uit en de straat door.

Als ze terugkwam in huis, sloop ze de trap op en bad in stilte dat de deuren van de andere huurders gesloten zouden blijven. Ze kon door de deuren heen nog meer gefluister horen en zocht een toevlucht in haar kamer, waar ze zich opsloot, ver van de kwaadaardige stemmen. Als ze haar kamer moest verlaten, leunde ze met haar hoofd tegen de deur en luisterde of ze iets van geluid hoorde. Stromend water, het doortrekken van een wc, het kraken van de trap of zachte voetstappen waarschuwden haar dat het buiten niet veilig was. Alleen als ze er zeker van was dat er niemand rondliep, wist ze de moed op te brengen om naar buiten te gaan.

In de weekends hoorde ze gelach op de trap, het openen van deuren en keiharde muziek die haar rust verstoorde. Ze stopte haar vingers in haar oren in een poging de onwelkome geluiden buiten te sluiten die onder haar deur door naar binnen drongen. Langzamerhand versmalde haar wereld nog meer en kwam ze zelden meer buitenshuis. Er was nu geen sprake meer van dat ze weer naar haar werk zou gaan, maar ze was te veel van de kaart om zich er zorgen over te maken hoe ze de huur moest betalen. Ze had nog wat spaargeld over en ze was niet in staat erover na te denken wat ze moest doen als dat uitgeput raakte. Antoinette was volledig geïsoleerd geraakt, hulpeloos en stuurloos, en haar enige ontsnapping aan de meedogenloze depressie bestond uit slokjes uit haar weggestopte fles wodka. Het was de laatste troost die ze nog had.

Het spel van het gelukkige gezin dat Ruth zoveel jaren had geregisseerd, was ten einde. Antoinette kon domweg haar rol niet langer spelen. Ze kon zich niet voegen in de fantasie van haar moeder dat ze een normaal gezin waren, en de troostende leugen dat ze geliefd en gewenst was als elke gewone dochter had zijn kracht verloren. Vanaf de avond waarop haar moeder haar, ziek en eenzaam, de deur uit had gezet, was de waarheid met zijn harde feiten eindelijk door haar verdediging heen gedrongen, en ze kon die niet verwerken. Nu werd haar geest vervuld van een diepe, duistere melancholie bij de bewustwording dat ze haar leven lang gevoed was met een dieet van bedrog en wanhoop.

Waarom kon ze niet blij zijn dat haar ouders niet langer verwachtten dat ze deel zou uitmaken van hun leven? Ze was nu toch van hen bevrijd? Maar Antoinette was te veel onder controle gehouden om zelfstandigheid te leren. Een hond die jarenlang geslagen is, gaat dood als hij op straat wordt gezet en voor zichzelf moet zorgen. Hij zal in alle hoeken wegkruipen, niemand vertrouwen maar altijd hopen op wat vriendelijkheid. De enige emotie die hij niet voelt, is opluchting over zijn vrijheid.

Antoinette was niet in staat om hulp te zoeken; ze was te ziek om te beseffen dat ze die nodig had. De hokjes in haar geest waarin ze haar herinneringen had opgesloten, waren opengesprongen, en de waarheid van haar nog zo korte leven was naar buiten gerold. Overal om haar heen hoorde ze gefluister: ze gaven haar de schuld, bespotten haar, zeiden dat niemand van haar hield en dat niemand dat ooit zou doen. Ze zeiden dat ze moest verdwijnen.

Doodsbenauwd dat haar nachtmerries terug zouden komen, probeerde ze de slaap te vermijden en rolde zich in plaats daarvan op in bed, terwijl haar ogen ronddwaalden in de verlichte kamer, in de schaduwen zoekend naar bedreigingen, tot ze zich niet langer kon verzetten tegen de overweldigende vermoeidheid. Als ze bij het ochtendgloren ontwaakte, ontaardde het gezang van de vogels die de dageraad verwelkomden in een krassend geluid dat pijnlijk door haar hoofd galmde. Zwijgend en rillend bleef ze liggen en klemde de dekens vast terwijl de tranen, die nooit ver weg leken, over haar wangen rolden.

Toen kwam de ochtend waarop zelfs het uit bed komen te veel inspanning vereiste. Ze kroop in elkaar, stak haar duim in haar mond, jammerde zachtjes, en het vermogen om te bewegen verliet haar.

Onstoffelijke stemmen klonken in haar kamer; ze dwarrelden boven haar hoofd en zweefden in de lucht. Ze wist dat als ze haar ogen gesloten hield en niet keek aan wie ze toebehoorden, ze vanzelf weg zouden gaan. De woorden namen vorm aan en drongen haar hoofd binnen, maar ze probeerde nog steeds ze buiten te sluiten.

'Doe je ogen open, Antoinette. Kun je me horen?'

Ze herkende de stem van haar hospita, maar ze kromp nog verder in elkaar, wilde niet gestoord worden. Ze hoorde voetstappen terwijl haar hospita zich terugtrok. Ze had het idee dat er slechts een heel korte tijd voorbij was gegaan voordat de stemmen weer terugkwamen.

'Wat mankeert haar, dokter? Ze wil niet wakker worden.'

Toen sprak een andere stem. 'Antoinette, ik ben dokter. We zijn hier om je te helpen. Er is niets om bang voor te zijn. We zijn hier om je te helpen,' herhaalde hij vriendelijk.

Maar nog steeds reageerde ze niet. Ze voelde een hand op haar gezicht en vingers trokken haar oogleden omhoog.

Ze zag gezichten – de gezichten van haar vijanden die op haar neerkeken. Antoinette gilde en bleef gillen.

Even voelde ze de scherpe prik van een naald die in haar arm drong. Enkele seconden later voelde ze niets meer.

21

Al deed ik nog zo mijn best, ik kon die jeugdherinneringen niet uit mijn hoofd zetten. Zittend in het schemerig wordende licht kon ik de intimiderende aanwezigheid van mijn vader in de kamer voelen, van de man die zijn leven lang vertrouwd had op dwang, nooit op logica of rede.

Pas die ochtend, de dag na het overlijden van mijn vader, was ik gearriveerd in zijn huis, een klein witgekalkt rijtjeshuis in het centrum van Larne. Hij was kort na de dood van mijn moeder daarheen verhuisd. Tot mijn ontsteltenis had hij het huis dat ze samen hadden bewoond en waarvan ze zoveel had gehouden, binnen een paar weken na haar dood verkocht.

Toen ik de deur had geopend, stapte ik een kleine, raamloze hal binnen. De trap met het verschoten donkere tapijt lag voor me, maar ik waagde me niet aan de kamers boven. In plaats daarvan ging ik naar de zitkamer.

Een kleine tweezitsbank met een vale bordeauxrode bekleding, kapotte armleuningen en veren die probeerden uit de versleten zitting te springen, stond tegenover een grote televisie. Wat, vroeg ik me af, had hij gedaan met de bank die mijn moeder zo zorgvuldig had bekleed met een mooie chintz? Zelfs de vele kussens, gestoken in hoezen van fraaie, pastelkleurige stoffen, die ze kunstig had verspreid over de zittingen, waren verdwenen. Op de schoorsteen stond een goedkope klok en in plaats van de verfijnde blauw-met-witte porseleinen Meissner-beeldjes die mijn moeder had gekoesterd, was nu het enige ornament een glimmende aardewerken kat met aan de onderkant een stempel van het land van herkomst in een onherkenbaar schrift.

De open haard was vervangen door een lelijke gaskachel en in de nis naast de schoorsteenmantel waren houten planken aangebracht, niet met de boeken die mijn moeder zou hebben gewild, maar met Joe's verzameling danstrofeeën. Misplaatst tegen het glanzende stofvrije verguldsel stond een kleine foto, een foto van Antoinette toen ze drie was en waarop ze een katoenen jurkje droeg dat haar moeder zoveel jaren geleden voor haar had gemaakt. Hij had hem uit de zilveren lijst gehaald en de randen waren omgekruld. Ik pakte hem op en stopte hem in mijn portefeuille.

Ik was opgelucht dat dit kleine, onaantrekkelijke huis voor mij zo weinig herinneringen bevatte. Hoewel ik er al eerder was geweest, was het me toen niet opgevallen hoe weinig er was overgebleven van mijn vaders leven met mijn moeder. Er stond niet één foto van haar. Het was alsof met haar overlijden de herinnering aan haar uit zijn geheugen was gewist.

Om de bedompte geur in huis te verdrijven, opende ik de ramen, de binnendringende kou ten spijt. Ik stak een sigaret op en inhaleerde diep in de hoop dat de vertrouwde geur van tabak de benauwende sfeer van het huis zou verdrijven.

Zijn aanwezigheid was overal: versleten pantoffels stonden naast de leunstoel die glom door slijtage en waarvan de rugleuning een ronde vettige vlek vertoonde op de plek waar zijn hoofd had gerust. Een asbak op de koffietafel, daar neergezet ter ere van mijn enige bezoek een paar maanden geleden, stond er nog. Toen hij zestig werd, had hij zijn verslaving aan sigaretten weten te overwinnen. Die van mij was begonnen toen ik het huis van mijn ouders had verlaten.

Ik vroeg me af wat die asbak betekende. Had mijn vader gehoopt dat ik zo vergevensgezind was dat ik mijn bezoek zou herhalen? Geloofde hij werkelijk dat hij zo weinig verkeerd had gedaan dat het alleen mijn egoïsme was dat me in Engeland hield? Kon hij zichzelf zo erg voor de gek houden? Het waren vragen waarop ik geen antwoord had en ik zou ze nu nooit meer aan hem kunnen stellen, dus haalde ik in gedachten mijn schouders op. Het was heel wat jaren geleden dat ik geprobeerd had de gedachtegang van mijn vader te doorgronden.

In de keuken stonden een enkele kop en schotel op het droogrek en een pasgestreken crèmekleurig overhemd was zorgvuldig opgehangen aan de keukendeur, alsof mijn vader elk moment kon terugkomen om het aan te trekken.

De huisdieren van mijn ouders – een grote, goedmoedige labrador en twee katten – waren een paar jaar voor mijn moeders overlijden gestorven en om de een of andere reden droeg hun afwezigheid bij aan de trooteloze sfeer van het huis. Ik herinnerde me de liefde van zowel mijn moeder als mijn vader voor die dieren, en zette weer de vraag van me af: als ze in staat waren liefde en zelfs mededogen te voelen voor vierbenige wezens, waarom hadden ze dan zo weinig gevoeld voor mij?

Buiten bij de achterdeur keek ik naar de verwaarloosde tuin en draaide me toen om, bijna struikelend over zijn golfclubs. Ik voelde de donkere wolk van de depressie weer om me heen hangen en duwde die vastberaden van me af.

'In godsnaam, Toni,' zei ik ongeduldig tegen mezelf. 'Hij is nu weg. Ga nou maar gauw zijn papieren uitzoeken, dan kun je terug naar Engeland.'

Ik dwong mezelf een ketel water op te zetten voor een grote mok thee, maar spoelde eerst de mok om met kokend water. Ik wilde niet met mijn mond de plek aanraken die zijn lippen hadden bevuild. Toen verzamelde ik al mijn kracht en wijdde me aan de taak waarvoor ik gekomen was.

De eerste taak vond ik het moeilijkst. Ik vond het huishoudboekje van mijn moeder in een bureaula. In haar kleine keurige handschrift had ze dagelijks nauwgezet verslag gedaan van een sober bestaan. Ernaast lagen de bankafschriften. Mijn vader was een zuinig man geweest en had weinig van zijn bezit uitgegeven. De rekeningen gaven een hoger saldo aan dan ik verwacht had. Op een ander afschrift zag ik dat er behalve zijn maandelijkse pensioen een paar grote bedragen waren gestort. Een ervan was de opbrengst van het verkochte grotere huis van mijn ouders en het andere van de verkoop van het antiek dat mijn moeder zo zorgvuldig had verzameld tijdens haar huwelijk. Haar geliefde verzameling porseleinen beeldjes, die ze voor een prikkie gevonden had in tweedehandswinkels en op markten, had ze prachtig uitgestald. De keren dat ik er op bezoek was geweest, had ze me altijd vol trots een nieuwe aanwinst laten zien.

Mijn moeder had in haar leven van twee dingen gehouden: haar tuin en haar antiek. Het waren de enige dingen die haar enig geluk schonken. Beide waren afgedankt en vergeten in het kale huis van deze oude man.

Hij had er niet lang over gedaan om haar uit zijn bestaan te wissen. De dag na haar sterven, – ik had bij haar gezeten in de hospice tot ze ten slotte was heengegaan –, reed ik naar het huis waar mijn ouders woonden. Omwille van haar nagedachtenis was ik bereid mijn woede jegens mijn vader te onderdrukken: de avond waarop ze stierf had hij geweigerd naar de hospice te komen voor het laatste afscheid, en terwijl ik in die lange eenzame nacht haar hand vasthield, ging de man van wie ze zo lang gehouden had liever borrelen in de British Legion Club.

Maar al was ik nog zo woedend en al was mijn verontwaardiging over zijn afwezigheid die avond nog zo groot, toch verlangde ik naar het gezelschap van iemand die haar ook had gekend en liefgehad. Ik wilde wandelen in de tuin die zij had aangelegd, een laatste keer haar verzameling antieke beeldjes bekijken en haar aanwezigheid voelen. Ik wilde me haar herinneren als de moeder die ik had gekend tot mijn zesde jaar: degene die met me had gespeeld, verhaaltjes had voorgelezen bij het slapengaan en me op schoot had genomen om me te knuffelen. Dat was de moeder van wie ik altijd had gehouden. De andere moeder – degene die haar kind had opgeofferd om haar fantasie van een gelukkig gezin in stand te houden en nooit schuld had bekend – zou ik voorlopig vergeten.

Toen ik bij de boerenhoeve aankwam die mijn ouders een paar jaar geleden hadden verbouwd, was ik bereid mijn woede van me af te zetten en thee te drinken met mijn vader. Ik had er grote behoefte aan de aanvaarding van haar dood nog even uit te stellen en herinneringen met hem op te halen, zoals elke dochter hoorde te kunnen. Ik liep naar de blauwgeschilderde voordeur en probeerde die open te duwen terwijl ik hem riep. De deur was op slot. Op dat moment besefte ik dat als ik had gehoopt op enig normaal gedrag, ik teleurgesteld zou worden.

Ik pakte de koperen klopper en liet die zo hard mogelijk op de deur neerkomen, deed toen een stap achteruit en wachtte tot hij zou opendoen.

Ik hoorde schuifelende voetstappen en het omdraaien van de sleutel in het slot. Toen de deur openging, stond mijn vader op de drempel en versperde me de weg, weigerde me binnen te laten. In plaats daarvan staarde hij me aan met bloeddoorlopen ogen, diep weggezakt in een gezicht dat pafferig was, niet van verdriet maar, zoals ik rook aan zijn adem, van te veel alcohol.

'Wat wil je?' vroeg hij. Een flits van kinderlijke angst deed me voor hem terugdeinzen. Ik probeerde het te verbergen, maar het was te laat. Hij had het herkend en een glimp van triomf blonk in zijn ogen. 'Nou, Antoinette? Ik vroeg je iets.'

Mijn vader, een man die verondersteld werd te treuren, verraste zelfs mij met die mate van agressie, maar ik wist voet bij stuk te houden. 'Ik kom om te zien of het goed met je gaat en of je hulp nodig hebt bij het sorteren van mams spulletjes. Ik dacht dat we, nu ik toch hier ben, samen thee konden drinken.'

'Wacht hier.' Met die woorden sloeg hij de deur voor mijn neus dicht, me verbijsterd achterlatend.

Hij zal toch zeker de begrafenis met me willen bespreken, dacht ik. Ik ben hun enige kind.

Dat wilde hij niet.

Toen een paar minuten waren verstreken, deed hij de deur weer open en stopte me een paar uitpuilende vuilniszakken toe.

'Daar zijn je moeders spullen,' zei hij. 'Je kunt ze naar een liefdadigheidsinstelling brengen. O, en niet hier in de buurt, want ik wil niet dat iemand iets herkent.'

Hij smeet de deur weer dicht, ik hoorde de sleutel omdraaien en bleef op de stoep staan met mijn moeders kleding puilend uit de vuilniszakken die op een hoop aan mijn voeten lagen.

Hij heeft er zelfs niet een van haar koffers voor gebruikt, dacht ik ongelovig terwijl ik ze in mijn auto laadde.

Pas na de begrafenis van mijn moeder ontdekte ik dat hij stiekem al voor haar dood bezittingen van haar had verkocht. Hij wilde niet dat ik het zou weten en waarschijnlijk was dat de reden waarom hij me niet binnenliet; ik had dan zelf kunnen zien hoeveel er al verdwenen was. Al kon mijn mening hem weinig schelen, hij zou niet willen dat erover geroddeld zou worden.

Nu ik zijn bankafschriften bekeek, besefte ik dat hij het niet uit nood had gedaan, maar uit pure hebzucht. Het enige wat hij wilde, was geld op zijn bankrekening zien. Te oordelen naar de vouwen in de afschriften had hij vaak voldoening beleefd aan zijn gierigheid.

Hij moet toch hebben geweten, dacht ik, dat mijn moeder zou hebben gewild dat ik iets van haar collectie zou krijgen als aandenken, al was het maar een van de beeldjes die ik zelf voor haar had gekocht. Ik geloofde gewoon niet dat ze, toen ze wist dat ze ging sterven, hem daar geen instructies voor had gegeven.

De muren van het huis leken op me af te komen toen ik weer de uitwerking voelde van mijn vaders wrok.

Toen herinnerde ik me weer het gesprek dat we hadden toen ik gehoord had dat het huis voor haar dood op de markt was gebracht en dat drie dagen na haar overlijden handelaren binnenkwamen om een bod te doen op de rest van haar bezittingen.

'Je hebt een leven van herinneringen verkocht,' riep ik vol afschuw door de telefoon.

'Nou, alles is van mij en ik kan ermee doen wat ik wil,' was het antwoord. 'Je moeder heeft niet eens een testament nagelaten, dus je bent voor niks blijven rondhangen tot ze doodging.'

Dat was het laatste gesprek dat ik met hem had, tot het maatschappelijk werk me belde om me mee te delen dat hij tekenen van seniliteit vertoonde en of ik hem wilde bezoeken? Hij had hun gevraagd mij met dit verzoek te bellen, in de verwachting dat mijn ingewortelde gewoonte van gehoorzaamheid nog vastgeroest zat.

Tegen beter weten in ging ik naar zijn huis, alleen om tot de ontdekking te komen dat zijn charme gewerkt had op een nieuwe generatie vrouwen. Omgeven door een trio vrouwen – zijn jonge, knappe maatschappelijk werkster, zijn dagelijkse verzorgster en een oudere vriendin – glimlachte hij zelfvoldaan naar me toen ik binnenkwam.

'Zo, als dat mijn kleine dochter niet is die haar ouwe pa komt bezoeken,' riep hij uit met een klank van triomf in zijn stem die alleen ik kon horen. Er was geen spoor van dankbaarheid te bekennen in zijn spottende stem.

Zittend in zijn huis kon ik zijn aanwezigheid voelen verdwijnen nu de frisse lucht door de ramen naar binnen woei en de kamers zuiverde. Ik besefte dat ik hier niets te zoeken had – niets dat me herinnerde aan het verleden, niets om me te troosten en niets om me angst aan te jagen. Niet een van mijn moeders bezittingen was achtergebleven behalve haar bureau, waarin haar huishoudboekje, de brieven en de drie foto's waren opgeborgen.

Ik doorzocht vergeefs de zitkamer naar nog meer foto's van mijn moeder en mij, iets dat een schakel vormde met mijn verleden, maar ik vond niets. In plaats daarvan ontdekte ik op de koffietafel recentere foto's. Daarop stond mijn vader met een groep vrienden in de zitkamer van zijn nieuwe huis, waar ze kennelijk iets aan het vieren waren. Er stonden flesjes bier op tafel, de feestgangers lachten en hielden een glas in de hand. Op de foto zag ik de eettafel met daarop een verzameling kaarten. Was het zijn verjaardag? vroeg ik me af. Ik pakte het vergrootglas van mijn vader en tuurde naar de kleine letters. Nee, het waren 'welkom in je nieuwe huis'-kaarten. Zes weken na het overlijden van mijn moeder had hij een housewarming gegeven.

Ik keek weer naar de foto's en de brief. Langzaam verscheurde ik de brief, hopend dat de vernietiging ervan de woorden uit mijn hoofd zou wissen. Maar terwijl ik het deed, wist ik al dat het zinloos was; de woorden waren al in mijn geheugen gegrift en de inhoud zou me nadat ik het huis van mijn vader had verlaten nog lang blijven achtervolgen.

Ik kon het niet over mijn hart verkrijgen de foto's te verscheuren en staarde lange tijd naar de foto van toen ik nog een baby was. Ik was toen te jong om me de dag te kunnen herinneren waarop mijn moeder en ik ervoor hadden geposeerd. Het was een professionele foto, genomen toen Antoinette ongeveer een jaar oud was. Ze zat op de knie van haar moeder, en Ruth, dertig jaar oud, in een jurk met vierkante hals en met schouderlang haar dat in zachte golven rond haar gezicht viel, hield haar met beide handen vast. Ruths hoofd was enigszins gebogen, maar de lichte glimlach waarmee ze trots naar haar baby keek, was duidelijk. Er hing een onmiskenbare sfeer van geluk rond de baby en de vrouw, die bijna een halve eeuw later nog van de vergeelde foto straalde.

Het kleine meisje, in een mooi zijden jurkje, met een plukje fijn haar op haar hoofd en een brede tandeloze grijns op haar gezicht, zat tevreden met een rammelaar in haar mollige handje. Ze zag eruit als het kind dat ze toen was, een geliefd klein mens, en glunderde in de richting van de camera.

Heel even dacht ik eraan hoe noch mijn moeder, noch de baby in haar armen had kunnen voorzien hoe hun leven zou veranderen, en met een zucht legde ik de foto omgekeerd op tafel.

Ik dacht aan de schaduw die over het leven van die baby was gevallen en aan de jeugd die ze had meegemaakt. Ik dacht aan haar neergang toen ze als tiener niet langer opgewassen was tegen de voortdurende afwijzing door haar moeder, en hoe ze geleidelijk was weggezakt in een duister gat.

Ik zag die armzalige kamer weer voor me waar Antoinette ineengerold in bed lag en het vermogen had verloren om wakker te worden en een nieuwe dag onder ogen te zien. Ik voelde de angst die uiteindelijk volledig bezit van haar had genomen, de angst voor een wereld die bevolkt was geraakt met vijanden.

22

Een uur nadat de arts haar in haar kamer had bezocht en een naald in haar arm had gestoken, ging Antoinette voor de tweede keer naar het ziekenhuis. Ze kwam weer terecht op de psychiatrische afdeling van de grimmige kliniek voor geesteszieken die in een somber soort grandeur aan de rand van Belfast stond.

De psychiatrische afdeling was gescheiden van het hoofdgebouw en was licht en luchtig ingericht om de patiënten de illusie te geven dat het een andere wereld was dan die van de langdurige patiënten op de andere afdelingen. Maar de dreiging van het hoofdgebouw, het reusachtige roodbakstenen monument van een vervlogen tijdperk, konden ze niet van zich afschudden, want ze wisten dat als de therapie niet aansloeg, het maar een paar minuten zou duren voor ze waren overgebracht naar die andere wereld; een wereld met getralie-de ramen, slonzige uniformen en geestdodende medicijnen.

Antoinette werd toegelaten tot een bijzaal van de psychiatrische afdeling. De volgende dag kreeg ze haar eerste elektroshockbehandeling.

Haar hoofd deed pijn, misselijkheid kwam op in haar keel en ze gaf over in een kleine kom die voor haar werd opgehouden. Ze deed haar ogen even open en zag een wazige figuur in een blauw-met-witte jurk. Ze hoorde een mengelmoes van nietszeggende geluiden en een woord dat steeds weer herhaald werd – 'Antoinette' –, maar ze herkende het niet meer als haar naam.

Langzamerhand kwam wat lichaamskracht terug, maar daarmee kwamen de fluisterende stemmen. Ze waren in de kamer, joegen haar angst aan. In haar wanhoop om eraan te ontsnappen liet ze zichzelf uit bed glijden en vluchtte de zaal uit, de gang op. Het gefluister volgde haar. Het lange ziekenhuishemd wapperde rond haar blote enkels en ze struikelde bijna terwijl ze probeerde haar achtervolgers te ontlopen. Ze stopte pas toen ze verblind door angst tegen een muur op liep. Ze zakte omlaag met haar handen stevig over haar oren, probeerde vruchteloos de geluiden in haar hoofd buiten te sluiten.

Een paar handen strekte zich uit om haar overeind te helpen. Ze hoorde weer die naam en hurkte op de grond met opgeheven armen om zich te beschermen tegen haar kwelgeesten. Ze wilde hun smeken haar geen pijn te doen, maar had het vermogen verloren om woorden te vormen. In plaats daarvan kwam er een dierlijk gejank uit haar mond, beklemmend door de wanhoop die eruit sprak.

Weer prikte een naald in haar arm. Toen werd ze opgetild en bijna bewusteloos in een rolstoel gezet. Ze werd teruggebracht naar haar kamer, waar ze gelukkig in slaap viel.

Toen ze wakker werd, zat er een man naast haar bed.

'Zo, dus je bent wakker, hè?' zei hij toen haar ogen knipperend opengingen. Verward probeerde ze zich op hem te focussen, maar zijn woorden zeiden haar niets.

'Herinner je je mij niet meer, Antoinette? Ik was een van de artsen die je behandeld hebben toen je hier twee jaar geleden was.'

Ze herinnerde het zich niet. Ze wist niet waar ze twee jaar geleden was geweest of waar ze nu was, en ze draaide haar hoofd af om het geluid van de woorden buiten te sluiten. Hij was niet meer dan de zoveelste stem die tegen haar loog en de spot met haar dreef. Ze hoorde gemompel, en met haar gezicht nog steeds afgewend kneep ze haar ogen dicht, hopend dat hij zo vanzelf zou verdwijnen. Ten slotte voelde ze dat hij wegging. Toen deed ze haar ogen weer open en keek angstig om zich heen.

De gordijnen rond haar bed waren opengetrokken en ze zag mensen voorbijkomen, voelde dat ze naar haar staarden. Ze stapte kwaad uit bed, schuifelde naar de gordijnen en trok ze dicht. Dit was haar ruimte en daarin wenste ze geen indringers.

Later hielpen de verpleegsters haar met het aantrekken van een ochtendjas, pakten voorzichtig haar arm vast en brachten haar naar de kantine. Daar draaide ze haar stoel naar de muur. Als zij de andere mensen niet kon zien, zo redeneerde ze, konden zij haar ook niet zien.

De gedachten tolden verward door haar hoofd. Ze was versuft en gedesoriënteerd, maar ze zocht nog steeds naar het witte licht van de vergetelheid. Ze wilde erin kruipen, maar was door de therapie vergeten waarom.

De verpleegsters probeerden met haar te praten maar ze weigerde iets te zeggen, in de hoop dat ze dan ook de stemmen om haar heen niet meer zou horen. Toen haar een bord met eten werd aangereikt, schudde ze heftig haar hoofd, maar slechts een zacht gejammer ontsnapte aan haar keel. Er werden tabletten in haar mond gelegd en een glas water werd voor haar mond gehouden om te drinken. Ze slikte de pillen in en trok zich toen terug in de slaap.

Het was tijd voor de volgende elektroshocktherapie. Ze had geen idee hoe lang het geleden was sinds ze de laatste had gehad of hoe lang ze hier lag. De verpleegsters zeiden dat het haar zou helpen, maar het kon Antoinette niet meer schelen. Ze had de reële wereld verlaten en had geen enkel verlangen ernaar terug te keren. Haar dagen bracht ze door in een door medicijnen veroorzaakte versuffing en 's nachts werd ze in slaap geholpen met nog meer en sterkere pillen. Ze weigerde nog steeds te praten.

Verpleegsters zaten naast haar bed, hielden haar hand vast, herhaalden haar naam, maar de enige reactie die ze kregen was weer een stille huilbui, waarbij de tranen over haar wangen rolden.

'Antoinette, praat tegen me,' smeekte de vrouwelijke psychiater voor de derde keer die ochtend. 'We willen je helpen, we willen dat je beter wordt. Wil je ons niet helpen? Wil je niet beter worden?'

Eindelijk draaide Antoinette haar hoofd om en keek voor het eerst in het gezicht van haar arts. Ze had haar stem al eerder gehoord. De verpleegkundigen hadden haar al verschillende keren naar deze psychiater gebracht in de hoop dat er iets van een band tussen hen zou ontstaan en dat de therapie kon beginnen.

Voor de eerste keer in drie weken sprak ze, met een hese maar kinderlijke stem. 'U kunt me niet helpen.'

'Waarom niet?'

Er viel een lange stilte voordat Antoinette antwoord gaf. 'Ik heb een geheim, een geheim. Alleen ík weet wat het is. U niet.'

'Wat is het geheim?'

'We zijn allemaal dood. Ik ben dood en u ook. We zijn gestorven.'

'Als we allemaal dood zijn, waar zijn we dan nu?'

'In de hel, maar niemand weet het – alleen ik.' Ze keek in de ogen van de psychiater zonder haar te zien. Ze zag alleen haar geesten. Ze begon heen en weer te schommelen, naar voren en naar achteren, haar handen om haar knieën. Haar stem kreeg een zangerige intonatie. 'We zijn dood. We zijn allemaal dood.' Steeds weer zong ze diezelfde woorden, tot ze moest lachen omdat ze wist dat de arts haar niet geloofde.

De arts vroeg met een kalme, zachte stem: 'Waarom denk je dat jij de enige bent die dat gelooft?'

Maar Antoinette had zich weer in zichzelf teruggetrokken en wendde haar gezicht af. De arts riep de zusters om haar terug te brengen naar de zaal. Haar therapie was voorbij.

Terug in de zaal trok ze de gordijnen rond haar bed dicht en ging in het midden van het bed zitten. Met haar handen om haar knieën schommelde ze weer naar voren en naar achteren, terwijl een hoog gegiechel haar ontsnapte toen ze dacht aan haar geheim en dat zij de enige was die wist dat het waar was.

De volgende dag werd de dosis verdovende middelen verhoogd en werd de shocktherapie voortgezet.

Er was geen teken dat haar depressie verminderde. Integendeel, de vier sessies waarin een elektrische stroom door haar brein werd gejaagd, hadden haar alleen maar nog verder in zichzelf gekeerd. Als het doel ervan was haar geheugen te vervagen en haar te helpen het verleden te vergeten tot ze in staat was dat geleidelijk te verwerken, had de therapie gefaald. De nachtmerries die haar in haar slaap hadden achtervolgd, teisterden haar nu ook als ze wakker was.

De afschuwelijke gewaarwording dat ze geen enkele controle meer had over zichzelf, dat ze werd opgejaagd en viel, had ze nu ook overdag. Het maakte haar nog paniekeriger, en de fluisterende stemmen die haar kwelden zwegen nooit. Achter dichtgetrokken gordijnen verborg ze zich in haar bed, probeerde een toevlucht te zoeken tegen de verschrikkingen, en weigerde te spreken, denkend dat als ze niet werd gehoord, ze onzichtbaar zou worden.

Als ze uit haar bed werd getild en naar de kantine gebracht, staarde ze naar de muur en geloofde dat haar wens vervuld was en ze nu onzichtbaar was. En ze wilde niet al die mensen om zich heen zien die dood waren maar het niet wisten.

De vijfde elektrische shock leek resultaat te hebben. Deze keer probeerde ze niet weg te lopen zodra ze bij bewustzijn kwam. De nevel in haar brein trok op en ze wist één ding: ze had dorst.

'Zuster, mag ik wat thee?' vroeg ze.

De hoofdzuster was zo verbaasd over haar verzoek dat ze haastig naar de keuken ging en zelf de thee zette. Ze gaf het kopje aan Antoinette, die het met beide handen beetpakte en voorzichtig een slokje nam. Ze deed haar uiterste best om door de nevel van haar brein heen te zien, probeerde te begrijpen waar ze was en wie ze was.

'Wil je nog iets anders, Antoinette? vroeg de hoofdzuster.

'Mijn moeder,' antwoordde ze. 'Ik wil mijn moeder.'

Even bleef het stil.

'Op het ogenblik kan dat nog niet,' zei de zuster met een troostende stem. 'Maar ik weet zeker dat ze gauw zal komen, vooral als ze hoort hoe goed je vooruitgaat. Je bent aan de beterende hand – dit is de eerste keer dat je iets tegen me gezegd hebt sinds je hier bent gekomen.'

'Ja,' zei Antoinette zonder enige emotie, en dronk haar thee.

23

'Wakker worden.'

Antoinette voelde een licht schudden aan haar schouder. Haar ogen gingen knipperend open en ze keek in een paar blauwe ogen onder lichtblonde wenkbrauwen. Het was een bekend gezicht – maar wie was het?

'Ik ben het, Gus. Weet je nog?'

Toen ze de stem hoorde, herkende ze Gus weer, het meisje met wie ze vriendschap had gesloten toen ze twee jaar geleden voor het eerst in het ziekenhuis verbleef. Ze keek haar suffig aan en zag de open vriendelijkheid in haar gezicht. Aarzelend stak ze haar hand uit. Ze voelde de warmte van de andere hand en wist dat het meisje dat naast haar stond echt was.

'Gus,' zei ze verward. Gus kon hier niet zijn. Ze was al lang geleden vertrokken. Antoinette kon zich nog herinneren dat haar ouders haar kwamen halen.

Gus zag de verbaasde blik op Antoinettes gezicht en kneep zachtjes in haar hand. 'Ik ben terug,' zei ze in antwoord op de onuitgesproken vraag van haar vriendin.

'Waarom?'

Gus rolde haar mouw op en liet de smalle littekens zien die in een grillige lijn van de pols tot centimeters boven de elleboog liepen. Antoinette zag dat de oude littekens weer open waren; veel ervan waren nauwelijks genezen.

'Waarom?' herhaalde ze.

Tranen sprongen in Gus' ogen; haastig veegde ze die weg. Antoinette hief haar andere hand op en streek zachtjes over het gezicht dat naar haar toe gekeerd was, wiste een traan van Gus' wang.

'Ik ben al voor de derde keer terug. Je weet dat we allemaal terugkomen,' zei Gus gewoon. 'Weet je, soms heb ik het gevoel dat ik niet dieper kan zinken. Als ik de bodem heb bereikt, probeer ik mezelf wijs te maken dat de enige manier om vooruit te komen is om naar boven te klimmen. En andere dagen, net als ik uit het zwarte gat ben gekrabbeld en op de rand sta, voel ik dat ik er weer in val.'

Antoinette dacht aan haar eigen nachtmerrie waarin onzichtbare klauwen probeerden haar omlaag te trekken en wist precies wat haar vriendin bedoelde. Ze begreep wat ze had doorgemaakt. Wat ze niet begreep, was wat Gus tot zulke wanhopige maatregelen had gebracht. 'Maar waarom, Gus? Je hebt lieve ouders, een familie die voor je zorgt. Waarom jij?' Ze deed haar best om het te begrijpen.

'Waarom schreeuw ik in stilte? Waarom doe ik mezelf dit aan terwijl ik alles heb waar jij naar hunkert, is dat wat je vraagt? Als ik het wist, als ik het maar wist, zou ik ermee kunnen stoppen. Maar het zijn de enige momenten waarop ik voel dat ik alles onder controle heb. Mijn ouders doen wat ze kunnen om begrip te tonen, te helpen, maar alleen als ik mezelf snijd, heb ik het gevoel dat ik mijn leven in de hand heb.' Een blik van diep verdriet vermengd met complete verbijstering vloog over haar gezicht. 'En wat is er met jou gebeurd?' Ze draaide Antoinettes handen om en keek naar haar polsen, maar zag geen nieuwe littekens.

Lange tijd bleef het stil voordat Antoinette eindelijk antwoord gaf. 'Mijn moeder heeft hem teruggenomen.'

Gus wist wie híj was. Ze kneep in de hand van haar vriendin. 'Wat gebeurde er toen?'

'Ik weet het niet. Alles werd vaag en nevelig en voor ik het wist, werd ik hier wakker. Ik word zo moe – moe van het proberen enige zin aan mijn leven te geven en moe van het proberen te overleven.' En als om het te bewijzen vielen haar ogen dicht, maar deze keer voelde ze zich rustiger dan in maanden het geval was geweest toen ze in slaap viel. Gus, dacht ze, begreep haar zoals haar artsen dat nooit zouden kunnen, want zij leefde in dezelfde duisternis.

De verpleegsters zagen de twee meisjes met elkaar praten en lieten hen met rust. Als Gus de afweer van hun jongste patiëntje kon doorbreken, wilden ze niet tussenbeide komen. Ze wisten dat patiënten vaak een beter begrip konden opbrengen voor elkaar dan voor wie dan ook en dat de vriendschap die in het ziekenhuis ontstond kon bijdragen tot de genezing.

Gus had niet lang nodig om de stukjes in elkaar te passen en achter de uiteindelijke reden van Antoinettes inzinking te komen. Toen Antoinette wakker werd, kwam Gus terug, ging op het bed van haar vriendin zitten en keek haar streng aan.

'Hoor eens, ik ben ziek, maar jij bent alleen maar ongelukkig. Je kon alle ellende niet meer aan, dus heb je geprobeerd in jezelf te verdwijnen.' Gus sprak alsof ze vastbesloten was alle barrières af te breken die Antoinette om zich heen had opgericht. 'Wat je moet leren begrijpen is dat mensen vaak hard zijn tegen degenen die ze slecht hebben behandeld. Mensen houden niet van een schuldig geweten en ze hebben een hekel aan het slachtoffer dat hen daarmee opzadelt. Voilà, dat is voor je moeder. Het lijkt me dat je vader anders is.' Gus' gezicht vertrok van afkeer bij de gedachte aan een man die ze nooit ontmoet had en vervolgde: 'Hij minacht je omdat je hem liet doen wat hij met je heeft gedaan. Toen je klein was, had je geen keus. Maar die heb je nu wél.' Ze zweeg even om zich ervan te overtuigen dat ze Antoinettes aandacht had en zei toen ernstig: 'Je moet bij hen weggaan of in ieder geval een eind maken aan de manier waarop ze je behandelen. Het is best mogelijk dat als je hem getrotseerd had, hem had laten zien dat zijn gedrag geen effect op je had, hij je met rust zou hebben gelaten. En wat je moeder betreft... tja, ze zou hem altijd hebben gevolgd en ze zal nooit veranderen.'

'Waarom denk je dat mijn vader me minacht?' vroeg Antoinette gepikeerd.

'Door wat ik voor mijn ouders voel. Ze zouden alles doen om me beter te maken. Ze houden van me, wat ik ook doe om ze te kwetsen. Ze kopen alles voor me wat ik wil. Ze geven zichzelf de schuld van wat er mis is met me. En ook al hou ik van ze, toch voel ik onwillekeurig minachting voor ze omdat ze zo zijn.'

'Ik ben bang, Gus,' bekende Antoinette. 'Bang voor de buitenwereld.'

'Hoe kan die erger zijn dan de wereld waarin je nu leeft? Zie je dan niet wat je ouders je aandoen? Ze dwarsbomen je zodra ze de kans krijgen. Ze koeioneren je en reduceren je tot iets meelijwekkends. Maar er is een leven daarbuiten, dus pak het met beide handen aan, anders kom je steeds opnieuw in dit ziekenhuis terecht. Kom nu mee, het is tijd om te eten.'

Gus glimlachte en hielp Antoinette opstaan en zich aankleden. Samen gingen ze naar de eetzaal en voor het eerst sinds ze was opgenomen at Antoinette zonder naar de muur te kijken.

24

Gus en Antoinette zaten samen in de patiëntenlounge toen een verpleegster naar hen toe kwam. 'Meisjes, er wordt morgen een dansavond georganiseerd voor de patiënten in het hoofdgebouw. Patiënten van deze afdeling mogen er ook heen. Zin om te gaan?'

Antoinette begon al nee te schudden. Het klonk niet erg aantrekkelijk. In het hoofdgebouw verbleven de permanente patiënten, die zulke ernstige problemen hadden dat ze waarschijnlijk nooit meer in de buitenwereld zouden komen.

'O, kom nou,' zei Gus overredend. 'Het zal best leuk zijn. We kunnen ons optutten en ons eens vermaken, voor de afwisseling.'

'Ik weet het niet,' zei Antoinette twijfelend. 'Wat moet ik aantrekken?' Ze dacht aan haar armzalige garderobe. De taillebanden van haar rokken en broeken knelden en haar truitjes zaten te strak. Door de zware kost in het ziekenhuis was ze vierenhalve kilo aangekomen en ze was zich ervan bewust dat ze een veel ronder figuur had gekregen. Haar strakke kleren konden haar misschien bewonderende blikken opleveren van sommige mannelijke patiënten, maar dat gaf haar alleen maar een heel onbehaaglijk gevoel. Ook wist ze dat de hoofdzuster afkeurend keek als ze eens probeerde er leuk uit te zien.

'Ik zal je een blouse lenen,' zei Gus. 'Veel van mijn kleren zullen jou passen. We kunnen ons samen aankleden en optutten. We maken er een leuke avond van.'

Plotseling ging er iets door Antoinette heen dat in de buurt kwam van enige opwinding. Het was lang geleden dat ze plezier had gehad, laat staan dat ze het had opgezocht.

De volgende dag vergaten ze allebei hun problemen toen ze genoten van het zich klaarmaken voor een avondje uit zoals elke normale tiener. Gus koos een blouse met lange mouwen die de littekens van haar zelfverminking verborgen en leende haar vriendin een antracietkleurige rok en donkerrode blouse. Toen ze zich hadden aangekleed, inspecteerden ze zorgvuldig hun gezicht in de spiegel boven de wastafel en maakten zich zo mooi mogelijk. Met opgekamd en met lak bespoten haar voelde Antoinette zich voor het eerst sinds weken weer jong en aantrekkelijk. De twee meisjes inspecteerden elkaar, controleerden of hun schoenen gepoetst waren en ze geen ladders in hun kousen hadden, en toen ze allebei vonden dat de ander er goed uitzag, gingen ze naar de lounge.

De andere patiënten waren er al en stonden in kleine groepjes bijeen. Een geroezemoes van geanimeerd gebabbel verlevendigde de sfeer in de lounge. Iedereen droeg zijn mooiste kleren en er hing een ongewone sfeer van optimisme en opwinding in de lucht.

Twee geüniformeerde verpleegsters, die er ontspannen uitzagen en blij leken met de onderbreking van de routine, brachten hen naar het hoofdgebouw. Het oude deel van het ziekenhuis rook anders dan de psychiatrische afdeling: er hing een onaangename geur van ongewassen lichamen en goedkope desinfecteermiddelen, en overal roken ze de indringende geur van medicijnen. Maar Antoinette liet zich er niet door beïnvloeden; ze werd aangestoken door de opgewektheid van de andere patiënten en was zelfs zover gegaan dat ze een dans had beloofd aan een van de mannelijke patiënten.

Twee deuren gaven toegang tot de enorme ruimte waar het dansfeest moest plaatsvinden, maar tot ieders ontsteltenis werd al spoedig duidelijk dat mannen en vrouwen gescheiden werden. De mannen moesten zich aansluiten bij een rij aan de ene kant en de vrouwen aan de andere kant, en dan door verschillende deuren naar binnen gaan.

'Wat is er aan de hand?' fluisterde Antoinette zenuwachtig tegen Gus.

'Ik denk dat ze de andere patiënten binnenbrengen. De permanent verpleegden van hier in het hoofdgebouw,' fluisterde Gus terug.

'Hoe moeten we bij elkaar blijven als we gescheiden worden?' Plotseling leken de mannen van de psychiatrische afdeling veilig en vertrouwd.

'Sluit u bij uw eigen rij aan, alstublieft!' riep een verpleegster. Gus en Antoinette gingen met de andere vrouwen bij hun deur staan. Het geluid van voetstappen en stemmen kondigde de komst aan van de langdurig verpleegde vrouwen. Onmiddellijk voelden beide meisjes zich gegeneerd dat ze zich hadden opgetut toen de anderen arriveerden en in de rij achter hen gingen staan. Deze vrouwen droegen vormeloze uniformen, de enige kleding die permanente patiënten werd toegestaan. Maar ze schenen zich niet bewust van hun slonzige kleren, dikke kousen en versleten platte schoenen terwijl ze opgewonden met elkaar stonden te praten. Sommigen zwegen en stonden met gebogen hoofd, verloren in de door kalmeringsmiddelen gegeven dromen, terwijl ze stil voortschuifelden om in de rij te gaan staan. Een kwam vlakbij Antoinette en ze rook de weeïge lucht van paraldehyde in haar adem. Snel draaide ze haar hoofd vol walging af.

Voordat ze de tijd had aan het lot van deze vrouwen te denken, zwaaiden de deuren open en dromden de vrouwen naar voren, Antoinette en Gus en de rest van hun groep naar binnen duwend.

De andere psychiatrische patiënten keken elkaar ontzet aan – ze hadden gedacht dat hun afdeling een kleine elite was die met elkaar praatte en danste en de anderen kon negeren. Ze hadden niet willen verbroederen met de permanente patiënten.

Gus en Antoinette zagen de ongeruste gezichten van de oudere vrouwen en bleven dicht bij elkaar, probeerden niet te giechelen. Ze hadden het jeugdige zelfvertrouwen dat zodra de muziek begon, de mannen van hun afdeling op hen zouden afstevenen en ze de *belles of the ball* zouden zijn.

Ze vergisten zich. Hoewel de mannen van de psychiatrische afdeling het voordeel hadden dat de meeste van hen op school hadden leren dansen, waren ze niet zo snel als de mannen van de permanente afdeling. Het scheen dat, hoe gedrogeerd ze ook waren of wat voor psychische problemen er ook toe hadden geleid dat ze hun leven in het ziekenhuis moesten slijten, de aanblik van zoveel aantrekkelijk geklede vrouwen hun vleugels gaf.

De intro van de eerste plaat werkte als een startpistool. De vrouwen in uniform negerend stortten de mannelijke patiënten van de permanente afdeling zich als een man op Antoinettes groepje.

Antoinette schrok toen de mannen naar voren stormden.

Een lange patiënt met rode wangen was het eerst bij haar, sprintte naar haar toe op zijn lange benen, onbeholpen als een pasgeboren veulen. Zonder te stoppen om iets te zeggen, greep hij haar arm beet en sleepte haar mee in een dans waarvan alleen hij de passen kende.

Hij verwart dansen blijkbaar met dat vreemde spelletje waarbij je zo snel mogelijk moet rennen terwijl je rechterbeen vastgebonden zit aan het linkerbeen van je partner, dacht ze, te verbluft om tegen te stribbelen. Niet dat ze hem had kunnen tegenhouden. Enthousiast hield haar partner haar stevig vast en rende in volle vaart naar de andere kant van de zaal, waar alleen de muur voorkwam dat ze viel. Toen, met meer kracht dan vaardigheid, draaide hij haar om en herhaalde de oefening, holde weer op volle vaart met haar de zaal door.

Ten slotte stopte de muziek en kwam er een eind aan de wilde stormloop door de zaal. Haar partner liet haar met tegenzin los. De brede grijns op zijn gezicht leek erop te wijzen dat dit de mooiste tijd van zijn leven was en Antoinette glimlachte onwillekeurig terug naar de man die zo gelukkig leek.

Ze keek naar de patiënten van haar afdeling en zag dat sommige mannen dubbel lagen van het lachen om haar benarde toestand. Ze wierp hun een nijdige blik toe en keek toen smekend naar de anderen. Toen de tweede plaat begon, volgden de mannen van haar afdeling het voorbeeld van de permanente patiënten en kwamen deze keer sneller in beweging. Antoinette zuchtte van opluchting toen Danny, haar favoriete mannelijke verpleegkundige, haar arm pakte voordat haar vorige partner weer beslag op haar kon leggen.

De volgende dans was een jive, waar ze goed in was, en terwijl Danny haar rondzwaaide op de maat van het snelle ritme voelde ze hoe de muziek bezit van haar nam en haar remmingen verdwenen. Ze draaide rond en rond, onder zijn arm door, achter zijn rug om en weer in zijn armen. Verrukt hoorde ze een luid applaus toen de dans was afgelopen.

'Blijf met hem dansen,' zei een van de verpleegsters. 'Het is goed entertainment.'

Antoinette gaf graag toe. Ze wuifde naar haar eerste partner toen ze langs hem jivede en grijnsde toen hij terugzwaaide. Het was mooi om te zien hoe de permanente patiënten zich amuseerden. Naarmate de avond vorderde, verslapte de discipline en mochten de patiënten van haar afdeling bij elkaar blijven.

Plotseling zagen Gus en Antoinette een groepje vrouwen dat naar het dansen keek, maar niet had meegedaan. En toen ontdekte Antoinette dat aan de overkant van de zaal een paar mannen, die hetzelfde slonzige uniform droegen als de vrouwen, nerveus bijeen stonden. Het scheen dat ze zonder duidelijke aanwijzingen van de verpleegkundigen geen idee hadden wat ze moesten doen en domweg verward aan de kant bleven staan.

'Dit kan toch niet, hè?' zei Gus grijnzend. 'Mijn moeder heeft me altijd verteld dat een feest pas geslaagd is als iedereen lol heeft.'

Antoinette ging naar Danny toe en wees op de muurbloempjes. 'We willen dat zij zich ook vermaken,' zei ze. 'Het feest is voor iedereen.'

'Wat wil je dat ik eraan doe?' vroeg hij.

De meisjes trokken hun wenkbrauwen op en dachten ingespannen na, en toen kwam Gus met een idee.

'De polonaise natuurlijk! Daarvoor hoef je geen danspassen te kennen. Jij hoort bij de staf, Danny. Jij begint en dan halen wij iedereen erbij.' Ze richtte zich tot de rest van de patiënten van haar afdeling. 'Kom op, jongens. Er is niets speciaals aan ons. We doen allemaal mee en zorgen ervoor dat iedereen lol heeft.'

De muziek begon. Danny nam de leiding en Antoinette volgde hem, haar handen om zijn middel. Toen ze door de zaal bewogen, pakte Antoinette de hand van haar eerste partner en liet hem zien hoe hij zich moest aansluiten. Gus haalde een van de verlegen vrouwen aan boord en toen deed iedereen mee. Het duurde niet lang of meer dan vijftig mensen dansten de polonaise in een lange lijn, draaiend en swingend op de muziek. Rond en rond ging het, en toen, na kreten van 'Nog een keer!', deden ze het nog twee keer. Plotseling braken glimlachjes en gelach door het waas van paraldehyde en barbituraten heen en leken de patiënten uit het hoofdgebouw tot leven te komen. Er klonk luid gejuich terwijl ze hosten en dansten.

Voor de finale was er de hokey-pokey in plaats van de laatste wals. Het was niet gemakkelijk om met zoveel mensen een kring te vormen en toen ze hem dansten, werden rechtervoeten en linkervoeten naar voren gestoken en gedraaid in een ritme dat weinig te maken had met de muziek. Het kon niemand iets schelen.

'Hé, Danny,' schreeuwde een patiënt met een brede, brutale grijns die duidelijk bewees dat hij enorme lol had. 'Het is maar goed dat de mensen buiten niet kunnen zien hoe we hier feestvieren. Dan zouden ze allemaal binnen willen komen!'

25

Twee nachten na de dansavond werd Antoinette gewekt door de nachtzuster.

'Antoinette,' fluisterde ze, 'Er is iets mis met je vriendin Gus. We hebben haar ouders moeten waarschuwen. Wil jij bij haar blijven tot ze komen?'

Antoinette knipperde suf met haar ogen en keek verward naar de zuster. Ze wist dat het nog geen tijd was om op te staan; het was nog bijna donker in de zaal.

'Kom mee. Ik zal het je in de keuken uitleggen.'

Antoinette stak haar armen in de ochtendjas die de zuster haar voorhield, schoof haar voeten in de pantoffels en volgde de nachtzuster. Ze kon wel raden dat er iets verschrikkelijks was gebeurd, maar ze had geen idee wat.

Maar ze zeiden dat ik bij Gus moest blijven, stelde ze zichzelf gerust. Als er echt iets heel ergs was gebeurd – ze schrok terug voor het woord zelfmoord – zouden ze me niet midden in de nacht wakker hebben gemaakt.

'Gaat het... goed met haar?' vroeg ze bedeesd.

Ze zuster keek haar even aan en zag haar ongerustheid.

'Wees maar niet bang, je vriendin zal het overleven. We hebben haar op tijd gevonden.'

Ze vertelde Antoinette dat Gus in een bad met heet water was gestapt en toen, met een scheermes dat ze uit het kastje van een van de mannelijke patiënten had gestolen, in haar beide armen was gaan snijden. Denkend dat ze niet gestoord zou worden, had ze gehakt en gesneden in een waan van zelfverminking. Ze had zoveel wonden dat het water vuurrood was geworden.

'Ze is een heel ziek meisje,' zei de zuster triest. 'We kunnen niets meer voor haar doen op deze afdeling. Haar beide ouders komen hiernaartoe, maar het zal wel even duren voor ze er zijn. Ik wil haar niet alleen laten, maar er is maar één andere dienstdoende verpleegster. En Gus blijft naar jou vragen.'

Antoinette kon niet verbergen hoe geschokt ze was door het nieuws. De zuster keek haar vol sympathie aan.

'Doe je het?' vroeg ze.

'Natuurlijk,' zei Antoinette snel. 'Gus heeft me zo enorm geholpen sinds ik hier ben. Maar ik begrijp niet waarom haar ouders hier moeten komen.' Ze wist dat zelfmoordpogingen meestal een verhuizing betekenden naar het hoofdgebouw en het schemerige, gedrogeerde bestaan van de patiënten die ze had gezien tijdens de dansavond.

'Heeft ze het je niet verteld? Haar moeder is psychiater. We denken dat zij haar nu het best kan helpen. Gus heeft alles wat ze zich kan wensen behalve –' de zuster zweeg even '– het geluk.'

Antoinette liep op haar tenen naar de afgelegen kamer waar Gus naartoe was gebracht. Haar vriendin lag stevig ingestopt; haar rode haar contrasteerde met haar bleke gezicht. Haar armen waren verbonden en lagen stijf boven de dekens. Antoinette ging naast haar zitten, pakte de dichtstbijzijnde hand en streelde die zachtjes.

'Gus, ik ben het. Kun je me verstaan?' vroeg ze, geschrokken haar vriendin in deze toestand te zien. Gus had de laatste tijd zo opgewekt geleken – ze had echt plezier gehad op die dansavond. Het lichtblonde hoofd draaide langzaam om en twee blauwe ogen keken recht in de hare. Antoinette zag de wanhoop erin. Als reactie voelde ze de tranen in haar eigen ogen opwellen, maar ze knipperde ze weg. Met huilen zou ze haar vriendin niet helpen.

'Mijn ouders komen,' zei Gus kalm en met droge lippen.

'Ja, ik weet het.'

'Ze zullen me naar een aangename particuliere inrichting sturen. Op het ogenblik zullen ze al druk bezig zijn ervoor te zorgen dat ze de juiste beslissing nemen.'

'Je hebt me nooit verteld dat je moeder psychiater is.' Het was alles wat Antoinette wist te zeggen.

'O, nee? Nou ja, dat is niet het belangrijkste voor me. Maar wel voor mijn moeder. Ze hecht veel belang aan haar werk en de behoeften van haar patiënten.' Ze zuchtte. 'Ze ziet mij niet. Ze ziet dat ik hulp nodig heb, maar ze ziet mij niet. Ik heb mijn moeder tot een mislukkeling gemaakt, in haar ogen. Wat voor dokter is ze als ze haar eigen dochter niet kan helpen? Wat ze zich zou moeten afvragen, is waarom ze mislukt is als moeder.' Gus keek haar aan en glimlachte flauwtjes. 'Dit zul jij allemaal wel belachelijk vinden. Ik weet dat het niets is vergeleken met de moeder die jij hebt – maar ik ben niet zo sterk als jij.'

Verbaasd dat iemand haar sterk kon vinden, dacht Antoinette dat Gus een geintje maakte, maar ze besefte toen dat haar vriendin op dit moment waarschijnlijk niet in staat was om grapjes te maken. 'Ik ben niet sterk,' antwoordde ze.

'Dat ben je wél. Je leeft toch nog?' Het blonde hoofd wendde zich af.

Antoinette wist dat haar vriendin uitgepraat was. Ze bleef Gus' hand vasthouden tot de zuster terugkwam.

'Gus, je ouders zijn er,' zei ze. 'Ze komen om je mee naar huis te nemen.'

'Niet voor lang,' antwoordde Gus. 'Mama heeft haar patiënten voor wie ze moet zorgen, degenen met echte problemen. Weet u, zuster, het is een mooie privékliniek voor mij. Mijn moeder kan de deskundigen betalen die voor me moeten zorgen, terwijl zij haar geld verdient met het zorgen voor mensen die haar nodig hebben.'

De zuster wist daar geen antwoord op en begon de kleren klaar te leggen die Gus moest aantrekken.

Antoinette besefte dat het tijd voor haar was om weg te gaan, maar ze wilde bij haar vriendin blijven en met haar meelopen naar de uitgang.

De zuster, die begreep hoe hecht de vriendschap tussen de meisjes was geworden, zei vriendelijk: 'Antoinette, blijf jij hier, dan kun je met ons mee naar de deur lopen en daar afscheid nemen van je vriendin.' Ze zag hoe ongelukkig haar jongste patiënte zich voelde en zuchtte. 'Als Gus weg is, gaan we naar de keuken en maak ik een lekkere kop warme chocola voor ons klaar.'

Een warm drankje bood geen compensatie voor wat er met Gus gebeurde, maar Antoinette stelde het vriendelijke gebaar op prijs en lachte beverig. Een paar minuten later ging de zuster met de beide meisjes naar de hal, waar een elegante vrouw in een donkere broek en bijpassende trui zat te wachten.

Dat moet Gus' moeder zijn, dacht Antoinette. Ze lijkt me iemand die zich nooit haastig aankleedt. Iemand die altijd de juiste indruk wil maken.

Het was tijd om afscheid te nemen. Gus draaide zich naar haar om en drukte haar hand. 'Tot ziens, en word beter.

Denk aan wat ik je gezegd heb. Je bent sterker dan je denkt.'

Toen, met een snelle omhelzing, gingen de twee meisjes uiteen. Gus liep naar de vrouw en samen verlieten ze kalm het ziekenhuis. Het laatste wat Antoinette van Gus zag, was een flits van roodblond haar toen de zwarte sedan die haar had opgehaald langzaam wegreed.

Een week later kwam Antoinettes droom terug.

Ze kreunde in haar slaap bij de dreiging in haar nachtmerrie. Ze begon te vallen en de spottende stemmen in haar droom zwollen aan tot een crescendo. Ze verloor de controle, kwam half tot bewustzijn en strompelde slaapdronken haar bed uit, in haar wanhoop om te ontsnappen aan de demonen die opnieuw haar geest waren binnengedrongen. Maar ze kon ze niet vermijden en hun stemmen werden luider terwijl ze zwalkend door de gang liep naar de lounge. Ze liet zich in een stoel vallen, hield haar handen op haar oren om de stemmen buiten te sluiten en trok haar benen op tot onder haar kin.

De verpleegster vond haar wanhopig heen en weer schommelend en zag dat haar korte periode van normaal-zijn ten einde was.

De artsen hervatten de shockbehandelingen. Deze keer rende ze niet weg, maar praten deed ze ook niet.

26

Tim tikte met zijn voeten en liet de zware draaistoel rondgaan op de maat van de muziek in zijn hoofd.

Antoinettes blik liet hem geen seconde los terwijl ze zijn bewegingen volgde. Terwijl de stoel draaide en draaide, staarde ze hem aan. Als de rug van de stoel hem aan het zicht onttrok en slechts een glimp van een smalle schouder zichtbaar was, wachtte ze tot de stoel zijn rondje voltooide zodat ze hem weer kon zien.

Zijn ogen glinsterden achter zijn bril met titaniummontuur.

Hij kan in mijn hoofd kijken, dacht Antoinette. Hij kan mijn gedachten binnendringen. Ze sloeg haar handen voor haar ogen. Als ik hem niet kan zien, kan hij mij ook niet zien, dacht ze wanhopig. Maar ze weigerde dat te geloven en kon zichzelf niet beletten te zeggen: 'Stop. Stop met wat je aan het doen bent.'

Het waren de eerste woorden die ze in langer dan een week had gesproken en ze waren vreemd uitdrukkingsloos. Het totale gebrek aan gevoel erin bevatte een waarschuwing en het werd stil in de zitruimte voor de patiënten.

Antoinette voelde haar lichaam verstijven terwijl ze on-afgebroken naar de jongen in de draaistoel staarde. Ze was zich er vaag van bewust dat de mannelijke verpleegkundige in de kamer half opstond alsof hij moeilijkheden voelde aankomen, maar ze hield haar ogen strak gericht op Tim. Opgaand in zijn eigen wereld en in de ban van zijn eigen herinneringen draaide hij de stoel nog een keer rond. Een halve seconde keken ze elkaar in de ogen. Tim giechelde.

Zij hoorde het spottende geluid uit duizend kelen komen en het scheen te pulseren rond de warboel in haar hoofd. Niet in staat zich te beheersen, begon ze te schreeuwen, en toen steeg er een grauw van woede uit haar keel omhoog. Haar enige verlangen op dat moment was hem uit die stoel te wippen, met de metalen voet ervan op zijn hoofd te tim-meren en voorgoed die spottende lach te smoren.

Ze schoot naar voren en greep de stoel beet zodat de jon-gen op de grond werd gegooid, en met een kracht die werd ontketend door haar blinde woede begon ze die op te tillen. Ze wist dat ze hem zou oppakken en dan boven op hem zou laten neerkomen – maar voor ze verder iets kon doen, kwam de broeder tussenbeide en pakte haar arm vast.

'Laat los,' beval hij. 'Zet neer die stoel. Nu.'

Hij was veel sterker dan zij en hij wrong gemakkelijk haar vingers los. Ze voelde haar lichaam schudden alsof elke spier erin trilde. De broeder bracht haar behoedzaam naar haar plaats.

De latente woede van zoveel jaren was eindelijk bovenge-komen en de kracht waarmee hij uit haar was losgebroken, verjoeg de nevel uit haar geest. Terwijl de broeder en zij zich terugtrokken, zag ze een broodmagere gedaante op de grond liggen. Tim lag nog op dezelfde plek waar hij was gevallen, zo volkomen verloren in zijn eigen wereld dat haar razernij niet eens tot hem was doorgedrongen.

In de lounge heerste tumult. Antoinette bleef verbijsterd zitten, herinnerde zich nauwelijks wat ze had gedaan.

De broeder legde zijn hand op haar schouder en zocht naar een patiënte aan wie hij haar veilig kon toevertrouwen, zodat ze kalm zou blijven tot de hoofdzuster haar dienst begon.

'Dianne,' zei hij, 'Kun je een kop koffie gaan drinken met Antoinette en even bij haar blijven?'

Dianne was een vrouw van halverwege de dertig die gestaag vooruit was gegaan sinds ze in het ziekenhuis was gekomen, en de verpleegkundige dacht blijkbaar dat haar moederlijke uitstraling Antoinette in bedwang zou houden.

Dianne deed wat haar gevraagd werd, nam het bevende meisje bij de hand en liep met haar naar de kantine. Ze liet Antoinette op een stoel plaatsnemen, haalde twee koppen koffie en kwam toen haastig terug. 'Hier, drink dit,' zei ze vriendelijk. Toen ze zag dat de tiener nog steeds in een eigen wereld vertoefde, stak ze twee sigaretten aan en overhandigde een ervan aan haar. 'Rook er hier maar een van.'

Antoinette rookte niet, maar accepteerde de sigaret dankbaar. Het gaf haar in ieder geval iets te doen met haar handen.

Dianne keek haar meelevend aan. 'Ik denk dat je nu aan de beterende hand bent, als je het mij vraagt. Al die woede die in je moet hebben gezeten, moest eruit komen, weet je.'

Antoinette bleef zwijgen, haar lichaam schudde nog van de rillingen die door haar heen gingen. Geleidelijk begon de mist die haar geest zoveel weken verduisterd had op te trekken. Ze keek nietszeggend naar de oudere vrouw zonder haar te herkennen.

'We hebben elkaar al eerder gesproken,' zei Dianne, die haar verwarring zag. 'Je weet niet meer wie ik ben, hè?'

Antoinette schudde haar hoofd, nog meer in de war. Ze

wilde zich haar herinneren, want iets aan de oudere vrouw zei haar dat ze haar kon vertrouwen. Haar gezicht en haar hartelijke uitdrukking straalden meer warmte en begrip uit dan ze ooit bij haar moeder had gezien. Ze wist dat Dianne het soort vrouw was dat haar moeder minachtend zou afdoen als ordinair – haar accent toonde dat ze uit een armoedig deel van de stad kwam – maar Antoinette wist al dat haar eigen waarden verschilden van die van haar moeder. Ze had geleerd dat het erop aankomt wie je bent, niet waar je vandaan komt.

Dianne nam een trek van haar sigaret. De diepe rimpels die in haar gezicht gegroefd waren en het slecht geknipte, met grijs doorweven haar maakten haar ouder dan ze was. Het drong plotseling tot Antoinette door dat haar gezelschap het uniform droeg van een andere afdeling, waardoor ze even van slag raakte.

Dianne zag de onzekere uitdrukking op Antoinettes gezicht en zei rustig: 'Ik verblijf op Afdeling F1. Ik was daar ook toen je bijna drie jaar geleden werd opgenomen. Ik zie wel dat je je dat niet meer herinnert. Je was toen zo eenzaam en in de war, ik had diep medelijden met je. Maar toen je vertrok, hoopte ik dat je weg zou blijven. Wat is er gebeurd?'

Antoinette deed haar uiterste best zich de vrouw die tegenover haar zat te herinneren. Ze had al eerder patiënten van die afdeling ontmoet. Daar verbleven de mildere gevallen onder de afgezonderde patiënten – sommige werden daar zelfs ondergebracht ter vervanging van een korte gevangenisstraf. Het was beslist geen plek voor gevaarlijke patiënten en als ze herstellende waren, werd hun vaak toegestaan de psychiatrische afdeling te bezoeken, met zijn lounge en kantine en in het algemeen ontspannen sfeer.

'We hebben toen met elkaar gepraat,' zei Dianne. 'Danny

maakte zich bezorgd toen ze je ontsloegen – hij vond het te vroeg. Vertel eens wat je hier terug heeft gebracht.'

Omdat Antoinette zich geen gesprek kon herinneren tussen Dianne en haarzelf, had ze geen idee wat de oudere vrouw wist.

Antoinettes zwijgen negerend, ging Dianne verder alsof er twee deelnamen aan het gesprek in plaats van één. 'Je hebt me verteld over je vader, dat hij naar de gevangenis moest voor wat hij jou had aangedaan, en toen ging je weg om bij je moeder te wonen.'

'En mijn moeder zei dat ik het huis uit moest.'

Meer hoefde Dianne niet te weten; zachtjes raakte ze Antoinettes hand aan. 'Je wordt beter, je komt over hen heen. Je móet! Laat ze niet winnen!' Ze nam een trek van haar sigaret en keek peinzend naar het jonge meisje. 'Je zult me nu waarschijnlijk niet geloven, maar op een dag zul je gelukkig worden.'

Ze heeft gelijk, dacht Antoinette grimmig. Ik geloof haar niet. Geluk was iets dat ze niet verwachtte ooit nog te zullen voelen. Ze probeerde te bedenken wat ze kon zeggen. Ze voelde er niets voor om over haar ouders te praten, maar ze wist dat Dianne niet zou toestaan dat ze bleef zwijgen. In de hoop het gesprek af te brengen van zichzelf, zei ze ten slotte: 'Waarom ben jij hier?'

'Ik heb mijn man vermoord. Je had het in de krant gelezen toen je de vorige keer hier was. Weet je nog? Ik heb die smeerlap doodgestoken.'

'Waarom?' vroeg Antoinette met een eerste beetje belangstelling.

'Het gebruikelijke verhaal. Hij sloeg me als hij dronken was en hij was altijd dronken. Ik keek in de spiegel en zag een vrouw die ik niet herkende – een vrouw met een blauw oog, een kapotte lip, of allebei – en dan vroeg ik me stom genoeg af wat ik verkeerd had gedaan. Weet je, liefje, je zult het nu niet geloven, maar ik was een knappe meid toen ik hem ontmoette. Ik had hopen vriendjes, maar ik moest zo nodig een waardeloze klootzak kiezen.'

'Waarom ben je bij hem gebleven?' Antoinette wist dat haar moeder dat nooit zou hebben gedaan. Zij zou haar man hebben verlaten als hij ooit een vinger naar haar had uitgestoken, dacht ze verbitterd. Ze vond het alleen niet erg als hij mij sloeg of misbruikte.

'Omdat hij elke keer dat hij me had afgeranseld, de volgende dag zo berouwvol was, me smeekte hem niet in de steek te laten, en dan waren de volgende paar maanden gewoon weer een soort wittebroodsweken. Ik werd acht keer in evenveel jaren verliefd, als je het zo kunt noemen, en om het jaar kreeg ik een kind. Maar toen de kinderen ouder werden, gaf hij ze ervan langs met een riem. Niemand komt aan mijn kinderen! Dus verliet ik hem en ging bij mijn vader wonen.' Dianne zag dat Antoinette nu een en al oor was en ging verder. 'Nou, meneer kwam verhaal halen. Hij was die avond dronken. Hij drong langs mijn vader heen en duwde mijn kleinste omver. Ik pakte het broodmes en stak hem ermee. En weet je wat het ergste was? Ik genoot ervan. Er kwam een rode mist voor mijn ogen en ik zag de angst in zijn gezicht toen ik op hem afkwam, en ik voelde me geweldig. Pas toen de politie kwam, had ik spijt.' Ze zweeg even en ging toen verder. 'Maar niet van wat ik gedaan had – het speet me omdat mijn kinderen in een verzorgingshuis zouden komen.'

'Waarom hebben ze je hierheen gebracht?' Antoinette wist dat ze vroeger eens ergens had gelezen over een proces tegen een vrouw die een gewelddadige man had vermoord. De advocaat had zelfverdediging gepleit en ze was vrijgesproken.

'Omdat ik, toen ik eenmaal begonnen was, niet meer kon stoppen. Zo erg genoot ik ervan. Ze zeiden dat ik hem nog steekwonden had toegebracht toen hij al dood was. Maar hij was achter mijn kinderen aan gegaan en die mocht niemand ooit kwaad doen.' Plotseling realiseerde ze zich wie ze in vertrouwen nam en ze legde haar hand op die van Antoinette. 'Sorry, lieverd. Ieder mens is anders.'

Maar Antoinette begreep niet eens wat ze bedoelde.

27

In 1961 werd paranoia beschouwd als gevaarlijk. Antoinette had Tim zonder aanleiding aangevallen, maar er werd geen rekening mee gehouden dat ze die ochtend elektroshocktherapie had gehad, en evenmin werd er geluisterd naar de mening van de psychiaters die hun twijfel er al over hadden uitgesproken of die behandeling wel geschikt voor haar was. Er waren maar een paar telefoontjes van de hoofdzuster – een vrouw van de oude stempel die weinig op had met de vrijheid die patiënten op de nieuwe psychiatrische afdeling genoten – nodig om een overplaatsing te regelen.

Antoinette keek toe terwijl een van de zusters haar weinige bezittingen inpakte. 'Waar ga ik naartoe?' vroeg ze.

De zuster gaf geen antwoord maar maakte met gebogen hoofd haar taak af.

Angstig herhaalde Antoinette haar vraag. 'Waar ga ik naartoe?'

'Ergens waar ze beter voor je kunnen zorgen.'

De ijzige, afgemeten stem kwam van achter haar. Antoinette draaide zich om; ze wilde zien wie dat gezegd had. De hoofdzuster stond op enige afstand naar haar te kijken. Het was een vrouw van begin dertig met dun haar dat in een strakke knot naar achteren was gekamd. Ze stond zo stijf rechtop dat haar lichaam onder haar uniform in een ijzeren korset leek geperst. Vanaf de dag dat ze hier was aangekomen, had Antoinette altijd het gevoel gehad dat de hoofdzuster een kille afkeer van haar had die verderging dan gewone antipathie. Elk personeelslid was op de hoogte van het dossier van de patiënten en ze had instinctief gevoeld dat de hoofdzuster weinig met haar op had. Ze had haar ogen op zich gericht gevoeld als ze rondliep en had een grijns over haar gezicht zien glijden als Antoinette met mannelijke verpleegkundigen of patiënten praatte. Op de een of andere manier had Antoinette altijd het gevoel gehad dat de hoofdzuster wachtte tot ze een fout zou maken, iets waar ze op in kon springen. Nu had ze eindelijk het excuus dat ze nodig had, en Antoinette zag haar voldane blik toen ze haar aankeek. Maar het was de ander die het eerst haar blik afwendde.

Antoinette zou vroeg in de avond verhuisd worden, op een tijdstip dat de andere patiënten het druk hadden met hun bezoekers. Als ze zagen dat een patiënt die ze kenden werd overgeplaatst naar de 'zware' afdeling, raakten zowel de patiënten als de verpleging van streek.

Toen haar kluisje was leeggehaald, ging ze met dichtgetrokken gordijnen op bed zitten. Haar thee werd gebracht door verpleegsters die snel een blad naast haar bed zetten en dan zo gauw mogelijk weer weggingen. Telkens als er iemand kwam, stelde Antoinette dezelfde vraag. 'Waar ga ik heen? Waar sturen jullie me naartoe?'

Maar niemand wilde het haar vertellen.

De andere patiënten vermeden haar; zonder dat hun iets

gezegd was, wisten ze dat Antoinette naar de afdeling gestuurd werd die ze het meest vreesden. Iedereen wist dat degenen die niet beter werden, haar lot zouden delen: een overplaatsing naar het hoofdgebouw.

Toen de avond viel, kwamen ze haar halen.

De hoofdzuster en twee broeders stonden naast haar bed en een van hen pakte haar koffer op. Hun grimmige gezichten maakten haar duidelijk dat patiënten die schopten en schreeuwden en protesteerden tegen hun overplaatsing snel tot bedaren zouden worden gebracht. Antoinette wilde de hoofdzuster niet de voldoening gunnen haar te zien huilen, maar ze bracht de kracht op haar vraag nogmaals te stellen. 'Waar ga ik naartoe?'

Deze keer nam ze niet de moeite haar blik af te wenden. Integendeel, met een bijna triomfantelijk lachje zei ze: 'Je wordt overgeplaatst naar afdeling F3A.'

IJskoude rillingen liepen over Antoinettes rug. F3 was de afdeling waar het ziekenhuis de patiënten onderbracht van wie niemand verwachtte dat ze ooit zouden genezen. Het was de afdeling waar vrouwen werden opgesloten en vergeten. Ze zouden die niet verlaten voordat ze oud en zwak waren of stierven. Iedereen wist waar in het ziekenhuis die afdeling was. Ze werd aan nieuwsgierige blikken onttrokken door deuren die stevig op slot waren, maar vanuit de tuin waren de getraliede ramen duidelijk te zien. Hoewel niet een van de patiënten in Antoinettes eenheid ooit een glimp had opgevangen van het leven daarbinnen, hadden ze allemaal de verhalen erover gehoord.

In die donkere zalen, zo werd verteld, leefden zeker dertig vrouwen onder de hoede van slechts twee verpleegsters. Urenlang vastgeklonken in speciaal ontworpen houten stoelen staarden ze wezenloos in de ruimte. Daar werden medicijnen niet gegeven om te genezen, maar om de patiënten kalm te houden. Om zeker te zijn van hun passiviteit, werden er willekeurige shockbehandelingen toegepast. De vrouwen op die afdeling konden nooit klagen. Ze hadden niemand om tegen te klagen. Deze afdelingen werden bewoond door mensen die lang geleden hun rechten hadden verbeurd, toen ze in de steek werden gelaten door hun familie. Ze waren de verlorenen, vergeten door de buitenwereld.

De patiënten van afdeling F3 werden zelden gezien. Voor hen geen begeleide wandelingen door het grote park of omgang met andere patiënten in de kantine; ze werden drie keer per dag naar hun eigen plek in de grote eetzaal gebracht en na de maaltijd weer teruggebracht. Eén keer, toen ze in het hoofdgebouw was, had Antoinette een grillige stoet gezien van vrouwen van die afdeling: vormeloze uniformen hingen los om hun gebogen lichamen terwijl twee verpleegsters, gewapend met gummistokken, hen begeleidden naar hun plek in de eetzaal. Met neergeslagen ogen en zwijgend waren ze langs Antoinette geschuifeld als dertig grauwe geesten. Het enige geluid was het geflipflop van hun niet goed passende slippers.

Behalve vrouwen voor wie geen enkele hoop bestond dat ze ooit het ziekenhuis zouden verlaten om weer een normaal leven op te pakken, huisden er ook minstens twee veroordeelde moordenaressen. Ze werden beschouwd als criminele krankzinnigen en waren veroordeeld tot een levenslange opname in een inrichting voor geesteszieken. Het was geen benijdenswaardig lot. In de gevangenis was er tenminste hoop op vroegtijdige vrijlating. Hier niet.

Antoinette had al vermoed dat ze naar het hoofdgebouw zou worden overgeplaatst, maar deze afdeling was erger dan ze zich had kunnen voorstellen.

Het is natuurlijk maar voor korte tijd, dacht ze. Ze willen

me alleen maar straffen. Dan mag ik weer terug. 'Hoelang moet ik daar blijven?' vroeg ze timide.

'Je wordt permanent overgeplaatst,' was het antwoord.

Antoinette verviel in zwijgen. Het was het enige wat ze kon bedenken en ze hoopte dat het haar zou beschermen. Ze verborg de angst die door haar verdoving heen begon te breken achter een ondoorgrondelijk masker en wachtte tot de broeder haar zou wegvoeren.

Buiten regende het; het was een zacht buitje en Antoinette hief haar gezicht op om de druppels op te vangen. Ze voelde het koele vocht op haar wangen en dacht dat als ze stilletjes huilde, ze zouden denken dat de tranen regendruppels waren. De ambulance die haar zou overbrengen, stond buiten te wachten. De broeder hielp haar instappen, zette haar koffer naast haar en toen, weigerend haar in de ogen te kijken, sloot hij de deuren. Antoinette zag het licht verdwijnen toen ze dichtvielen. Ze legde haar hand op haar koffer om steun te zoeken en ging rechtop zitten op de met plastic beklede bank.

De motor startte en de ambulance reed over de oprit die haar naar het hoofdgebouw bracht.

Het was nog vroeg in het jaar, nog voordat de komst van het voorjaar voor langere dagen en warmere nachten zou zorgen. De kou drong door haar dunne jas, maar of het de kilte van de vochtige avond was die haar deed huiveren of haar angst, wist ze niet. Ze wist alleen maar dat ze gestraft werd en dat de stemmen die haar kwelden eindelijk gelijk kregen. Op afdeling F3A zou ze verdwijnen.

28

Ik probeerde mezelf te dwingen die herinneringen van me af te zetten, maar het beeld van Antoinette toen ze haar armen beetpakten en haar meenamen door de lange betegelde gang, stond in mijn geheugen gegrift. De ziekenhuisgeuren – desinfecterende middelen vermengd met goedkope zeep, bedorven eten en een bedompte lucht die tientallen jaren lang tot in de poriën van de muren was gedrongen – zat nog in mijn neusvleugels. Ooit was het ziekenhuis een armenhuis geweest voor berooide families, en toen Antoinette er op haar vijftiende voor het eerst kwam, was ze teruggedeinsd voor de echo's van de vroegere ellende. De hopeloosheid van de honderden mensen die door die deuren waren gegaan had zich als een onzichtbare wolk om haar heen gewikkeld, tot ze bijna stikte in alle narigheid.

Ik vroeg me af hoe ik het ooit had kunnen opbrengen mijn ouders te vergeven voor wat er met mij gebeurd was. Ik dacht aan de uren therapie waarin psychiaters probeerden me de realiteit van mijn jeugd en de gevolgen van het misbruik van mijn vader te laten accepteren.

Maar waarom moest het allemaal gebeuren, vroeg ik me af. Waardoor werd een man zoals hij werd? In welk stadium van zijn kindertijd had hij zich gerealiseerd dat hij anders was? Als een kind wordt geboren dat niet kan lopen, wanneer kijkt het dan naar andere kinderen en beseft het dat zij kunnen hollen terwijl hij alleen kan kruipen? Wanneer mist een kind dat blind wordt geboren de vrijheid van het zicht? Op welke leeftijd weet een doof kind wat aanhoudende stilte betekent?

Als een sociopaat zijn vrienden hoort praten over gevoelens die hij nooit ervaart, benijdt hij hen dan? Wenst hij dat hij kan genieten van de kleine dingen die zij ervaren? Of voelt hij zich superieur en verwart hij het gebrek aan gevoel met kracht?

Terugkijkend op de achter me liggende jaren herinnerde ik me mijn vaders verlangen om geliefd en bewonderd te worden, maar ook zijn woede als hij zich verbeeldde dat hij vernederd of genegeerd werd – en ik concludeerde dat het het laatste moest zijn.

Als volwassene was ik gaan begrijpen wie mijn vader werkelijk was: een man die gevoelens in zo hoge mate imiteerde, dat hij geloofde dat hij ze bezat. Hij treurde niet om mijn moeder toen ze stierf, omdat hij niet kon begrijpen wat hij had verloren. Hij was er niet toe in staat. Het enige wat hij wist was dat ze verleden tijd was geworden, en hij leefde uitsluitend in het heden en maakte plannen voor de toekomst. In zekere zin had ik medelijden met hem om zijn gevoelsarmoede.

Mijn oma had geprobeerd de legendarische woedeaanvallen van mijn vader toe te schrijven aan een ongeluk in zijn jeugd – misschien zoals elke moeder zal doen die het leven schenkt aan een monster – en mijn moeder had me vaak hetzelfde verhaal verteld, alsof ik daardoor medelijden met hem zou krijgen en alsof het een excuus was voor zijn wreedheid. Toen ik opgroeide, breidde ze het verhaal uit en zei me dat het niet alleen zijn jeugdtrauma was, maar ook zijn tijd in het leger gedurende de oorlog. Die twee gebeurtenissen zouden hem zo ernstig beschadigd hebben dat hij niet verantwoordelijk was voor zijn daden.

Joe was het oudste kind in zijn gezin en was geboren in de achterbuurt van Coleraine. Hij was een knap kind met een vlotte glimlach en een aanstekelijke lach. Hij was lang voor zijn leeftijd, had een dikke bos donkere, roodbruine krullen en was de oogappel van mijn oma. In de eerste twee jaren op school had zijn heldere, leergierige brein hem populair gemaakt bij zijn leraren. Hij kreeg goede rapporten en zijn moeder, die inmiddels nog twee kinderen had geproduceerd, was trots op haar oudste. Maar het noodlot sloeg toe toen hij acht was.

Mijn grootmoeder lag in bed, hoogzwanger van haar vierde kind, toen ze een gil hoorde, gevolgd door een harde bons. Toen ze haastig naar de aangrenzende kamer liep waar alle drie de kinderen in het tweepersoonsbed sliepen, zag ze twee slapende kinderen, niet drie. Joe was over de anderen heen geklauterd naar de overloop, waar hij was gestruikeld en halsoverkop van de kale, smalle trap was gevallen. Hij lag als een bewusteloze hoop onder aan de trap, zijn hoofd bijna tegen de deur. Zijn ogen waren gesloten en de lange wimpers wierpen lichte schaduwen op een gezicht dat zo bleek zag dat mijn oma even dacht dat hij dood was.

Haar doodsbange schreeuw klonk door de flinterdunne muren van het rijtjeshuis en de buren kwamen aangeheld. In die tijd waren er geen telefoons in die arme wijk van Coleraine en kon er niet snel een ambulance worden gewaarschuwd. De zoon van een buurman werd haastig naar het huis van de dokter gestuurd en er gingen kostbare minuten voorbij voordat die arriveerde. De jongen werd zorgvuldig opgetild, op de achterbank gelegd van de oude doktersauto en met zijn wanhopige moeder naar het dichtstbijzijnde ziekenhuis gebracht.

Er gingen enkele weken voorbij voordat de familie bericht kreeg dat de jongen buiten levensgevaar was.

In die tijd bezocht mijn oma hem elke dag. Hoogzwanger, met een sjaal om haar schouders voor de warmte en in een lange zwarte rok die op haar haveloze schoenen hing, liep ze door de stad, ongeacht de regen of kou. Eenmaal in het ziekenhuis ging ze naast het bed van haar zoon zitten en bad voor zijn leven. Ze baarde haar vierde kind in die angstige periode – weer een jongen, en haar laatste kind. Vrijwel onmiddellijk na de bevalling werd de dagelijkse wandeling hervat en ging ze weer waken bij het bed van haar zoon.

Mijn oma herinnerde zich nog levendig de dag waarop hij zijn ogen opende, haar zag en flauwtjes glimlachte. Jaren later werden haar ogen nog vochtig als ze aan dat moment dacht. Joe herstelde, maar kon maandenlang niet praten. Toen hij er eindelijk in slaagde een paar woorden uit te brengen, stotterde hij zo hevig dat zijn gezicht rood werd van de inspanning om de lettergrepen te vormen.

Het was dertig jaar voor er sprake was van een verzorgingsstaat, en werk was schaars in Belfast. Mijn opa werkte lange uren in de kleine achterkamer van zijn huis, waar hij schoenen repareerde. Met de zorg voor de kleine kinderen, een baby en twee volwassenen hadden ze nog maar heel weinig geld over om de medische kosten te betalen voor het oudste kind. Het leven was een dagelijkse strijd, en een privéleraar om Joe terug te brengen op hetzelfde niveau als hij had voor het ongeluk was een ongehoorde luxe. Geen van beide ouders had voldoende opleiding genoten om hem zelf te kunnen helpen. Een jaar later ging hij terug naar de lokale school met een achterstand in zijn schoolwerk en een opvallend spraakgebrek. Op zijn negende werd hij in dezelfde klas geplaatst die hij had verlaten – de klas voor achtjarige kinderen.

Hij was lang voor zijn leeftijd en torende boven de andere kinderen uit. Ze dachten dat hij een gemakkelijk doelwit was en maakten de fout hem te pesten – en pesten was iets wat mijn vader absoluut niet tolereerde. Hij reageerde agressief en zijn populariteit taande.

Zijn humeur veranderde en de vroeger zo vrolijke jongen verdween.

Mijn oma wist dat hij zich ongelukkig voelde op school, maar ze kon er weinig aan doen. In die periode ontstonden zijn plotselinge driftbuien. Grommend en grauwend sprong hij op zijn pestkoppen af met zijn vuisten in de aanslag, die hij met alle kracht waarover hij beschikte net zo lang op zijn kwelgeest liet neerkomen tot die op de grond lag. De andere kinderen leerden algauw dat ze hem met rust moesten laten en oppassen voor zijn vuisten.

Pas toen Joe volwassen werd, leerde hij hoe hij zich weer geliefd kon maken.

Ik dacht aan de parallellen tussen mijn jeugd en die van hem. Ik was in ander opzicht beschadigd: ik kon mijn gevoelens niet onder woorden brengen en werd beschouwd als een buitenstaander. Ik werd ook gepest op school, maar anders dan hij vocht ik nooit terug. Als kind had ik naar de wereld gekeken als door een glazen plaat. Ik had me er nooit een onderdeel van gevoeld en toen ik ouder werd, was ik bang om vriendschap te sluiten. Ik kon me niet identificeren met andere kinderen, dus waarover moest ik met ze praten?

Ook hij moest zich afgesloten van zijn leeftijdgenoten

hebben gevoeld. Hij stond aan de zijlijn te kijken hoe zijn medeleerlingen speelden en lachten, en moet zich buiten-gesloten hebben gevoeld. Terwijl ik had geprobeerd mijn klasgenoten na te bootsen, kon hij dat niet. Eenzaamheid bracht mij tot een groter isolement en depressie, hem tot woede en verbittering.

In mijn vaders hoofd was nooit iets zijn schuld, het was altijd die van een ander. Elke verkeerde daad kon worden gerechtvaardigd, elke egoïstische daad door de vingers ge-zien. Zaadjes die inactief konden zijn geweest, schoten wor-tel en groeiden uit tot iets duisters en verwrongens. Mijn vader koos een andere weg dan ik.

Even raakte ik bedroefd bij de gedachte aan mijn vader toen hij nog een jongeman was en ik van hem hield. Maar die herinneringen werden snel aan de kant geduwd door de man die hij was toen ik opgroeide – de man die me zo'n in-tense angst had ingeboezemd dat de enige manier om ermee om te gaan was me volledig in mezelf terug te trekken.

Ik dacht aan de laatste paar dagen die ik in Larne had doorgebracht en aan de laatste keer dat ik mijn vader in leven had gezien. Ik was met de shuttlebus naar Belfast ge-gaan nadat het maatschappelijk werk contact met me had opgenomen om me mee te delen dat hij in het ziekenhuis was opgenomen na een lichte beroerte, gevolgd door een longontsteking. Als ik hem nog wilde zien voor hij stierf, mocht ik geen tijd verliezen. Zonder in de verste verte te begrijpen waarom ik het deed, had ik de ochtendvlucht ge-boekt, was naar het ziekenhuis gegaan en had naar de afde-ling van mijn vader gevraagd. Bij elke stap vroeg ik me af waarom ik was gekomen. Waarom had ik dat vliegtuig van Londen naar Belfast genomen? Waarom zou ik hem willen zien?

Toen ik zijn afdeling had gevonden, ging ik door de openslaande deuren naar binnen in een zaal waar oude mannen lagen te soezen in ijzeren bedden. Ik zag mijn vader. Om hem voor te bereiden op mijn bezoek hadden ze hem een schone pyjama aangetrokken en een wollen ochtendjas, zijn haar gekamd en hem rechtop in een leunstoel naast het bed gezet. Ik kon zien dat hij nog maar korte tijd te leven had. De naderende dood had hem beroofd van zijn kracht en hem gereduceerd tot een merkwaardig slap wezen, alsof alle botten ontbraken. Zijn mond hing open; speeksel dat zich had verzameld in de hoeken, droop in natte sporen langs zijn kin. Vochtige ogen, vertroebeld door het begin van grauwe staar, gaven geen blijk van herkenning en staarden niets-ziend voor zich uit.

Elk teken van de vitale kracht die ik me zo goed herin-nerde, was verdwenen. Mijn vader, de tiran uit mijn kin-dertijd, de man die me vanaf mijn zesde verkracht had en op mijn veertiende zwanger had gemaakt, was stervende.

Weer vroeg ik me af waarom ik was gekomen. Waarom stond ik aan het voeteneinde van dit bed? Waarom kwam ik terug naar dat andere leven, met alle marteling? Terwijl ik daar stond, met een weekendkoffertje aan mijn voeten, hield ik me voor dat niemand het verdiende alleen te ster-ven. Maar de waarheid was dat de onzichtbare ketenen van onze bloedverwantschap me voor het laatst hierheen terug hadden getrokken.

Het broze oudemannenlichaam van mijn vader choqueer-de me. De verschoten strepen van zijn pyjama contrasteer-den scherp met het rode imitatieleer van de stoel; een plaid lag over zijn knieën en zijn voeten zonder sokken staken in groengeruite pantoffels. Slechts een met ouderdomsvlek-ken bedekte hand, die de punt van zijn plaid vastklemde en kneedde met zijn vingers, bewees dat hij bij bewustzijn was. Hij kreunde zachtjes, nog steeds zonder enig teken dat hij zich bewust was van mijn aanwezigheid, en ik pakte zijn andere hand. Toen ik wat aandachtiger keek om de oorzaak van zijn ongemak op te sporen, zag ik dat zich zweertjes hadden gevormd aan de binnenkant van zijn mond en dat die gevoelige plek bezaaid was met kleine witte blaasjes. Ik riep de verpleegster.

'Maak alstublieft zijn mond schoon,' zei ik terwijl ik enigszins geërgerd naar hem wees. 'Hij mag dan zijn spraak-vermogen hebben verloren, pijn kan hij nog voelen.'

Dat ik hem nu zo zag, machteloos om zichzelf te helpen, deed de woede die ik zoveel jaren tegen hem gekoesterd had, de woede waaraan ik me wilde vastklampen, ver-schrompelen en verdwijnen. Hij is een oude man, dacht ik terwijl iets dat op medelijden leek de woede verdrong.

Ik schoof de tweede stoel bij, ging naast hem zitten en be-studeerde het gezicht dat door leeftijd en ziekte vreemd uit-drukkingsloos was geworden. Het golvende haar, nu wit, was nog steeds een dikke bos op zijn schedel. Zijn gebit was uit zijn mond gehaald, waardoor de wangen invielen en de kin omlaag zakte. Met die laatste vernedering bleef er wei-nig over om me te herinneren aan de charmante, charisma-tische man die hij vroeger geweest was voor de mensen die zijn publieke gezicht zagen. En er was niets meer te beken-nen van het monster dat me zoveel jaren had gekweld.

Ik herinnerde me dat een van de verpleegsters in de hos-pice waar mijn moeder was gestorven me had verteld dat het laatste zintuig dat verdwijnt het gehoor is, maar ik had hem niets te zeggen. Voor deze vader waren er geen laatste gedachten die ik met hem wilde delen en evenmin waren er herinneringen die ik voor hem tot leven wilde wekken om mee te nemen op zijn laatste reis.

Weet hij wel dat ik er ben? vroeg ik me af terwijl de mi-nuten uren werden, die stil en traag voorbijtikten. Uit mijn tas haalde ik een boek dat diende als schild om me achter te verschuilen, een truc die ik als kind had geleerd om te ontsnappen aan de woedende stemmen van mijn ouders. Maar al deed ik nog zo mijn best het te verhinderen, beelden van mijn vader als veel jongere man zweefden voor mijn ogen. Beelden van de glimlachende knappe man van wie ik zoveel jaren geleden had gehouden, kwamen ongevraagd in me op. Ik dwong mezelf er niet naar te kijken, maar zodra de ene herinnering verbannen was, kwam de volgende: die aan de man met bloeddoorlopen ogen en een mond die beefde van woede bij elke denkbeeldige fout. Ik zag het kind Antoinette ineenkrimpen en voelde weer haar angst.

De zuster kwam naast me staan toen het begon te schemeren. 'Toni, ga naar huis om te rusten. Dit kan nog een paar dagen duren. We bellen je als er een verandering optreedt.'

Niet wetend wat voor man mijn vader geweest was, gaf ze me een medelijdend kneepje in mijn schouder.

Ik ging niet naar zijn huis met de oudemannengeur van bedompte lucht en ongewassen beddengoed, maar naar het huis van een vriendin, waar een logeerkamer voor me was gereedgemaakt. Het avondeten stond voor me klaar toen ik aankwam, maar het enige waar ik naar verlangde, was de privacy van mijn kamer. Ik wilde in het uitnodigende bed stappen en de wereld buitensluiten. Als ik alleen was, zou ik mijn geest kunnen dwingen zich te concentreren op prettige gedachten die een barricade zouden vormen tegen het verleden. Het was een manoeuvre die ik in de loop der jaren geperfectioneerd had.

Ik was zo moe door de gebeurtenissen van die dag dat ik, zodra mijn hoofd het kussen raakte, in een droomloze slaap viel. Het leek slechts minuten later dat ik met tegenzin wakker werd door het gerinkel van de telefoon. Ik wist al dat het telefoontje voor mij bestemd was en pakte vermoeid de hoorn van het toestel naast mijn bed.

'De toestand van je vader is verslechterd,' zei de hoofdzuster. 'Je kunt beter komen.'

Haastig trok ik een warm joggingpak en gymschoenen aan en ging toen mijn vrienden waarschuwen. Ze stonden al in de startblokken, hij in de auto om de motor warm te laten lopen, want ze wisten dat een telefoongesprek zo vroeg in de ochtend maar één ding kon betekenen.

We zwegen tijdens de korte rit naar het ziekenhuis. Ik wist dat er een soort afsluiting gaande was, maar die wetenschap bracht gemengde gevoelens met zich mee. Binnenkort zou de enige overgebleven mens die verantwoordelijk was voor mijn aanwezigheid op aarde sterven, en de dood van onze laatste ouder maakt ons bewust van onze eigen sterfelijkheid. Er is niemand meer die ons als een kind ziet, en dat alleen al schept een gevoel van kwetsbaarheid. En ik wist dat met hem de antwoorden zouden verdwijnen op de vragen die ik nooit had durven stellen.

Onze komst op de afdeling werd begroet door de beklemmende stilte die een paar minuten blijft hangen als de ziel is heengegaan.

Uiteindelijk was mijn vader toch alleen gestorven.

29

De korte rit van de psychiatrische afdeling naar het hoofdgebouw werd zwijgend afgelegd. Achter in de auto rilde
Antoinette meer van angst dan van de kou, en ze staarde
nietsziend uit het raam.

De ambulance stopte voor het gebouw. De deuren gingen
open, de broeder boog zich naar binnen en Antoinette voelde dat haar arm werd vastgepakt.

'We zijn er, Antoinette,' zei een van haar begeleiders.

Nog steeds zonder iets te zeggen stapte ze uit. De twee
broeders liepen ieder aan een kant van haar toen ze haar
door de massieve houten deuren het hoofdgebouw binnen-
brachten. De allesdoordringende geur van een slecht geven-
tileerd oud gebouw hing in de lucht terwijl ze door de sombere gangen met grijze vloeren liepen. De eentonigheid
ervan werd slechts verbroken door de donkere houten deuren die toegang gaven tot de beveiligde vrouwenzalen.

Er was geen teken dat enige poging was gedaan om het gebouw op te knappen sinds de transformatie van armenhuis
tot kliniek voor geesteszieken. Er was niets gedaan om het

grimmige uiterlijk wat op te vrolijken – geen planten, geen schilderijen aan de muren. Niets bracht enige afwisseling in de zich meter na meter uitstrekkende gangen; ze waren nog net zo luguber als ze geweest moesten zijn in de victoriaanse tijd, toen de armen nog in het gebouw huisden.

Alleen het zwakke geluid van de schoenen van haar begeleiders verbrak de spookachtige stilte die over het slapende gebouw hing. Antoinette hoorde het nauwelijks, ze concentreerde zich op de deuren van de vrouwenzalen, tot ze wist dat ze bij F3A waren.

Zodra de bewaker zachtjes op de deur klopte, zwaaide die open. De dienstdoende nachtzuster had duidelijk op hen gewacht, en ze had Antoinette nog niet binnengelaten of de deur werd alweer achter haar gesloten. Ze hoorde het gerammel van de sleutels en de klik toen het slot werd omgedraaid – en ze wist dat dit het geluid was dat haar scheidde van de vrijheid.

Het ging allemaal zo snel in zijn werk dat Antoinette nauwelijks voldoende tijd had om tot zich door te laten dringen wat er met haar gebeurde. Ze kreeg een vluchtige indruk van donkere muren, kleine, hoge, getraliede ramen en een betonnen vloer, voordat de nachtzuster haar een zacht tikje op haar arm gaf en wenkte dat ze haar moest volgen.

Snel leidde ze Antoinette naar de slaapzaal. Antoinette volgde haar, haar paar bezittingen tegen zich aan geklemd, en voelde haar angst toenemen. Als de zuster het merkte, liet ze dat niet blijken. Voor haar was Antoinette gewoon de zoveelste patiënt die 's nachts werd overgeplaatst en zo gauw mogelijk in bed gestopt moest worden.

'Maak geen lawaai. De andere patiënten slapen,' zei ze toen ze in een zaal kwamen waar gedimde lichten schaduwen wierpen op rijen slapende vrouwen in smalle ijzeren ledikanten.

Zonder gordijnen die om hen heen waren dichtgetrokken om een schijn van privacy en waardigheid op te houden, hadden de patiënten geen enkele illusie dat ze een eigen kamer hadden. Integendeel, de bedden stonden dicht op elkaar, slechts gescheiden door een klein metalen kastje.

De zuster bleef staan bij een bed dat bedekt was met een grijze deken. 'Dat is jouw bed,' zei ze. 'Ik zal je koffer eronder zetten; morgenochtend kun je je spullen opbergen. Haal er nu alleen je nachtgoed uit.'

Antoinette voelde dat ze kippenvel kreeg op haar armen en trok haastig haar kleren uit en haar pyjama aan. Toen ze klaar was, nam de zuster haar mee naar de wasruimte. Grote witte badkuipen stonden midden in een kamer; naast elk bad stond een kleine houten stoel. Aan één muur bevonden zich betegelde douches zonder gordijnen. Er hingen zwarte brandslangen, opgerold als sluimerende slangen. Ze had gehoord over die brandslangen, hoe ze door de broeders werden gebruikt op patiënten: na zich te hebben uitgekleed, werden de naakte vrouwen bijeengedreven in de open douches en met koud water afgespoeld. Het had een dubbel effect – het bracht de weerspannige patiënten tot bedaren en waste in een snel tempo de hele groep tegelijk.

Naast de douches bevonden zich rijen wasbakken en aan de muren ertegenover de wc's. Ze keek met stijgende afkeer naar de deuren en toen ze een hokje binnenging, werd haar angst bevestigd: ze verborgen haar nauwelijks. De deuren stopten bij haar knieën en waren van boven zo laag dat haar hoofd te zien was als ze stond, en ze konden niet goed dicht, want ze hadden geen slot. Antoinette besefte dat zelfs het intiemste deel van haar leven zou worden geobserveerd.

Pas toen ze in bed stapte, drong de realiteit van haar verblijfplaats tot haar door. Golven van angst gingen door haar heen en haar handen werden klam toen ze troostzoekend de deken vastklemde. Een gevoel van verbijsterende verlatenheid dreigde zich van haar meester te maken. Haar ouders moesten toch weten wat er met haar gebeurde. Ze konden haar toch niet hier laten blijven? Zelfs al hielden ze niet van haar, ze konden haar toch niet zo erg haten? De gedachten tolden rond in haar hoofd en maakten slapen onmogelijk.

In de schemering kon ze de vage gedaantes onderscheiden van de andere vrouwen om haar heen, kon ze hun diepe ademhaling horen en hun kinderlijke kreten terwijl ze lagen te woelen en te draaien in hun slaap. Het geluid van knarsende tanden klonk in een naburig bed, gesnurk werd afgewisseld door gemompel in een ander. Antoinette bleef met opengesperde ogen liggen, zich afvragend wat de volgende dag voor haar in petto had.

Het werd ochtend en daarmee kwam het rumoer van de arriverende dagverpleging. Antoinette stond op, pakte haar kleren en ging naar de wasruimte. Ze wilde die gebruiken voordat de andere patiënten uit bed kwamen, ze dacht dat het haar enige kans zou zijn op wat privacy. Haastig waste ze zich, trok dezelfde kleren aan als ze de vorige avond had gedragen en ging terug naar haar bed,

Wetend dat verpleegsters er een hekel aan hadden het bed op te maken van fysiek gezonde mensen, maakte ze snel haar eigen bed op en ging op de rand ervan zitten, wachtend tot ze haar zouden komen vertellen wat ze moest doen. Dat duurde niet al te lang. De hoofdzuster stuurde een jonge verpleegster om haar te halen.

'De hoofdzuster wil dat je met me meegaat,' zei ze kortaf, zonder de tijd te nemen zich voor te stellen. 'Ze wacht op je.'

De slaapzaal lag op slechts een paar meter afstand van het kantoor van de hoofdzuster. Onderweg kwamen ze door een grote ruimte waar de patiënten hun dagen doorbrachten. De ruimte was somber, met simpel houten meubilair en getraliede ramen, maar het viel Antoinette nauwelijks op. Het enige wat tot haar doordrong was het gerammel van de grote sleutelbos die aan de riem van de jonge zuster hing, en op de achtergrond het onophoudelijke gebabbel van de patiënten met de ondertoon van wanhoop. Later zou ze niet alleen de deprimerende kaalheid zien van haar omgeving, maar ook de hulpeloosheid en de pure wanhoop voelen die zich in de atmosfeer verspreidden.

Toen ze het kleine vertrek binnenkwam dat diende als kantoor voor de hoofdzuster, zag Antoinette dat de ramen aan de binnenkant een duidelijk overzicht boden van de afdeling en dat het bureau zo geplaatst was dat de hoofdzuster alle activiteiten kon waarnemen. De hoofdzuster, een kleine donkerharige vrouw, zat achter haar bureau en stond op om Antoinette te begroeten toen ze binnenkwam.

'Hallo, jij moet Antoinette zijn,' zei ze vriendelijk. 'Ga zitten alsjeblieft.'

Antoinette was verbaasd. Ze had op zijn minst een zekere strengheid verwacht en was van haar stuk gebracht door het vriendelijke, openhartige gezicht en de innemende glimlach.

De hoofdzuster wees naar het blad met een theepot en twee kopjes. 'Suiker en melk?'

Antoinette knikte omdat ze haar stem niet vertrouwde en keek toe terwijl de zuster thee inschonk. Ze mompelde 'dank u' toen het kopje haar werd overhandigd, klemde haar vingers eromheen, voelde zich getroost door de warmte. Ze wachtte ongerust tot de zuster zou beginnen. Nu zou ze haar lot te horen krijgen.

Na een korte stilte zei de hoofdzuster ernstig: 'Antoinette, wat weet je over deze afdeling?' Zonder op antwoord te wachten ging ze verder. 'Dit is geen verblijf waar mensen dezelfde behandeling krijgen als op de afdeling waar je vandaan komt. Hier worden patiënten verdoofd als ze voor problemen zorgen. We krijgen niet voldoende personeel toegewezen om daartegen opgewassen te zijn als we dat niet zouden doen. Begrijp je dat?'

Antoinette begreep het. Ze besefte dat er zojuist een waarschuwing, zorgvuldig verpakt en vriendelijk gepresenteerd, van de ander was uitgegaan. Ze zei niets.

De hoofdzuster opende een bruine map, de enige die op haar bureau lag, en Antoinette realiseerde zich dat het haar dossier was.

'Als vrouwen hier onhandelbaar worden, krijgen ze een elektroshockbehandeling.' De zuster zuchtte vermoeid. 'We proberen zo goed mogelijk voor ze te zorgen. De patiënten hier krijgen nauwelijks bezoek en hebben geen baat bij welke therapie ook. Maar in jouw geval heb ik geregeld dat je wekelijks een gesprek met een psychiater krijgt. Uit de aantekeningen is me gebleken dat je gunstig begon te reageren op de psychiater van je vorige afdeling, maar helaas behandelt zij geen patiënten in het hoofdgebouw. Ik zag ook in je dossier dat je niet meewerkte met de hoofdpsychiater die je moest beoordelen. Tja, degene die ik voor je heb geregeld is ook een man, als dat de reden was waarom je het moeilijk vond, maar ik denk dat je hem aardig zult vinden.'

Bij die laatste opmerking keek Antoinette haar onderzoekend aan. Wilde dat zeggen dat deze vrouw haar min of meer wilde helpen?

De hoofdzuster negeerde de vragende blik en ging verder. 'De enige keren dat patiënten deze afdeling verlaten, is als ze naar de eetzaal worden gebracht. Daar eten ze in een afgezonderde hoek, zodat er geen contact is met de andere afdelingen. De rest van de tijd, behalve als ze slapen, brengen ze door in de gemeenschappelijke ruimte waar je zojuist doorheen bent gelopen. Heb je de vastgeklonken stoelen gezien?'

Antoinette knikte. De hoofdzuster bedoelde de houten stoelen die waren uitgerust met een klein tafeltje dat op zijn plaats kon worden geklonken om de patiënten te beletten rond te lopen. Heel even kreeg ze de indruk dat het strakke gezicht van de hoofdzuster een zeker ongenoegen camoufleerde ten aanzien van sommige behandelingen op de afdeling.

'Sommige patiënten brengen bijna al hun tijd in die stoelen door. Je vindt het misschien verontrustend en wreed – maar we zijn niet wreed, moet je weten. Sommige vrouwen hier zijn geboren met problemen en hebben de mentale leeftijd van een kleuter, maar de kracht van een volwassene. Als ze niet in hun bewegingen beperkt werden, zouden ze elkaar en ook zichzelf kunnen verwonden. Sommigen zijn zo beschadigd dat we al lang geleden wisten dat ze nooit zouden genezen. Ze zouden nooit in staat zijn de buitenwereld het hoofd te bieden. Anderen zijn gevaarlijk. Twee vrouwen zijn hier opgesloten wegens moord. Hoe normaler ze lijken, hoe gevaarlijker ze zijn, dus moet je voor hen op je hoede zijn. Ze hebben verpleegkundigen en andere patiënten aangevallen.' Ze nam een adempauze en keek peinzend naar Antoinette. 'Weer anderen, zoals jij, zijn domweg niet in staat geweest de tragedie van hun leven te verwerken.'

Antoinette voelde aan dat het doel van dit gesprek nu onthuld zou worden. Een flikkering van hoop ging door haar heen. Deze vrouw zou toch niet zo aardig tegen haar zijn als ze dacht dat er geen hoop voor haar was? Misschien was het allemaal wat minder hopeloos dan ze gevreesd had.

De hoofdzuster zuchtte en sloeg het dossier dicht. 'Ik heb

je dossier gelezen; het is een tragisch geval. Maar we horen zoveel trieste verhalen hier, en dat van jou is er slechts een van, ook al betekent het alles voor jou. Ik geloof dat als je in staat bent te beseffen dat er mensen zijn die nog meer hebben geleden dan jij, dat het begin van je herstel kan zijn. Ik weet dat het nog te vroeg voor je is om dat te beseffen, maar ik hoop dat jij een van mijn succesverhalen zult worden.'

Antoinette knipperde verbaasd met haar ogen – niemand had dat ooit tegen haar gezegd. Maar ze bleef zwijgen.

'Maak je geen zorgen over die vastgeklonken stoelen. Die zijn voor de zwaarste gevallen, niet voor jou. Er is geen enkele reden om jou daarin op te sluiten en ik hoop dat je ons die ook nooit zult geven.' Weer voelde Antoinette de waarschuwing achter de geruststelling. 'Goed. De behandeling die voor jou is aanbevolen is een kuur van paraldehyde, in vloeibare vorm.'

De angst keerde terug. Antoinette had het effect gezien van dat zware medicijn en was er bang voor. Ze kreeg visioenen van de konvooien schuifelende patiënten met wezenloze gezichten en neergeslagen ogen, en haar handen klemden zich steviger om het kopje. Alleen extreme doses shockbehandelingen konden iemand sneller in een zombie veranderen, en zombies werden niet beter.

De hoofdzuster zag haar ongeruste blik en ging snel verder. 'Maar de psychiatrische afdeling kan slechts een behandeling aanbevelen voor deze afdeling van het ziekenhuis. Ik heb erop gestaan dat je eerst onder observatie wordt geplaatst en beoordeeld wordt door een van onze psychiaters.' Ze glimlachte. 'Je diagnose luidt acute paranoia. De hoofdzuster van je vorige afdeling heeft in haar rapport verklaard dat je een patiënt hebt aangevallen die jou op geen enkele manier provoceerde. Volgens haar ben je gevaarlijk. Goed, dat is haar mening. Ik moet mijn eigen mening vormen.'

Antoinette begon zich te ontspannen. Ze voelde zich op haar gemak bij deze vrouw, ook al had ze geleerd nooit iemand in een gezagspositie te vertrouwen. Ondanks haar verkapte waarschuwingen leek ze aan haar kant te staan. Het feit dat ze niet wilde beginnen met de doses paraldehyde die de hoofdzuster van de psychiatrische afdeling had voorgeschreven, leek Antoinette een kans te bieden.

'Het is noodzakelijk dat je meewerkt met mijn team en met de psychiater die ik voor je heb geregeld,' zei de hoofdzuster ten slotte als beëindiging van het gesprek. Ze stond op, zei tegen Antoinette dat ze haar moest volgen en ging haar voor naar de grote zaal.

Terwijl ze erheen liepen, wenste Antoinette dat ze iets had kunnen zeggen om enige uitleg te geven over zichzelf en de hoofdzuster te verzekeren dat ze geen verdovend middel nodig had om kalm te blijven, maar haar stem had het laten afweten. Het was hetzelfde geweest met de psychiaters op de andere afdeling. Ze had hun zo graag meer willen vertellen, maar het was zo'n warboel in haar hoofd. Daarbinnen zaten onderdrukte herinneringen die ze niet onder ogen durfde te zien, en gedachten en gevoelens die te verschrikkelijk waren om onder woorden te brengen. Er waren dagen waarop ze domweg de woorden niet kon uiten die ze nodig had om zelfs de simpelste gedachte over te brengen, laat staan het trauma van haar verleden.

30

Antoinette stond in de kamer, omringd door vrouwen die geen belangstelling toonden voor de komst van een nieuwe patiënt, en probeerde haar omgeving in zich op te nemen. De muren waren dofgroen geschilderd, en de ramen, waarvan ze de zwartgeschilderde tralies vanuit het park beneden had gezien, zaten ver boven hoofdhoogte. In een hoek stonden twee gemakkelijke stoelen met kussens – die waren voor de dienstdoende verpleegsters. De rest van de onbezette stoelen waren van donker, hard hout, zonder enig comfort.

De zaal was gevuld met vrouwen, patiënten uit wie elk spoor van individualiteit was weggezogen – ze waren gekleed in het ziekenhuisuniform van vormeloze, verschoten paisley jurken en grijze vesten, en op hun gezichten droegen ze de wezenloze uitdrukking van een gedrogeerde. Sommigen mompelden in zichzelf terwijl anderen slechts zwijgend naar de kale muren staarden. Antoinette sperde geschokt haar ogen open toen ze zag dat bijna alle vrouwen vastgeklonken waren in een stoel. Het was de eerste keer dat ze zo'n stoel in gebruik had gezien en het maakte haar misselijk.

Op het eerste gezicht leken ze op elke willekeurige houten stoel met armleuningen en een plankje dat dienstdeed als tafeltje. Maar als die planken op hun plaats waren bevestigd, zat de persoon in de stoel als een rat in de val en kon ze alleen haar armen bewegen.

Maar dit zijn mensen, dacht ze ontzet toen ze zag hoeveel vrouwen in hun stoel gevangenzaten en niet konden opstaan of rondlopen. Mensen die ziek zijn. Het kan nooit goed zijn ze zo te behandelen.

Sommige patiënten zaten rustig in hun stoel, anderen schommelden zo heftig heen en weer dat ze in de beweging hun stoel naar achteren en naar voren schoven. Sommigen, die niet vastzaten, hurkten tegen muren, met hun handen voor hun ogen, verloren in een angst die Antoinette herkende zonder te begrijpen waarom.

Het geluid van hout dat bonkte tegen muren of stuiterde op de grond, gecombineerd met het aanhoudende gebrabbel van zinloze woorden, kreunen en gillen, was zo vol van hopeloze ellende dat Antoinette ervoor terugdeinsde.

Ze herpakte zich voordat de afschuw haar te veel werd. Ze wilde niet dat de zusters haar gevoelens op haar gezicht weerspiegeld zouden zien. Ze wilde zo onopvallend mogelijk zijn. Ze haalde een boek uit haar tas, boog haar hoofd en probeerde de indruk te wekken dat ze er volkomen in verdiept was. Ze merkte dat ze een hele pagina had gelezen zonder zich één woord ervan te kunnen herinneren en keek weer om zich heen in de zaal.

Haar blik werd getrokken door een meisje dat niet ouder kon zijn dan dertien. Gevangen in een van de stoelen leunde ze slap over de houten armleuning; haar steile haar hing rond een gezicht dat gespeend was van elk gevoel. Haar tong stak naar voren uit een slap openhangende mond terwijl haar glazige ogen nietsziend naar de grond staarden.

Op dat moment liep een van de verpleegsters naar haar toe en zei opgewekt: 'Tijd voor je wandeling, Mary.'

Waar zouden ze haar naartoe brengen, vroeg Antoinette zich af. Ze zag hoe de zuster de stoel opende, haar armen onder de schouders van het meisje bracht en haar rechtop liet staan. Mary liep de zaal door, haar ogen nog steeds op de grond gericht, met benen die in een spastisch ritme bewogen. Ze wankelde verder tot ze tegen de muur aan de andere kant botste, maar dat ontmoedigde haar niet. Ze bleef doorlopen, zonder ergens heen te gaan, haar lichaam sloeg voortdurend tegen het pleisterwerk, tot een andere zuster uit haar stoel overeind kwam, haar omdraaide en haar naar de andere kant keerde. Mary's wandeling bestond eruit dat ze twintig minuten lang heen en weer door de zaal liep. Wanneer de zusters er genoeg van kregen haar om te draaien, zetten ze haar terug in haar stoel. Daar hing ze weer over de armleuning en staarde naar de grond.

Mary was nog zo jong – wat was er met haar gebeurd? Waarom zat een meisje dat nauwelijks kind af was in een inrichting als deze? Later hoorde Antoinette dat het kind het slachtoffer was van meningitis. Ze was ooit een intelligent kind, maar had het virus opgelopen toen ze elf was. Er was bijna geen behandeling voor en bijna iedereen die ermee besmet raakte, stierf. Mary overleefde het, maar met een permanente, ongeneeslijke hersenbeschadiging. Toen haar ouders beseften hoeveel toewijding er nodig was om voor een gehandicapte dochter te zorgen, hadden ze de formulieren getekend om haar te laten opnemen in het ziekenhuis. Ze verbleef er inmiddels al twee jaar en zonder individuele aandacht of zelfs maar iemand die haar kwam opzoeken, was ze zo erg achteruitgegaan dat ze hier nooit meer uit zou komen. Nu was ze niet meer in staat nog iemand te herkennen.

Antoinette voelde een overweldigend medelijden toen ze die magere gestalte zag, gevangen in een stoel; een vergeten meisje dat eens had gehold en gespeeld en dat nooit meer zou doen.

Een stem onderbrak haar gedachtegang. Het was een vrouw die vroeg: 'Vind je mijn baby niet lief?'

Ze keek op en zag een kleine vrouw met het gezicht van een vijftigjarige en de onschuldige glimlach van een kind. In haar armen wiegde ze een pop die ze ophield om door Antoinette te laten bewonderen. 'Vind je mijn baby niet lief?' vroeg ze weer, haar indringend aankijkend.

'Ja, ze is heel lief en mooi. Hoe heet ze?' Ze glimlachte terug. Ze kon niet anders dan reageren op het kinderlijke vrouwtje en de grote blauwe ogen die haar zo hoopvol aankeken.

Het vrouwtje keek haar stralend aan en draafde toen weg om hetzelfde aan iemand anders te vragen.

'Ze heeft lange tijd geleden haar baby verloren,' mompelde een van de zusters. 'Ze heet Doris. Ze geeft geen problemen. Ze zegt nooit iets anders dan dat. Honderd keer op een dag of vaker.'

'Wat is er met haar gebeurd?' vroeg Antoinette bedeesd. Ze wist niet of het wel behoorlijk was naar andere patiënten te informeren en of de zusters wel mochten vertellen wat ze wisten. Deze leek zich er in ieder geval niets van aan te trekken. Ze scheen blij te zijn dat er iemand was met wie ze een redelijk gesprek kon voeren.

'Och, ik geloof niet dat Doris ooit zo'n helder licht is geweest,' zei ze schouderophalend. 'In ieder geval raakte ze ongetrouwd zwanger. Dus plaatsten ze haar in een tehuis voor ongehuwde moeders en namen haar zoontje van haar af toen hij zes weken oud was. Ze raakte daarna erg in de put – je weet wel, een depressie – en ten slotte sloot ze zich zo van alles en iedereen af, dat haar familie de kans aangreep, de papieren tekende en haar liet opnemen.'

'Is ze altijd zo geweest?'

'In het begin niet. Maar ze heeft een elektroshockbehandeling gehad en ze slikt kalmerende middelen. Ze is hier nu al tien jaar en ze zal nooit weggaan.' De zuster keek behoedzaam naar Antoinette. 'Maar ze is niet ongelukkig, dat kun je zien. En ze heeft wat ze wilde. Haar baby is nu altijd bij haar, toch?'

Antoinette probeerde haar geschoktheid te verbergen. Ze had veel patiënten in het ziekenhuis gezien die weinig mankeerden, maar dit was de eerste keer dat ze in zo nauw contact kwam met mensen die verwoest waren door gebrek aan een goede behandeling en door verwaarlozing.

Ze beloofde zichzelf dat deze afdeling niet haar ondergang zou betekenen.

31

Antoinette keek naar het kleine stapeltje kleren dat op het voeteneinde van haar bed was gelegd: een bedrukte jurk van verschoten donkerbruin katoen, een vormeloos lichtbruin vest, een wijde kniebroek met bretels en een onderhemd. Daarnaast lagen dikke sokken van donkerbruin glansgaren, een flanellen nachthemd en een paar afgedragen zwarte veterschoenen.

'Je kleren,' zei de zuster.

'Maar ik heb mijn eigen kleren.' Ze walgde bij de gedachte aan het ziekenhuisuniform dat al zoveel lichamen had bedekt. De onmiskenbare geur van goedkope zeep vermengd met de muffe geur van de ongeluchte wasruimte waar de rekken met nat wasgoed stonden, boezemde haar afkeer in. En op de een of andere manier wist ze dat als ze afstand deed van haar eigen kleren, ze afstand zou doen van haar eigen identiteit. Ze zou zich aansluiten bij de wereld van wezenloos kijkende vrouwen die hun dagen doorbrachten met heen en weer schommelen in hun stoelen terwijl ze toonloos neurieden op de muziek die in hun hoofd speelde, of een van degenen worden die slechts de geesten uit hun verleden hoorden. Sommigen van hen praatten tegen hun geesten in een taal die alleen zij kenden, en soms wekten die geesten hun woede op, zodat er werd geschreeuwd en gevloekt en de borden met eten door de lucht vlogen.

Het uniform zou betekenen dat ze een van hen was. Het zou haar dehumaniseren en veranderen in het zoveelste gezicht in een massa vrouwen die beroofd waren van hun individualiteit, en in de ogen van degenen die voor hen zorgden niet veel meer waren dan dieren. Zo was het voor de zusters die de vrouwen hun kleren uittrokken en ze naakt in gemeenschappelijke douches dreven, waar ze, zonder een rudiment van waardigheid, met brandslangen werden afgespoeld. De verpleegsters zagen de vrouwen die aan hun zorg waren toevertrouwd niet als mensen die eens verlangens en hoop hadden gehad. Er was geen spoor van medeleven in hun gezicht te zien als ze de medicijnen ronddeelden die leven en gedachten en dromen uitwisten, of ernaast stonden als er een shockbehandeling werd gegeven.

Antoinette dacht aan de dertienjarige Mary, zielig wankelend van muur tot muur. Het enige moment waarop ze ooit werd opgemerkt, was als de zusters met moeite overeind kwamen uit hun stoel en haar omdraaiden. Maar als ze de kleren droeg van een normaal meisje, met keurig gevlochten haren en een gewassen gezicht, niet versuft door de vele medicijnen, zou de professie die zo prat ging op hun liefde en mededogen haar dan ook behandeld hebben als een lappenpop? Of zouden ze een verstoten kind zien?

Antoinette wist wat het uniform betekende. Het was de eerste stap naar een leven in deze inrichting. Het was de eerste erkenning van een nederlaag.

'Ik heb mijn eigen kleren,' hield ze vol, wakker wordend uit haar gepeins.

243

'Dat weet ik, maar wie moet ze wassen? Daarom hebben we ziekenhuiskleding – zodat je elke week schone kleren hebt.'

Ze weigerde nog steeds het stapeltje kleren aan te raken.

'Antoinette,' zei de zuster geduldig, 'Mensen op de afdeling waar jij vandaan komt krijgen bezoek, maar dat krijgt niemand hier. Dus wat doet het ertoe wat je draagt? En hier heb je iemand die je kleren meeneemt en ze schoon en netjes opgevouwen terugbrengt, dus ik zie echt niet in wat er te klagen valt.'

'Ik was ze zelf wel.' Met die woorden draaide ze zich om. Ze wist dat ze het niet eeuwig vol zou kunnen houden, maar ze was er nog niet klaar voor een van de verloren zielen te worden die in dit vreemde andere land leefden, van de buitenwereld gescheiden door muren van vooroordeel en onverschilligheid.

32

De hoofdzuster regelde het dat ze boeken kreeg om te lezen.

Antoinette merkte dat haar concentratievermogen begon terug te keren en was blij dat ze weer kon lezen. Ze herlas de lievelingsboeken uit haar jeugd, om te beginnen de thrillers van Agatha Christie. Ze had er niet een meer gelezen sinds haar dertiende en putte nu troost uit de vertrouwde lectuur.

Tijdens de lange dagen in de grote zaal maakte ze het zich zo comfortabel mogelijk op een van de harde houten stoelen en verdiepte zich in haar boek.

Twee vrouwen, van wie de een niet ouder dan twintig was en de ander vijf of zes jaar ouder, waren altijd bij elkaar. Antoinette wist dat ze veroordeeld waren wegens moord. Ze merkte dat zij, in tegenstelling tot de andere patiënten, een gesprek konden voeren, en als Antoinette moe was van het lezen verlangde ze wanhopig naar gezelschap. Afgezien van de verpleegsters en de psychiater die ze eens per week zag, had ze met niemand contact. Maar tot dusver had geen van beide vrouwen haar benaderd; ze schenen geen ander gezelschap te wensen, ze kropen bijeen en negeerden de andere patiënten. Antoinette vroeg zich af wat ze kon doen om hun aandacht te trekken en ervoor te zorgen dat ze met haar wilden omgaan.

Er was geen entertainment in de zaal behalve een oude televisie waarover alleen de verpleegsters zeggenschap hadden. Antoinette had twee pakjes kaarten meegenomen en op een dag, toen ze meer dan ooit naar gezelschap verlangde, besloot ze die te gebruiken om de twee vrouwen te verleiden met haar te spelen. Ze ging tot actie over door een stoel naast hen te schuiven en de kaarten te schudden voor een potje patience.

Uit haar ooghoek zag ze dat ze hun aandacht had en het duurde niet lang of de oudste van de twee kwam naar haar toe. 'Wat doe je?'

'Patience. Kun je kaarten?' vroeg ze behoedzaam.

'Nee. Ik zou niet weten hoe,' was het botte antwoord.

'Ik zou het jou en je vriendin kunnen leren – als jullie willen,' bood ze voorzichtig aan, hopend dat de andere vrouw zou toehappen.

De vrouw dacht even na en zei toen: 'Goed. We doen mee.'

Vanaf dat moment vormden Antoinette en de twee vrouwen elke avond een trio. Na het avondeten kwamen de kaarten tevoorschijn en Antoinette leerde hun de spelletjes die zij van haar Engelse oma had geleerd. Ze vroeg zich af waar haar oma dacht dat Antoinette tegenwoordig woonde. Wat had Ruth haar verteld over het leven van haar dochter? Ongetwijfeld dat Antoinette haar erg veel last bezorgde, maar dat ze daar dapper mee omging, dacht Antoinette cynisch. Maar het deed pijn om aan haar familie te denken en ze zette die gedachte snel van zich af.

Routine was belangrijk voor Antoinette en geleidelijk besefte ze dat haar leven in het hoofdgebouw een comfortabel ritme kreeg. Ze was niet gelukkig, maar de nevel van haar diepe depressie was opgetrokken en had plaatsgemaakt voor een onbewogenheid die maakte dat ze met heel weinig tevreden was.

Ze merkte dat de zusters bijna moederlijk tegen haar waren en zich verheugden over de geleidelijke terugkeer naar normaliteit. Ze leek een zeldzaamheid te zijn. Op deze afdelingen werd niet van mensen verwacht dat ze vooruitgingen en dat gebeurde ook nauwelijks. De verpleegsters waren meer bewaaksters dan verzorgsters, en een patiënte die op weg was naar herstel gaf hun het gevoel dat ze iets bereikt hadden. Antoinette was zich daarvan bewust en deed nog meer haar best het hun naar de zin te maken, want uiteindelijk was ze nog maar een tiener die hunkerde naar goedkeuring. Onwillekeurig geloofde ze dat alle zusters ervan overtuigd waren geraakt dat ze hier niet hoorde en dat ze het als een uitdaging beschouwden haar te helpen genezen. Ze besefte dat ze anders werd behandeld.

Hoewel ze vriendelijk tegen haar waren, dacht ze soms dat het verpleegstersteam probeerde haar zover te krijgen dat ze zou zeggen dat ze weg wilde, door vragen te stellen als 'Zou je Engeland willen bezoeken?' of 'Ga je je oma opzoeken als je daar bent?' Ze wist dat ze probeerden haar te laten erkennen dat er een toekomst voor haar was buiten dit ziekenhuis, maar ze was nog niet klaar om die mogelijkheid in overweging te nemen. Ze had de toekomst uit haar hoofd gebannen; ze had het nog te druk met het verwerken van haar verleden en het omgaan met het heden. Dus gaf ze nooit antwoord op hun vragen, maar glimlachte slechts.

Na haar weigering om het ziekenhuisuniform aan te trekken, werd er niet meer gesproken over enige verplichting om zich aan te passen. Ze waste zelf haar kleren en een paar keer per week werd ze meegenomen naar de wasruimte, waar ze mocht strijken. Ze was bang geweest dat het dragen van haar eigen kleren haar zou onderscheiden van de anderen, alsof ze zich boven hen wilde plaatsen, maar het scheen niemand op te vallen. Zelfs haar kaartspelende vriendinnen van wie ze half en half protest had verwacht tegen een privilege dat zij niet bezaten, schenen zich er niets van aan te trekken. Ze hadden het verlangen verloren hun eigen kleren te dragen. Waarom zou je zoveel tijd besteden aan het wassen en strijken ervan, zeiden ze, als anderen voor onze uniformen zorgen? De oudste wees erop dat er geen mannen waren op wie ze indruk wilden maken, dus wie zag hen überhaupt ooit?

Antoinette vertelde hun niet dat ze het deed om zichzelf eraan te herinneren wie ze was.

Hoewel ze nog steeds geobserveerd moest worden en er dagelijkse rapportages over haar moesten worden uitgebracht, gaven de verpleegsters niet de indruk dat ze geloofden in het rapport van de hoofdzuster van de psychiatrische afdeling, waarin stond dat ze een gevaar vormde voor de andere patiënten. Maar op een zware afdeling als deze was voorzichtigheid altijd geboden en ze mocht de zaal niet verlaten zonder begeleiding.

De twee vriendinnen met wie Antoinette kaartte leken niet op moordenaressen, maar Antoinette was gewaarschuwd om op haar hoede te blijven. Het was de oudste, Elaine, die echt gevaarlijk was, zeiden de zusters, en na in haar kille ogen te hebben gekeken, geloofde Antoinette het.

Elaine, zo werd Antoinette verteld, had een dubbele moord gepleegd. Ze had twee leden van haar familie in koelen bloede vermoord. Ze had er nooit een verklaring voor gegeven – behalve dat ze haar hadden geërgerd – en had ook nooit berouw getoond. Antoinette geloofde dat de ergernis die ze had gevoeld de verklaring was. Voor Antoinette op F3A kwam, had Elaine op een stoel gestaan, haar vuist tussen de tralies door geduwd en een raam ingeslagen. Ze had een glasscherf opgepakt en lachend tegen de keel van een verpleegster gehouden. Het alarm ging af, mannelijke verpleegkundigen kwamen binnen en ten slotte werd ze overgehaald haar wapen af te staan en de zuster met rust te laten. Ze had kalmerende middelen gekregen, gevolgd door een elektroshockbehandeling, maar iets in haar houding wees nog op een latente agressie.

De jongste van de twee, Jenny, met haar dikke bos donkerrode krullen en blauwe ogen, leek Antoinette meer triest dan gewelddadig. Jenny leek geïntimideerd door Elaine, die elke beweging van haar nauwgezet gadesloeg, maar tot de komst van Antoinette waren ze de enige twee vrouwen op de afdeling die met elkaar konden communiceren en dat had ervoor gezorgd dat ze zich aan elkaar vastklampten.

Antoinette wist dat niet het verlangen naar haar gezelschap maar hun lol in het kaartspel de reden was waarom ze haar opzochten, en ze moest bekennen dat het van haar kant alleen maar verveling was. Een week nadat ze begonnen waren met spelen, kreeg het drietal een onverwachte bonus. Nachtzusters vervelen zich ook, en nu amuseerden vijf vrouwen zich 's avonds met de kaartspelen die Antoinette hun leerde, en in ruil daarvoor vroeg ze om potten thee en toestemming om langer op te blijven. De vrouwen speelden om papieren fiches en Antoinette, die beter speelde dan de anderen, was zo verstandig om Elaine minstens één keer per avond te laten winnen.

Toen Antoinette op een dag na haar gesprek met de psychiater de zaal binnenkwam, zag ze Jenny met een treurig gezicht alleen zitten. Tijdens de avonden van hun kaart-spelletjes had de jongste van de twee haar nieuwsgierigheid gewekt. In tegenstelling tot Elaine toonde Jenny geen enkele onderdrukte neiging tot gewelddadigheid. Antoinette had Elaine zien beven van woede en één keer had ze zo'n driftbui gekregen dat twee zusters haar met moeite in bedwang konden houden. Maar Jenny leek ongevaarlijk.

Antoinette liep de zaal door om naast haar te gaan zitten. 'Waar is Elaine?' vroeg ze. Het gebeurde zelden dat Jenny alleen was; de oudere vrouw leek een permanent aanhangsel.

'Ze kreeg erge maagpijn en ze hebben haar in een zijkamer gelegd om te rusten. De dokter komt straks bij haar.'

'Het spijt me dat te moeten horen. Ik hoop dat ze beter wordt.'

Jenny haalde onverschillig haar schouders op en bleef triest voor zich uit staren. Antoinette bleef rustig zitten wachten tot ze iets zou zeggen, en na een paar minuten merkte Jenny op: 'Weet je, ik kom hier nooit meer vandaan.'

Antoinette wist niet wat ze moest zeggen. Ze stond zichzelf niet toe aan meer dan aan één dag tegelijk te denken en stond geen moment stil bij de mogelijkheid van een vrijlating. Haar enige ambitie voor de toekomst was dat ze hoopte teruggeplaatst te worden naar de psychiatrische afdeling. Bovendien hoorde ze niet alleen de klank van een troosteloze berusting in Jenny's stem, maar ze had ook van de zusters gehoord dat Jenny hier vrijwel zeker levenslang zou blijven. Ten slotte raapte ze al haar moed bijeen en vroeg bedeesd: 'Maar wat heb je dan gedaan?'

'Ik heb een baby vermoord,' was het schaamteloze antwoord.

Antoinette kromp even ineen en toen Jenny dat zag, verborg ze haar hoofd in haar handen.

'Het was niet mijn bedoeling. Het was een ongeluk. Maar

niemand geloofde me. Ik was pas vijftien. Mijn moeder werkte voor die mensen en mijn vader ook. Hij was de tuinier en mijn moeder de huishoudster en ze hadden een huisje gekregen als deel van hun salaris. Het was er vochtig en de eigenaars deden er nooit iets aan, ook al hadden ze hopen geld. Ze waren een verwaand stel – ze gingen altijd uit en vroegen mij dan op de baby te passen. Ze lieten me een avond met haar alleen toen er, denk ik, tandjes doorkwamen, en ze wilde maar niet stil zijn. Je weet hoe baby's zijn als ze eenmaal op dreef zijn – ze kunnen urenlang liggen krijsen. Nou, uiteindelijk werd ik zo kwaad dat ik haar oppakte en door elkaar rammelde, en ik rammelde te hard. Haar nek brak. Het was afschuwelijk en hoewel ik zei dat het een ongeluk was en dat ik het niet zo bedoeld had, ontstond er een hevig tumult, en haalden ze de politie erbij. Mijn moeder huilde en gilde, mijn vader sloeg me. Ze zeiden allemaal dat ik een moordenaar was en brachten me hiernaartoe. En ze zetten mijn vader en moeder en mijn broers en zussen alsnog het huis uit. Sindsdien heb ik ze niet meer gezien. Ik weet niet eens waar ze nu zijn.'

'Hoe lang ben je hier al?'

'Vier jaar, en ik mis mijn familie elke dag. 'Weet je, ik ben niet zoals Elaine.'

Antoinette wist dat het waar was. Ze zag de dubbele tragedie: een leven dat werd uitgedoofd en een leven dat werd verspild. Medelijden kwam in haar op. Maar toen zag ze een kleine baby voor zich die zo hard door elkaar werd geschud dat het tere nekje brak, en ze vond het onmogelijk om Jenny te troosten. In plaats daarvan zei ze: 'Zullen we een spelletje kaarten?'

Antoinette schudde en deelde, maar ze was er met haar hart niet bij. Jenny was net zo oud als zij en verdiende toch zeker een tweede kans. Maar de kans dat ze ooit uit het ziekenhuis zou komen, was uiterst klein. Het beste waarop ze kon hopen was overplaatsing naar een van de open afdelingen, en dat zou alleen gebeuren als de gezaghebbenden ervan overtuigd waren dat ze dusdanig geïnstitutionaliseerd was dat ze niet zou proberen te ontsnappen.

Antoinette begon zich te realiseren dat gebrek aan herstel betekende dat ze een permanente bewoonster zou worden van deze vreemde wereld binnen het ziekenhuis.

Zelfs op de psychiatrische afdeling had ze mensen gezien die waren gekomen om een oplossing te zoeken voor hun problemen, maar tot de ontdekking kwamen dat de 'oplossing' hen veroordeelde tot een levenslang verblijf in dit ziekenhuis.

Ze dacht aan twee mensen: een slank, knap meisje van tegen de twintig en een jongeman die niet veel ouder was, die in het ziekenhuis waren opgenomen met hetzelfde probleem – alcoholverslaving. Ze hadden elkaar niet gekend, maar kwamen allebei uit streng methodistische families, die hun ziekte als een zonde beschouwden. Ze hadden elkaar op de afdeling ontmoet en voelden zich tot elkaar aangetrokken door een gemeenschappelijk doel – de wens hun verslaving te overwinnen.

Antoinette had hen in de lounge gezien, met hun hoofden dicht bij elkaar terwijl ze rustig zaten te praten. Ze hadden geen ander gezelschap nodig dan elkaar. Andere keren had ze hen in het park zien lopen; hun handen raakten elkaar bijna aan, maar niet helemaal. Patiënten op de psychiatrische afdeling mochten vrij met elkaar omgaan en het was iedereen duidelijk dat deze twee verliefd waren geworden.

Aangemoedigd door het geloof dat hun diepe gevoelens voor elkaar hen hadden genezen, tekenden ze zelf voor hun vertrek, tegen het advies van de artsen in. Ze gingen samen een nieuw leven tegemoet, vertelden ze iedereen, en met de goede wensen voor hun toekomst die ze van iedereen kregen, vertrokken ze.

Twee maanden later waren ze terug, met een gele teint, ouder geworden ogen en verloren hoop. Hun nieuwe leven had hen regelrecht naar de pub gebracht. Eén drankje om onze vrijlating te vieren, zeiden ze tegen elkaar. Nog één omdat we genezen zijn, en toen nog een en nog een, tot ze vergaten dat ze genezen waren en wat ze vierden.

Deze keer kregen ze een behandeling die erop gericht was hen te redden. In de eenentwintigste eeuw zou het zijn aangemerkt als marteling. Ze werden drie dagen en drie nachten opgesloten in gescheiden zijkamers. Voedzaam eten werd hun onthouden. In plaats daarvan kregen ze whiskey. Als ze die zwakjes opzijschoven, werd het bij hun mond gehouden en door hun keel naar binnen gegoten. Als ze met een hevige dorst wakker werden, kregen ze in plaats van het verfrissende water waar ze nu naar hunkerden nog meer whiskey. Pillen werden ingenomen met de vloeistof die nu hun grootste vijand was geworden, pillen die hen zo misselijk maakten dat hun lichaam schokte van de inspanning om de opgedrongen drank uit te spugen. Hun lichaam bleef schokken als de whiskey met brandend maagzuur omhoogkwam in hun keel en uit hun mond in hete golven op de grond terechtkwam, waar het braaksel bleef liggen gedurende de drie dagen van hun 'behandeling'.

De zuster die Antoinette vertelde wat ze had gezien, beschreef hoe de kamers stonken naar braaksel. Omdat de patiënten te zwak werden om over hun bed heen te leunen, vormde het plassen in hun beddengoed, kleefde in brokken in hun haar en vervulde alles met de stank.

Toen het voorbij was, hielden ze niet meer van whiskey, en hun gevoel van waardigheid en zelfrespect was verwoest.

Weer werd het stel ontslagen, maar deze keer dronken ze wodka. Ze hadden weliswaar de whiskey kunnen vervangen, maar niets kon ooit hun gevoel van eigenwaarde teruggeven. Alcohol verdoofde het verdriet om dit verlies tot ze weer terugkwamen in het ziekenhuis, waar ze weer op dezelfde manier werden 'genezen'.

Uiteindelijk gaven ze hun strijd op om in de buitenwereld te leven. Ze verbleven nu in gescheiden afdelingen voor permanente patiënten. Het had niet noodzakelijk geleken ze op gesloten afdelingen onder te brengen. Ze konden nergens meer naartoe. Antoinette had hen zien ronddwalen in het park, maar nooit samen. Ze waren nu twee eenzame verloren zielen die door hun ziekte bijeen waren gebracht, maar door hun behandeling uiteen waren gedreven.

Ooit had ze zich afgevraagd wat er met hen zou gebeuren, en nu besefte ze dat er nooit iets zou gebeuren. Dit was waar hun leven was geëindigd.

Dan was er nog de aantrekkelijke roodharige vrouw die ze tijdens haar eerste verblijf had leren kennen. Ze had op een stoel gezeten die buiten haar zaal was geplaatst, waar ze zich warmde in de zon. Antoinette herinnerde zich haar toen ze een vrouw was die geliefd was bij haar man en haar twee kinderen. Ze had gezien hoe haar gezin haar kwam opzoeken en de verwarring gezien op het gezicht van de twee kleintjes, die nog te jong waren om te begrijpen dat hun moeder ziek was en alleen maar wilden dat ze met hen terugging naar huis. Maar ze wilden de moeder die ze hadden gekend, niet degene die met zo'n ernstige postnatale depressie kampte dat ze het contact met hen kwijt was.

Antoinette had gehoord dat de man was hertrouwd en dat de twee kinderen haar niet langer bezochten. Nu zat de vrouw in een houten stoel, bijna dubbelgebogen, haar schoonheid verdwenen door de kalmerende middelen die haar tandvlees hadden aangetast en haar eens zo glanzende haar dof en dun hadden gemaakt.

Zou ze zich in haar schemerwereld, die ze lang geleden betreden had, nog herinneren wie ze eens geweest was? vroeg Antoinette zich af. Ze hoopte van niet.

Nee, dacht ze. Als we eenmaal hier zijn, geloven we niet dat we ooit zullen terugkeren naar de buitenwereld. Toen klonken de woorden van de hoofdzuster door haar hoofd. 'We horen hier zoveel droeve verhalen... maar ik hoop dat jij een van mijn succesverhalen zult worden.'

Ze keek omhoog naar het raam waardoor slechts een stukje lucht te zien was. De buitenwereld was achteruitgeweken en irreëel geworden.

Per slot van rekening waren alle droeve verhalen daar ontstaan.

33

Het ontbijt werd gebruikt op de afdeling, de lunch en de avondmaaltijd in de reusachtige kantine waar borden met onappetijtelijk eten werden opgediend. Antoinette haatte die begeleide wandelingen naar de eetzaal. Als ze daar waren, werden zij en de vrouwen van de langdurige afdeling gescheiden van de andere patiënten. Deel uitmaken van de groep die in een andere hoek van de eetzaal at, bestempelde haar als een van de patiënten die tot de zwaarste gevallen werden gerekend, en ze werd twee keer per dag gedwongen de reactie van de anderen te zien op de patiënten van haar afdeling.

Ze wist dat ze als enige die geen uniform droeg de aandacht trok als ze door de gangen liep, maar met opgeheven hoofd negeerde ze alles en iedereen. Haar voetstappen klonken luid te midden van het geschuifel van de anderen als ze vooraan liep naast een van de verpleegsters. Patiënten van andere afdelingen zullen wel denken dat ik erg gevaarlijk ben, dacht ze enigszins geamuseerd.

Toen de hoofdzuster haar bij zich riep, vroeg ze zich af of

haar zou worden gezegd dat ze zich moest aanpassen en een uniform moest dragen zoals alle anderen, maar het scheen dat de hoofdzuster haar verzet had aangezien voor wat het was: een weerzin tegen het stempel dat haar was gegeven.

'Antoinette, ik denk dat het goed voor je zou zijn om te werken zolang je hier bent,' zei ze zonder enige inleiding toen Antoinette haar kantoor binnenkwam. 'Omdat je op een gesloten afdeling zit, waren er niet veel baantjes voor je waaruit we konden kiezen. Maar een van de afdelingen heeft een personeelstekort. Wil je dat ik je daar overdag naartoe stuur?' Voor Antoinette iets kon vragen, voegde de hoofdzuster er iets aan toe waarvan ze wist dat het onweerstaanbaar was: 'Als je daar bent, zit je in de eetzaal bij de zusters. Wat denk je?'

Antoinette was zo verrukt van het idee dat ze iets te doen zou hebben en zou kunnen ontsnappen aan de afscheiding in de kantine, dat ze niet vroeg naar welke afdeling ze gestuurd zou worden, en de hoofdzuster hield die informatie wijselijk voor zich. Ze kon er alleen maar aan denken dat ze niet meer die verafschuwde wandelingen naar de eetzaal zou hoeven maken en de theepauze zou kunnen doorbrengen met de staf. Dat betekende drinkbare thee, die niet urenlang had staan trekken, biscuitjes en nieuw gezelschap.

'Ja,' antwoordde ze prompt. 'Ik doe het.'

'Mooi.' De hoofdzuster glimlachte. 'Je kunt morgen beginnen.'

Die avond ging Antoinette naar bed, zich afvragend wat voor werk ze zou krijgen. Haar was alleen verteld dat ze de zusters zou helpen met bedden opmaken en de schoonmaak.

Zo erg kan het niet zijn, dacht ze. Dit is toch de ergste afdeling van het ziekenhuis? Dus erger dan dit kan het niet zijn.

De volgende ochtend ontdekte ze wat ze op zich had genomen.

Ze was nauwelijks klaar met haar ontbijt toen een verpleegster haar kwam halen met een kort: 'Volg mij, alsjeblieft.'

Gehoorzaam liep ze achter de zuster aan, die haar naar een deel van het ziekenhuis leidde waar ze nog nooit was geweest. Het was er stil op dit vroege uur van de ochtend; pas als het ontbijt voorbij was en afgeruimd, zou het leger vrouwelijke patiënten komen voor het schoonmaken van de gangen.

Ze hielden stil voor een gesloten deur. Toen de verpleegster de sleutel in het slot stak en de deur opende, kwam er uit de zaal een enorm lawaai naar buiten. Een kakofonie van geluid weerkaatste tegen de muren en deed een aanval op haar oren. Het was een mengeling van herhaald gemompel, gekrijs dat in een schel crescendo opsteeg en het geschreeuw van zinloze woorden. Antoinette deinsde terug voor die herrie en de verpleegster pakte haar arm vast, meer om haar gerust te stellen dan om haar in bedwang te houden.

Toen haar oren enigszins gewend waren geraakt aan het lawaai, rook ze een scherpe lucht, zo doordringend dat het pijn aan haar ogen deed. Ze dwong zichzelf niet te kokhalzen toen de hevige stank van zweet, uitwerpselen en urine in haar neus drong. De gecombineerde aanval op haar zintuigen deed haar knieën knikken terwijl ze haar omgeving in zich opnam.

Ze stond in een karikatuur van een kinderkamer. In plaats van heel jonge mensen waren het hier heel oude, die het eind van hun leven naderden en terugkeerden naar een infantiele toestand. De zaal stond vol met keurige rijen lange metalen ledikanten, de metalen zijkanten omhoog geklapt om te voorkomen dat de patiënten eruit zouden springen of vallen. Antoinette realiseerde zich dat een deel van het lawaai niet menselijk was, maar kwam van de metalen stangen in de zijkanten, die door de verschrompelde armen van de patiënten heen en weer werden geschud. De gezichten met tandeloze monden vertrokken als ze schreeuwden en onverstaanbare geluiden maakten tegen de nieuwkomers.

De rijen ledikanten herbergden de oudjes van het ziekenhuis. Vrouwen in diverse stadia van verval zaten of lagen in hun bed. Het zwakke zonlicht scheen op schedels die roze schemerden door het schaarse witte haar; nachthemden waren hoog opgetrokken rond gerimpelde benen en lieten luiers zien die om broodmagere billen waren gebonden.

Sommige van deze oude vrouwen waren weer helemaal de baby's die ze eens waren geweest. Antoinette keek vol afgrijzen toe hoe een van hen de inhoud van haar luier met benige vingers onderzocht, om vervolgens haar vondst op het laken te smeren. Anderen, van wie de meesten gerimpeld en uitgemergeld waren, hurkten in hun ledikant en krijsten obsceniteiten uit een tandeloze mond terwijl ze de nieuwkomers met woeste blikken bekeken.

Hier kwamen de permanente patiënten terecht als ze oud werden. De meesten hadden een brein dat zich nooit had hersteld. Ze hadden het overgrote deel van hun volwassen leven doorgebracht in het ziekenhuis en hadden jarenlang op een dieet geleefd van kalmerende middelen, terwijl hun hersens onderworpen werden aan extreme elektrische schokken. Nu eindigden ze hun leven in deze zaal, maar niet rustig.

Voor het eerst werd Antoinette ermee geconfronteerd wat er gebeurde met patiënten die nooit weggingen. Ze had nooit stilgestaan bij het feit dat ze tijdens haar verblijf in het ziekenhuis geen echt oude mensen had gezien, niet op de afdelingen waar zij was geweest en niet als ze een glimp opving van andere patiënten. Maar hier was het antwoord op de vraag die ze zichzelf nooit gesteld had. Hier werden patiënten naartoe gestuurd als hun dementie te storend werd. Ze rilde, deels van walging en deels van het angstige besef dat ze mogelijk naar haar eigen toekomst keek.

Hier was geen greintje menselijke waardigheid meer over.

Terwijl ze naar hen keek, vroeg ze zich af of sommigen van hen moeder of grootmoeder waren, en schaamde zich toen dat ze zo vol aversie op hen had gereageerd. Wat ze ook waren, ze waren mensen. Ze herinnerde zich dat de hoofdzuster haar had verteld dat sommige patiënten nooit boven het kleuterstadium uit waren gegroeid, dat sommigen zo beschadigd waren dat er iets in hun geest was geknapt dat nooit meer hersteld kon worden. Antoinette wist dat angst en frustratie de geest konden aantasten – en als dat jarenlang duurde, gecombineerd met de natuurlijke aftakeling door de ouderdom, zouden de meeste mensen in deze toestand raken. Ze voelde zich plotseling vastberaden. Wat de reden ook was waarom die oude mensen hier terecht waren gekomen, ze hadden er recht op dat hun laatste maanden of zelfs dagen zo comfortabel mogelijk werden gemaakt.

Ze keek naar de verpleegsters. Sommigen waren niet veel ouder dan zijzelf. Als zij hier kunnen werken, kan ik dat ook, besloot Antoinette. Haar eerste reactie bij het zien van deze zaal was geweest om in allerijl terug te keren naar haar eigen afdeling, die nu een veilige en vredige haven leek. Ze zou er niet aan toegeven.

'Stel je maar voor,' zei ze streng tegen zichzelf, 'Dat die oude dames twee jaar zijn en net op een lastige leeftijd komen. Je hebt vaker baby's schoongemaakt – zeg gewoon tegen jezelf dat dit niet anders is.'

Ze besefte dat de verpleegster naar haar keek, wachtend op een verschrikt commentaar of een uitroep van afkeer, en besloot geen van beide te geven.

'Waar wilt u dat ik begin?' vroeg ze.

De zuster keek haar met iets van respect aan. 'Je kunt de andere verzorgende assisteren,' zei ze en wees door de zaal naar de plek waar Antoinette naartoe moest.

Mentaal haar mouwen opstropend liep Antoinette naar de andere hulp, stelde zich voor en ging aan het werk.

Er waren meer dan twintig bedden op te maken. Lakens vol uitwerpselen moesten worden afgehaald, rubberen onderleggers schoongeboend en schone lakens stevig ingestopt. Terwijl ze aan het werk waren was Antoinette zich constant bewust van de oude vrouwen, die kwaad waren dat ze uit hun ledikant werden gehaald en woedend naar hen keken. Toen het laatste bed klaar was, richtte Antoinette zich tevreden kreunend op.

Op deze afdeling kwam haar werk bij Butlins haar goed van pas. Als dienstmeisje moest ze chalets schoonmaken waar kotsende bierzuipers de wc-pot hadden gemist en de vloer hadden bevuild. Als kamermeisje had ze po's geleegd van mannen die te lui waren om hun kamer te verlaten en de korte afstand naar de gemeenschappelijke wc's af te leggen. En als kindermeisje had ze luiers verschoond, neuzen afgeveegd, zich in allerlei bochten wringende lijfjes aangekleed en driftbuien gesust.

Toch had niets Antoinette kunnen voorbereiden op deze afdeling. De zuster keek haar glimlachend aan. 'Ik denk dat je een kop thee hebt verdiend, Antoinette. We nemen even pauze.'

Dankbaar sloot ze zich aan bij het kleine team dat werkte op de Afdeling Seniele Dementie. Versgezette thee werd ingeschonken, biscuitjes gingen rond en ze zat tevreden te kauwen, voelde dat ze zonder meer geaccepteerd werd door de anderen, de eerste keer in maanden dat ze dat meemaakte.

De zusters begonnen meer uitleg te geven over de patiënten. De meesten waren dubbel incontinent, vertelden ze haar, terwijl sommigen agressief waren, zowel verbaal als fysiek.

Als ze proberen me bang te maken, zal het ze niet lukken, dacht ze. Hoewel ze enige twijfel had of ze wel tot iets in staat zou zijn, vroeg ze kalm: 'Wat wilt u dat ik verder doe?'

'Gewoon ons helpen en je in het algemeen nuttig maken,' antwoordde de hoofdzuster die de leiding had van het team. Toen voegde ze er met een bemoedigende glimlach aan toe: 'Tot dusver schijn je het er goed vanaf te brengen.'

Antoinette hielp met het schoonmaken van de vloeren, het opmaken van de bedden en het verschonen van de kleren van de patiënten. Tussen de uren van slopend werk door probeerde ze met sommige patiënten te praten. Ze ging bij de kalmere patiënten zitten, kamde hun haar en merkte dat het zachte borstelen, samen met het geluid van haar stem, hen vaak kalmeerde. Soms kreeg ze een glimlach, soms een stroom scheldwoorden.

Ze deinsde terug voor andere gewoontes die velen zich hadden aangeleerd. Ze had baby's zien spelen met de inhoud van hun luiers en die gebruiken als boetseerklei. Hier zag ze het geriatrische equivalent en dat was beslist niet grappig of vertederend, vooral niet als ze niet alleen spuwden en vloekten, maar ook verbazend accuraat waren met het gooien met die viezigheid.

'Het enige wat ik wil weten,' zei Antoinette wanhopig tegen de zuster, 'is waarom ze zo goed kunnen mikken als ze die rotzooi naar ons gooien en zo klunzig zijn met hun eten in diezelfde handen.'

De ander glimlachte slechts en veegde weer een gezicht af dat onder de etensresten zat.

De dag ging sneller voorbij dan ze voor mogelijk had gehouden en daarmee kwam een toenemend gevoel van voldoening. Het was zo lang geleden dat ze het gevoel had gehad dat iemand haar nodig had – toen haar vader in de gevangenis zat en haar moeder haar steun nodig had. Aan het eind van de dag verbaasde ze de hoofdzuster met haar opmerking dat ze terug wilde komen.

In de weken dat ze daar werkte kreeg ze meer zelfvertrouwen, en er ging een warm gevoel door haar heen telkens als er een glimlach van herkenning verscheen op het gezicht van een patiënte. Ze werd algauw immuun voor de eeuwige stank en kreeg veel respect voor de verpleegsters die op deze afdeling werkten. Het was niet alleen slopend werk, maar het had ook risico's. Tandeloze oude vrouwen konden onderschat worden wat hun behendigheid betrof, en in de loop der jaren verhard tandvlees kon lelijke plekken achterlaten op een blote pols die zich te dichtbij waagde.

Het duurde niet lang of ze kende de namen van alle patiënten, ook al konden de meeste zich haar naam niet herinneren. Ze hielp de vrouwen voeren, maakte hun gezichten schoon en verwisselde het beddengoed. Tijdens het werk glimlachte ze naar de meeste patiënten en hief haar vinger op naar andere als het beddengoed bevuild was en de lakens moesten worden verschoond. 'Je bent weer ondeugend geweest,' zei ze dan tegen hen. Ze werd handig in het wegduiken als een tachtigjarige een driftbui kreeg en met het dichtstbijzijnde projectiel gooide of een grote fluim speeksel uitspuwde.

Het belangrijkste was dat ze zich geaccepteerd voelde als deel van een team.

's Avonds, als ze doodmoe terugging naar haar afdeling, werden de kaartspelen hervat. Haar medespeelsters dachten dat ze gestraft werd omdat ze daar moest werken en Antoinette ontnam hun die illusie niet en genoot van hun sympathie. Na de laatste warme drank viel ze uitgeput in bed. Zelfs het tandenknarsen, gesnurk en geschreeuw konden haar niet wakker houden.

34

Half slapend bevoelde Antoinette behoedzaam met haar tong de binnenkant van haar mond. Hij voelde anders – er ontbrak iets. Toen haar tong haar twee voortanden aanraakte, wist ze wat het was. Een van de twee kronen die ze een jaar geleden had laten aanbrengen was weg. Ze opende haar kastje, haalde er een spiegeltje uit en bekeek zichzelf ongerust. Wat ze zag, bevestigde haar vrees: in plaats van de witte glimlach waar ze zo trots op was, zag ze een afgevijlde stomp. Ze zocht in het bed, in de flauwe hoop dat ze de kroon op de een of andere manier daar verloren had, maar toen ze hem niet vond, dacht ze verslagen dat ze hem 's nachts moest hebben ingeslikt.

Antoinette had gezien wat er gebeurde op de afdelingen als een patiënt kiespijn had. Het ziekenhuis regelde snel een interne tandarts om de ongewenste tand of kies te verwijderen. Ze hadden al lang geleden ontdekt dat snel trekken gemakkelijker en goedkoper was dan de talrijke gaten te vullen in het gebit van patiënten die op een slecht dieet leefden. De inspanning om een ongeruste patiënt langer dan een paar seconden stil te houden zodat de tandarts gelegenheid had een gaatje te onderzoeken, was een taak die geen van de verpleegkundigen wilde accepteren. De woorden 'doe je mond wijdopen' en 'het doet geen pijn' zeiden de meeste patiënten niets.

Elke ochtend kwam de trolley langs met gebitten in glazen, elk met een etiketje. Voordat ze de vrouwen naar de wasruimte brachten, stopten de dagzusters de slecht passende gebitten in de open monden. Toen ze dat ochtendritueel zag, vroeg Antoinette aan een van de zusters waarom zoveel vrouwen van in de dertig of zelfs jonger een kunstgebit hadden. De zuster antwoordde heel nuchter dat de vloeibare kalmerende middelen het tandvlees aantastten, wat de tanden verzwakte. Bovendien waren valse tanden gemakkelijker, zei ze, omdat de patiënten geen kiespijn kregen. Ze scheen zich er niet om te bekommeren dat het weer een vernedering was die hulpeloze patiënten werd aangedaan.

Antoinette was vastbesloten niet te eindigen met een mond vol klapperende valse tanden en nam zich heilig voor dat de ziekenhuistandarts met zijn motto van 'trekken, niet repareren' zelfs niet in de buurt van haar mond zou komen. Ze had nog wat spaargeld en ze wilde naar de particuliere tandarts die voor de oorspronkelijke kroon had gezorgd. Dus vroeg ze een gesprek aan met de hoofdzuster en legde haar de kwestie voor.

Ze had talloze obstakels verwacht, dus was ze verbaasd toen het tegendeel gebeurde.

'Ja, hij moet vervangen worden,' zei de hoofdzuster, die het aanstootgevende stompje bekeek. 'Hoeveel heeft die kroon oorspronkelijk gekost? Als je het geld ervoor hebt, zie ik geen bezwaar. Het voornaamste probleem is dat je heen en terug begeleid moet worden. Laat het maar aan mij over, Antoinette.'

Een paar uur later gaf ze Antoinette het goede nieuws. Een van de verpleegsters van de dementieafdeling had toegezegd in haar vrije tijd met haar mee te gaan.

'Ik zal de tandarts zelf bellen,' bood de hoofdzuster aan, 'En een ambulance regelen om je erheen te brengen.'

Ze wist niet wat dat vriendelijke gebaar haar favoriete patiënt zou kosten.

De ambulance parkeerde in de straat voor de praktijk van de tandarts en maakte daarmee behoorlijk duidelijk waar deze patiënte vandaan kwam. Hoewel de zuster zich als 'burger' had gekleed om haar te begeleiden en Antoinette niet het ziekenhuisuniform droeg, wist de tandarts maar al te goed wie de afspraak had gemaakt en dat ze een patiënte was van de inrichting voor geesteszieken.

'Ik breng Antoinette voor haar afspraak,' zei de verpleegster achteloos tegen de receptioniste.

'Als u even plaats wilt nemen, zal ik hem laten weten dat u er bent.' De receptioniste was uiterst beleefd, maar Antoinette zag dat ze verbleekte voor ze haastig wegliep om haar baas te vertellen dat zijn volgende patiënt er was. Ook al had ze haar mooiste kleren aangetrokken, toch besefte Antoinette plotseling dat het feit dat ze een patiënte was in een psychiatrische inrichting haar van een betalende cliënt die respect verdient, had veranderd in iemand die bijna angst inboezemt. Het was duidelijk dat het ziekenhuis haar niet goed genoeg had gevonden om er alleen heen te gaan en dat de tandarts daaruit zijn conclusies zou trekken. Daar hadden zij en de hoofdzuster niet aan gedacht toen de afspraak werd gemaakt.

Een paar minuten later werd ze naar de behandelkamer gebracht. Toen ze de vorige keer bij de tandarts kwam, had hij vriendelijk met haar gebabbeld, maar door haar nieuwe status was zijn vriendelijke houding vervangen door een kille zakelijkheid.

'Mond open,' beval hij, en ze gehoorzaamde. Na haar gebit te hebben gecontroleerd, zei hij kortaf: 'Die tand moet geboord worden. De wortel moet worden verwijderd, en dan kunnen we een nieuwe kroon maken.'

Antoinette besefte dat hij niet tegen haar sprak – zijn verhaal was gericht tegen de assistente. Ook al was het haar mond, ze leek niet voor hem te bestaan.

Waarom niet? dacht ze. Denkt hij soms dat ik, omdat ik een patiënte ben in een psychiatrische inrichting, niet kan horen of begrijpen?

De volgende woorden vervulden haar met angst.

'Houd haar handen vast, alsjeblieft, zuster.'

Juist toen ze zich afvroeg waarom haar handen vastgehouden moesten worden, voelde ze haar polsen stevig vastgegrepen, en toen, in plaats van de prik met de naald die de pijnstiller in haar mond moest spuiten, voelde ze een razende pijn in haar mond. Ze worstelde in haar stoel, probeerde duidelijk te maken hoe hevig de pijn was zodat hij zeker zou stoppen. Ze kon niet geloven dat hij haar met opzet zo zou martelen. Onbedoeld krabde ze met haar nagels over de hand van de tandarts.

'Houd haar steviger vast,' snauwde hij, en ze voelde zijn woede en ongeduld omdat hij haar moest behandelen.

Toen de assistente haar eindelijk losliet, beefde ze nog van de pijn. Ze kon niet geloven dat hij haar zoiets had aangedaan, of dat ze het had overleefd. Later kwam ze erachter dat hij de zenuw uit haar tand had verwijderd en het niet nodig had gevonden een psychiatrische patiënte een pijnstiller toe te dienen.

Toen de pijn wegebde voelde ze iets nog ergers. Het was de totale vernedering om behandeld te worden als iets dat geen gevoel heeft. Ze duwde haar vingers in de palm van haar hand om te beletten dat ze zou gaan huilen terwijl ze naar hem luisterde toen hij met zijn assistente sprak en een volgende afspraak maakte om de kroon aan te brengen.

Ze verliet de spreekkamer met nog steeds bevende benen en sprong dankbaar in de ambulance. Het enige wat ze wilde was haar afdeling bereiken, waar ze veilig was. Ze leunde met haar hoofd tegen de rugleuning van haar stoel en sloot haar ogen.

Terug in de vertrouwde omgeving van de afdeling gaf ze als excuus voor haar zwijgen dat haar mond pijn deed. Ze kon het niet opbrengen om over de details van haar behandeling te praten. Plotseling veranderde haar beeld van het ziekenhuis. Het was een plek waar de buitenwereld werd buitengesloten, niet de patiënten binnengesloten. Nu zag ze het als een veilig toevluchtsoord waar ze zich geaccepteerd en verzorgd voelde.

Waarom zou ze ooit weg willen als de buitenwereld zo gemeen was?

35

De eerste keer dat ze de psychiater ontmoette voor haar wekelijkse sessie, had Antoinette hem achterdochtig bekeken. Ze stelde zich defensief op, want ze verwachtte niet anders dan dat hij weer zo'n autoritaire man zou zijn die zou proberen haar zijn interpretatie van haar jeugd op te dringen. In plaats daarvan had ze een vlot geklede man van achter in de dertig aangetroffen wiens warme glimlach onmiddellijk haar angst verdreef. Hij stelde haar vragen en daarna – in tegenstelling tot de artsen die ze op de psychiatrische afdeling had gesproken – leunde hij achterover en wachtte op haar antwoord.

Deze arts maakte haar duidelijk dat ze hem geen details over haar verleden hoefde te geven – die kon hij zich wel indenken, zei hij. Wat hij wel wilde weten, was wat voor effect het op haar had gehad en wat ertoe geleid had dat ze zich zo ziek voelde. Hij vroeg haar wat voor hulp ze nodig had om zich voor te bereiden op de toekomst. Verder verzekerde hij haar dat ze het hem altijd kon vertellen als ze zich niet op haar gemak voelde. Dat was de strategie die hij met haar wilde volgen, zei hij. Toen stelde hij haar nog meer gerust door te vragen of ze tevreden was over zijn behandelplan. Door te tonen dat hij haar respecteerde en te vragen wat zij wilde, wist hij Antoinette volledig voor zich te winnen.

Getrouw aan zijn woord vroeg hij haar tijdens hun gesprekken niet één keer naar de reden waarom ze was overgeplaatst en stelde niet één opdringerige vraag over de verkrachtingen. In plaats daarvan vroeg hij haar naar de tijd dat ze gestudeerd had, en leek meer belangstelling te hebben voor haar schoolprestaties dan voor het misbruik.

Hij begon over haar werk in het ziekenhuis en vroeg of ze wilde werken met geesteszieken. 'De hoofdzuster vertelde me dat je erg goed omgaat met de oude mensen op de dementieafdeling. Je kunt daarvoor worden opgeleid als het je interesseert.'

'Ik mag ze graag, dus is het niet echt moeilijk. In ieder geval haalt het me van mijn afdeling en geeft het me iets te doen.' Ze dacht even na. 'Nee. Dat is niet echt wat ik wil. Bovendien –' ze grinnikte '– ik zou op den duur niet weten wie de patiënten waren en wie niet.'

Net als de verpleegsters probeerde hij haar te leiden naar een gesprek waarin ze hem misschien zou vertellen wat ze in de toekomst echt wilde doen. Maar de gedachte aan weggaan beangstigde haar en ze voelde zich nog niet klaar om dat nu al onder ogen te zien.

Op een dag zei hij: 'Je bent bijna beter, Antoinette, en we willen een manier vinden je te helpen hier te vertrekken. Denk er eens over na, dan praten we over een paar dagen verder.'

Maar arts noch patiënt wist dat ze nog maar heel weinig tijd hadden. Gebeurtenissen die ze niet onder controle hadden, spanden samen om haar te dwingen te beslissen of ze haar leven wilde doorbrengen achter de hoge stenen muren van het ziekenhuis of de confrontatie aangaan met de buitenwereld.

Het eerste teken van een verandering in haar routine kwam een week later, toen de hoofdzuster haar bij zich riep op een moment dat ze naar haar werk zou gaan. Toen Antoinette binnenkwam, deed ze de deur stevig achter haar dicht.

'Je gaat vandaag niet naar de dementieafdeling,' begon ze. 'Je arts wil je zien. Hij heeft iets belangrijks met je te bespreken.' Ze zweeg even en leunde toen over het bureau heen om haar woorden te accentueren. 'Antoinette, herinner je je nog wat ik tegen je zei toen je voor het eerst op deze afdeling kwam?'

'Ja. U vertelde me dat hier heel veel droevige gevallen zijn.'

'En wat heb ik je nog meer verteld?' Toen, zonder haar reactie af te wachten, gaf ze zelf het antwoord. 'Dat jij een van mijn succesverhalen zou kunnen worden. Ik wil dat je daaraan denkt als je naar je dokter gaat.'

Een paar minuten later zat Antoinette in de kamer van de psychiater en keek hem ontsteld aan. Hij had de bom laten vallen. 'Je ouders laten je dinsdag definitief opnemen,' vertelde hij rustig. 'Dat is over vier dagen.'

Hij vertelde haar dat hij de situatie had besproken met de hoofdzuster voordat hij haar waarschuwde. Het kon hem zijn carrière kosten als het bestuur van het ziekenhuis erachter kwam dat een patiënt op de hoogte was gebracht van een besluit dat genomen was door de hoogste leiding en de ouders van een minderjarige, maar hij vond dat Antoinette het waard was.

'Je moet goed begrijpen hoe je toekomst eruit zal zien als je dit laat gebeuren. Op het ogenblik heb je mensen achter je staan die je tot op zekere hoogte hebben beschermd tegen de realiteit van een leven op een afdeling voor langdurige patiënten. De hoofdzuster heeft op alle mogelijke manieren geprobeerd je te helpen. Maar als je naar een andere afdeling wordt gestuurd of bij een andere psychiater komt, een van de oude stempel, zou er een eind komen aan die bescherming. Dan loop je het risico op shockbehandelingen en middelen als paraldehyde. Dat is de manier waarop patiënten hier onder controle worden gehouden. In je dossier staat nog altijd dat je een patiënt zonder provocatie hebt aangevallen. Zelfs al geef je ze nooit een reden voor een shockbehandeling of kalmerende middelen, als je nog een paar maanden hier doorbrengt, ben je volkomen geïnstitutionaliseerd en niet meer in staat terug te keren naar het leven in de buitenwereld.'

Toen glimlachte hij naar haar en zei wat niemand in het ziekenhuis ooit tegen haar gezegd had: 'Er is niets mis met je. Je bent een normaal mens dat gereageerd heeft op een abnormale situatie. Je bent twee keer opgenomen wegens depressiviteit, maar je was niet depressief, alleen maar erg ongelukkig. Je bent het slachtoffer geweest van gebeurtenissen waarover je geen controle had. Je voelde je afgewezen – logisch. Je wérd afgewezen, door je familie, je school, je schoolvriendinnen, zelfs de mensen bij wie je in dienst was. Je gevoelens zijn volkomen natuurlijk na alles wat je hebt meegemaakt. De woede die je voelde, was een teken dat je op weg was naar herstel. Je hóórt kwaad te zijn op de mensen die je op zo'n manier behandeld hebben. Je gebrek aan eigenwaarde, dat in je jeugd is veroorzaakt, zal verbeteren. Is al verbeterd. Je moet respect hebben voor jezelf omdat je zoveel bereikt hebt: je studie, het feit dat je met je eigen geld de secretaresseopleiding betaalde.

'En wat je paranoia betreft,' ging hij verder, 'dat woord zou ik niet gebruiken voor wat er met je aan de hand is. Je hebt me verteld dat je mensen wantrouwt; ik vind dat volkomen begrijpelijk. Je had het gevoel dat de mensen over je praatten, en al is dat een klassiek symptoom van paranoia, in jouw geval was het waar. Dat deden ze inderdaad.' Hij boog zich naar voren en zei ernstig: 'Je bent nog geen achttien. Je hele leven ligt voor je. Verspil het niet door hier te blijven, Antoinette. Een van de redenen waarom je ziek werd, is dat je het gevoel had dat je geen controle had over je leven. Nou, dat heb je nu wel. Je zult nu moeten besluiten je toekomst in eigen hand te nemen, en ik weet dat je dat kunt.'

Toen bracht hij Antoinette op de hoogte van haar rechten, waarvan ze tot nu toe geen enkel benul had gehad. 'Weet je niet dat je hier nog steeds als vrijwillige patiënt bent? Dat betekent dat je het recht hebt jezelf uit te schrijven. Je ouders zijn indertijd verwittigd van je overplaatsing van de psychiatrische afdeling naar hier, maar ze hebben nu pas de tijd gevonden om naar het ziekenhuis te komen om de benodigde formulieren te tekenen. Je bent nog steeds vrij om te vertrekken. Morgen ben ik de dienstdoende hoofdarts en dat betekent dat als je ervoor kiest jezelf uit te schrijven, je bij mij terechtkomt.'

Er ging een stroom van verschillende emoties door Antoinette heen terwijl ze naar hem luisterde. Geschoktheid over het feit dat haar ouders hadden geweten van haar overplaatsing, gevolgd door afgrijzen dat ze bereid waren de formulieren te tekenen om haar permanent te laten opnemen. En vervolgens verwarring en verbijstering over de beslissing die ze moest nemen.

'Ik wou dat ik je niet hoefde te overhaasten en je met dit nieuws hoefde te overvallen,' zei hij. 'Maar je hebt weinig tijd. Ik wil je ervan overtuigen dat je toekomst buiten deze ziekenhuismuren ligt. Ik wil dat je ergens rustig gaat zitten en nadenkt over wat ik je heb verteld. Je toekomst is in jouw handen. De hoofdzuster zal thee en sandwiches klaarmaken en je naar de bezoekerslounge brengen. Neem zoveel tijd als je wilt en als je goed over alles hebt nagedacht, hoop ik dat je haar zult vertellen dat je gebruik zult maken van je recht om te vertrekken. Als je dat morgenochtend doet, brengt ze je bij mij en een andere arts die aanwezig moet zijn. Je moet ons meedelen dat je gebruikmaakt van je recht als vrijwillige patiënt om jezelf uit te schrijven.

'Antoinette, ik weet dat je de juiste beslissing zult nemen. Als je hier weg bent, zorg er dan voor dat je jezelf nooit meer onderschat. Je hebt je kinderjaren overleefd en je hebt je verblijf hier overleefd. Alleen dat al zijn ervaringen waartegen de meeste mensen niet opgewassen zouden zijn geweest.'

Met een laatste bemoedigende glimlach liet hij de zuster komen, die Antoinette naar de bezoekerslounge bracht, een vertrek met gemakkelijke stoelen dat zelden gebruikt werd en waar ze niet gestoord zou worden. De zuster bracht thee en biscuitjes, glimlachte en gaf een zacht kneepje in Antoinettes schouder terwijl ze de woorden van de dokter herhaalde.

'Ik weet dat je de juiste beslissing zult nemen, lieverd, een beslissing waar we allemaal op hopen.' Toen ging ze weg en gaf Antoinette de tijd en de ruimte om de woorden van de psychiater te verwerken.

Ze besefte maar al te goed dat wat voor besluit ze in de komende uren ook zou nemen, het bepalend zou zijn voor de rest van haar leven.

36

Antoinette wist dat eenzaamheid en wanhoop haar twee keer in het ziekenhuis hadden gebracht. In de tijd die ze op beide afdelingen had doorgebracht, was ze zich beschermd en veilig gaan voelen, en langzamerhand was de kluwen in haar hoofd ontward.

Ze had zich niet buiten de grenzen van het ziekenhuis gewaagd, behalve voor het fatale eerste en al even afschuwelijke tweede bezoek aan de tandarts. Niemand had haar bezocht sinds haar overplaatsing en ze was het contact verloren met de paar mensen met wie ze min of meer vriendschap had gesloten. Haar moeder had zich niet één keer laten zien.

Hoe meer haar wereld was ingekrompen tot de muren van het ziekenhuis, hoe veiliger ze zich leek te voelen. Hier had ze een soort schijnwereld gecreëerd waar ze nooit eenzaam was. Ze had een vaste routine, vriendschap met de verpleegkundigen en constant gezelschap. Voor het eerst sinds haar veertiende voelde ze zich geaccepteerd door mensen die haar verleden kenden, iets wat ze betwijfelde ooit in de buitenwereld te zullen vinden.

Ze dacht aan het gesprek dat ze zojuist met de psychiater had gehad. Er knaagde iets in haar achterhoofd dat ze wilde vinden en onderzoeken. Ze herhaalde in gedachten wat hij gezegd had en toen de betekenis daarvan tot haar doordrong, kwam het besef van wat hij geprobeerd had haar duidelijk te maken als een donderslag bij heldere hemel.

Hij had gezegd dat ze een vrijwillige patiënt was.

Een vrijwillige patiënt op een psychiatrische afdeling zou nooit naar het hoofdgebouw zijn overgeplaatst zonder de toestemming van haar voogden. De dokter had duidelijk gezegd dat haar ouders op de hoogte waren gesteld van haar overplaatsing. Ze moesten het ziekenhuis toen al geïnformeerd hebben dat ze bereid waren haar permanent te laten opnemen.

Toen ze dat eenmaal doorhad, kwamen andere vragen bij haar boven, waarop de antwoorden snel volgden.

Wie opende alle post in het huis van haar ouders? Niet haar vader, die bijna analfabeet was. Nee, het was haar moeder.

En wie beantwoordde alle telefoontjes? Haar moeder. Haar vader had een intense hekel aan de telefoon en negeerde altijd het opdringerige gerinkel.

Dus met wie had het ziekenhuis gesproken toen de psychiatrische afdeling had besloten dat ze te ziek was om daar te blijven? Met haar moeder.

'Je moet het onder ogen zien. Nú!' zei ze streng tegen zichzelf. 'Het was niet alleen je vader die je kwijt wilde.'

Dat, besefte Antoinette, was de waarheid waarvoor ze haar leven lang op de vlucht was geweest – dat haar moeders liefde voor haar niets voorstelde. Het was elf jaar geleden dat ze genegenheid had gevoeld voor haar vader, want ze had er lang geleden in berust dat hij een man was met een geestelijke afwijking. Met die berusting was ze gestopt

277

met vragen naar het waarom en met het verzinnen van excuses voor hem. De maanden in het ziekenhuis hadden haar geleerd dat er mensen waren die geen redelijke verklaring hadden voor hun gedrag. Ze waren nu eenmaal zo.

Maar tegen beter weten in had ze gehoopt dat haar moeder van haar hield, ondanks de manier waarop ze haar behandeld had, en had ze moedwillig haar ogen gesloten voor de werkelijkheid en de harde realiteit van het handelen van haar moeder. Maar dat kon ze niet langer volhouden. Ze moest de confrontatie aangaan met de zwakte en de oppervlakkigheid van haar moeders liefde voor haar. En ze moest weten dat dit het was dat voor de tweede keer bijna haar ondergang had bewerkstelligd.

In haar eerste kinderjaren was haar moeder het middelpunt van Antoinettes leven geweest. Zij was degene die haar overeind hielp als ze viel en haar ogen droogde als ze huilde. 's Avonds was het haar moeder die haar in bad deed, de zeep van haar gezichtje waste en haar in een pluizige handdoek wikkelde en naar de slaapkamer droeg, waar ze haar droogwreef en met talkpoeder bestrooide. Ruth had haar ingestopt en haar een verhaaltje voorgelezen voordat ze het licht dimde en haar een nachtzoen gaf. Ze kon zich herinneren dat haar moeder in een stoel zat met een lamp op het tafeltje naast haar, die een zacht licht wierp op haar gebogen hoofd, terwijl ze geduldig de laatste hand legde aan het jurkje dat ze voor haar dochter had gemaakt.

De vertrouwde geur van haar gezichtspoeder vermengd met die van jasmijn had haar getroost, net als de warmte van haar lichaam als Ruth haar knuffelde. Het waren háár armen die de jonge Antoinette dicht tegen zich aan hadden gedrukt, háár hart dat klopte tegen de borst van haar dochtertje en háár stem die het kleine meisje vertelde over feeën en magie als ze haar hardop de verhaaltjes voorlas bij het slapengaan. En het was Ruths hand die haar kleine handje stevig vasthield als ze een straat overstaken – 'Dan ben je veilig', had ze gezegd.

Dat was de moeder van wie ze altijd had gehouden. Dat was de moeder van wie ze altijd geweigerd had te geloven dat ze niet meer bestond. Maar de waarheid was dat ze die moeder al niet meer was sinds haar dochter zes was.

Toen had kilte de warmte vervangen, was er een eind gekomen aan de nachtzoenen en hadden de beschermende armen haar niet langer geknuffeld. Ruth was met dat alles opgehouden op de dag dat Antoinette haar had verteld wat haar vader met haar deed.

In het verleden had ze, als de herinnering aan die dag dreigde tot haar door te dringen, die van zich afgezet. Nu wilde ze die doorgronden.

Ze riep het beeld op van de zesjarige Antoinette die de moed verzamelde om haar moeder te vertellen dat haar vader haar had betast en gezoend. Toen had ze gedacht dat het zou stoppen als ze het vertelde. Ze herinnerde zich de wisselende uitdrukkingen op het gezicht van haar moeder: de liefde was verdwenen en vervangen door woede en angst. Maar, realiseerde Antoinette zich nu, Ruth had geen blijk gegeven van verbazing of shock.

'Ik begrijp het nu,' mompelde ze. 'Ik begin nu in te zien hoe het in elkaar zat.'

Nu de herinneringen zich aan haar opdrongen, zette ze die niet meer met geweld van zich af. Ze wist nu dat ze die onder ogen moest zien omdat ze de rol moest onderzoeken die haar moeder in haar leven had gespeeld.

Wie was haar moeder? Ze herinnerde zich de liefdevolle, zorgzame moeder uit haar kinderjaren, de moeder die ze had geadoreerd. Toen herinnerde ze zich de kille, afstandelijke Ruth in de jaren van het misbruik tot aan het vonnis van de rechtbank. Ze was bang geweest voor die moeder. Toen was er de lachende, babbelende vriendin van de twee jaren die ze samen het huis hadden gedeeld. Ten slotte was er de moeder die haar vertrouwen had beschaamd, die haar man had teruggenomen, haar dochter de deur uit had gegooid en had opgesloten in een psychiatrische inrichting.

Een herinnering kwam boven. Toen ze maanden geleden in het ziekenhuis was gearriveerd, zo depressief en eenzaam dat ze geen woord meer had kunnen uitbrengen, had ze een korte periode van helderheid gehad. Ze had haar moeder gebeld, haar gesmeekt haar te komen opzoeken. Ruth had haar een standje gegeven en verweten dat ze egoïstisch was, en door de telefoon had Antoinette het zinnetje gehoord dat in de loop der jaren een soort mantra was geworden. Ze was een voortdurende bron van zorg, en die zorg was voldoende om Ruth in dezelfde staat te brengen als die waarin haar dochter zich bevond.

'Ik hoor daar te zijn, niet jij,' waren haar laatste woorden voordat de verbinding werd verbroken.

'Wat voor moeder zegt zoiets? Wat voor moeder gaat zelfs niet één keer bij haar dochter op bezoek in het ziekenhuis?' vroeg Antoinette zich af. En wat voor dochter maakt zichzelf wijs dat haar moeder haar liefde voor haar verbergt? Wie blijft geloven in iemand die jaren geleden heeft opgehouden te bestaan?

Antoinette had geleerd dat herinneringen verraderlijke dingen zijn, en terwijl ze in de lounge zat, moest ze een andere pijnlijke waarheid onder ogen zien. Herinneringen hadden een liefdevolle moeder verzonnen en een innige liefde die nooit had bestaan, en Antoinette was altijd in die valse herinneringen blijven geloven. Als het te moeilijk werd om die illusie nog langer in stand te houden, had Antoinette zichzelf de schuld gegeven van wat ze zag als een plotseling wegvallen van moederlijke liefde. Het kon niet anders of ze was zwak en slecht en waardeloos. De reden voor het verlies van haar moeders liefde moest in haarzelf te vinden zijn.

Ontelbare malen had ze de kluis in haar hoofd geopend en de herinneringen eruit gehaald van een moeder die haar beschermde, koesterde en met haar speelde. Al die andere dagen, waarop Ruth niets van dat alles deed, had Antoinette volledig uit haar geheugen verbannen. Ze besefte nu dat haar moeder er altijd in geslaagd was de zaak om te draaien en haar ervan te overtuigen dat haar, Ruths, versie van de waarheid de enig juiste was. Ruth had onschuld veranderd in schuld en het slachtoffer in de boosdoener en had Antoinette gedwongen dat te accepteren. Ze had van Antoinette haar handlangster gemaakt in het herschrijven van de geschiedenis.

Zittend in de rustige bezoekerslounge probeerde Antoinette alles wat ze in de loop der jaren over haar moeder te weten was gekomen op een rijtje te zetten. Als ze kon begrijpen waarom Ruth zo'n verbitterde, ontevreden vrouw was geworden, zou het misschien mogelijk zijn zich neer te leggen bij het gedrag van haar moeder.

Wat lag er achter dat masker en wat huisde er in het brein van een vrouw met al die verschillende gezichten?

Dat was de vraag waarop ze het antwoord wilde weten voor ze sprak met de hoofdzuster of met de psychiater, en ze wist dat ergens in haar geheugen de aanwijzingen lagen die konden leiden tot begrip.

37

Tijdens de lange avonden in de portierswoning had Ruth vaak verhalen verteld over haar eigen jeugd.

Als oudste van twee kinderen had Ruth de doopnaam Winifred Ruth Rowden gekregen – 'Een lelijke naam,' zei ze vaak, met de gepijnigde uitdrukking van iemand die weet dat ze slecht behandeld is. Ruth herinnerde zich haar kinderjaren als een ongelukkige tijd. Haar moeder Isabelle was een mooie *petite* vrouw, van wie Antoinette had gehouden als van een oma, maar van wie ze wist dat haar moeder niet met haar op kon schieten. Zelfs als klein kind kon ze de tweedracht tussen hen voelen.

'Ze was altijd zo trots op haar figuur,' zei Ruth vaak op vernietigende toon.

Ruths vader was een donkere knappe man die ze duidelijk had verafgood, en Antoinette had de indruk dat haar moeder zich stoorde aan het gelukkige huwelijk van haar ouders. 'Hij zat natuurlijk altijd onder de plak bij haar,' zei ze minachtend als ze over hen sprak. En dan voegde ze er met een humorloos lachje aan toe: 'Op de een of andere manier had ze hem weten te overtuigen dat ze zwak en kwetsbaar was en dat er voor haar gezorgd moest worden, maar vergeet niet, lieverd, dat je oma in werkelijkheid een ijzeren wil had. Je oom was natuurlijk haar oogappel. Terwijl ík het lievelingetje van mijn vader was. In zijn ogen was ik mooi.'

Antoinette had haar moeder een keer verteld dat ze graag een broertje wilde en Ruth had geantwoord dat zij háár broertje nooit gewenst had. Het scheen dat ze als kind had besloten dat jongere broertjes nergens toe dienden en zelfs als volwassene was ze niet van gedachten veranderd. Ze had hem nooit vergeven dat hij haar de aandacht van haar ouders had ontstolen, en later waren zijn succesvolle huwelijk en geluk haar altijd dwars blijven zitten. Geen wonder dat ze had besloten haar dochter niet met hetzelfde lot op te zadelen.

Er was een familiefoto met Antoinettes grootouders, haar moeder en haar oom in een stijf officieel portret uit de beginjaren van de twintigste eeuw: een knap jongetje van een jaar of zeven en een meisje van ongeveer tien jaar aan de voeten van twee knappe volwassenen. De jonge Ruth gaf de indruk van een stuurs, weerspannig kind, met een neiging om te veel te eten. Toch schilderden Ruths herinneringen het beeld van een gelukkige jeugd, vóór de Eerste Wereldoorlog.

Haar geliefde vader was meester-kleermaker in Golders Green en Ruth genoot van een uitstapje naar het atelier. Daar keek ze naar de mannen die in dienst waren van haar vader, met gekruiste benen op de grond zaten en nauwgezet de geknipte stof aan elkaar stikten en er kostuums van maakten. De kleine meid voelde zich heel bijzonder als ze daar was – ze was de gekoesterde dochter van de baas, het lievelingetje van alle mannen daar. Ze gaven haar lapjes stof en lieten haar zien hoe ze die aan elkaar moest stikken. Daar deed ze haar vaardigheid op in het kleren maken. Ze vond het veel prettiger het middelpunt van de aandacht te zijn bij de kleermakers dan thuis te zijn bij een moeder die ze verfoeide en een broertje aan wie ze een hekel had.

Toen Ruth twintig was, overleed haar vader plotseling. Ze was diepbedroefd. Haar vader was pas begin vijftig en zijn dood kwam volkomen onverwacht.

'Een bloedstolsel dat naar zijn hersens ging,' zei Ruth treurig tegen haar dochter, iedere keer dat ze sprak over de man die de belangrijkste figuur in haar leven was geweest. 'Hij werkte te hard. Hij deed altijd zijn best om het háár naar de zin te maken,' zei ze verbitterd.

Antoinette wist dat ze haar moeder, Isabelle, bedoelde, en dat ze in zekere zin haar de schuld gaf van het overlijden van haar vader.

Het huishouden raakte volkomen ontredderd zonder de vader. Nu was Ruths broer, drie jaar jonger dan Ruth en gezegend met een knap uiterlijk, een zachtaardig karakter en de liefde van zijn moeder, de man in huis. Ruth, die nog thuis woonde zoals is die tijd gebruikelijk was, voelde zich in de minderheid.

'Mijn broer adoreerde onze moeder, zoals alle mannen,' zei Ruth met nauwelijks verholen ergernis. 'Nou, hij is getrouwd met een vrouw die precies op haar lijkt.'

Later, als haar moeder het over de vrouw van haar broer had, voelde Antoinette een aversie tegen haar die ze niet begreep. Ze herinnerde zich alleen maar een heel aantrekkelijke vrouw, die haar altijd welkom had geheten als zij en Ruth een van hun zeldzame bezoeken brachten aan de Londense flat van haar oom.

De Tweede Wereldoorlog was begonnen en daarmee de snelle romances en overhaaste huwelijken. Nog geen achttien maanden na het uitbreken van de oorlog was Ruths broer getrouwd en had hij een kind gekregen. Intussen was

Ruth, drie jaar ouder, nog steeds ongetrouwd – een ouwe vrijster. 'Nóg zo'n afschuwelijke naam,' zei ze verontwaardigd tegen Antoinette. Ze vond het heel erg dat ze nog steeds niet getrouwd was en was jaloers dat haar broer gevonden had wat hij zocht – zijn wederhelft. Bijna dertig en ongehuwd was niet benijdenswaardig in een tijd waarin vrouwen werden beoordeeld naar de status van haar echtgenoot.

Maar de oorlog bracht spanning, avontuur en mogelijkheden in Ruths leven, en ze zei later vaak dat haar ervaringen in die tijd tot de gelukkigste in haar leven behoorden. Ze droeg haar steentje bij aan de oorlogsinspanningen door op een boerderij te werken. Daar, uit de schaduw van haar moeder en broer, bloeide Ruth op en maakte vrienden. Maar ze was zich bewust van haar leeftijd en van het feit dat er geen man in haar leven was over wie ze gezellig kon babbelen. Om zich te beschermen tegen het medelijden van de andere vrouwen, verzon ze er een en vertelde haar nieuwe vriendinnen dat ze een verloofde had gehad, maar dat hij in de eerste week van de oorlog was gesneuveld. Toen ze Antoinette tien jaar later het verhaal vertelde, was ze er zelf in gaan geloven.

Het was Isabelle die Antoinette had verteld dat het een wilde fantasie was. De 'verloofde' was een getrouwde soldaat geweest die ooit in een café met haar had theegedronken en scones gegeten. 'Ik maak me soms zorgen om haar, Antoinette,' vertrouwde haar grootmoeder haar toe. 'Ze verzint dingen en gaat ze dan geloven.'

Tijdens de oorlog ontmoette Ruth haar aanstaande. Ze was naar een dansfeest in Kent gegaan met een groepje vrouwen van de boerderij waar ze werkte. Die avond droeg ze een mooie jurk met een kort jasje die ze zelf had ontworpen en genaaid. Haar vriendinnen vonden het prachtig en waren er diep van onder de indruk dat ze het zelf had gemaakt.

Op die hete, rumoerige avond tegen eind juni, werd de belangstelling van de vrouwen getrokken door een groep jonge militairen in goedgeperste kakiuniformen die meer bravoure hadden dan de mannen die ze gewend waren. De vrouwen zaten dicht bij hen in de buurt en wierpen steelse blikken op de soldaten. Vooral een van hen trok de aandacht. Hij had sprankelende ogen, een brede, stralende glimlach, en zijn roodbruine golvende haar glansde net zo mooi als zijn goedgepoetste laarzen. En toen hij met een meisje door de zaal walste, gaf hij ook nog eens blijk van een danstalent zoals ze nooit eerder hadden gezien.

Hij heette Joe Maguire en alle meisjes zouden er heel wat voor over hebben gehad om in zijn armen over de vloer te zweven. Plotseling verscheen hij naast Ruth.

'Dansen?' was het eerste woord dat ze hem hoorde zeggen.

'Natuurlijk!' schreeuwde ze in zichzelf, opgetogen dat hij haar had gekozen en niet een van de jongere vrouwen, maar uiterlijk bleef ze beheerst, glimlachte vriendelijk naar hem en volgde hem naar de dansvloer.

Dat was de avond waarop hij in haar leven kwam. Na die eerste magische dans eiste hij alle verdere dansen voor zich op. De knappe jonge militair overdonderde haar en wist zijn weg te vinden naar haar hart. Ze zag de jaloerse blikken van de andere vrouwen en genoot ervan benijd te worden door haar vriendinnen.

Ruth zag niet het leeftijdsverschil van vijf jaar, hoorde niet zijn vette Ierse accent en lette niet op zijn gebrek aan ontwikkeling; ze was volkomen verblind door zijn knappe uiterlijk en viel voor zijn charme. Dat was de avond waarop de negenentwintigjarige ongetrouwde vrouw haar held vond. En Joe Maguire, een man die hunkerde naar respect en erkenning, zag een zelfverzekerde vrouw met een welgesteld accent, het soort vrouw dat hij nooit gedacht had te zullen ontmoeten.

Een paar weken later, op de dertiende augustus, trouwden ze. Om verschillende redenen konden ze beiden hun geluk niet op. Zij was dankbaar dat hij haar de schande had bespaard om, al bijna dertig, nog ongetrouwd te zijn, en hij geloofde dat hij de vrouw had gevonden door wie hem de bewondering in zijn geboortestad ten deel zou vallen waarnaar hij hunkerde.

Zonder de oorlog zouden die twee zo absoluut niet bij elkaar passende mensen nooit bijeen zijn gekomen. Maar Ruth had het gevoel dat het eerste deel van haar droom bewaarheid was: een knappe echtgenoot. Dertien maanden later werd hun dochter geboren.

Terwijl Antoinette erover piekerde wat ze van haar moeder wist, besefte ze dat de puzzel nog niet compleet was. Er ontbrak nog iets en Antoinette moest diep in haar geheugen tasten om het te vinden. Eindelijk kwamen er nog twee herinneringen boven, en daarmee vielen alle stukjes van het enigma dat haar moeder was op hun plaats.

Ze zag zichzelf in een tearoom. In haar mooiste jurk, die haar moeder die week net had afgemaakt, zat ze tevreden op een kussen dat voor haar op een stoel was gelegd. Haar discreet opgemaakte grootmoeder droeg een licht pakje en een bijpassende hoed, waar krullen roodgoud haar onderuit ontsnapten. Ze trakteerde Antoinette en haar moeder op een afternoon tea.

Ruth vormde een scherp contrast met Isabelle, met haar vuurrode nagels en dito lippenstift. Ze droeg geen hoed op haar gepermanente haar en aan haar oren bungelden grote gouden oorringen. Die middag droeg ze een nieuwe jurk van bedrukt katoen, met een vierkante hals, die ze zelf had ontworpen. Beide vrouwen leken vrolijk en tevreden terwijl ze met elkaar zaten te praten.

Toen kwam een oudere vrouw, die haar grootmoeder duidelijk kende, naar hun tafel, waar ze met een hartelijke glimlach werd verwelkomd door Isabelle. Na een paar zinnetjes riep de onbekende uit: 'Belle, ik weet niet hoe je het voor elkaar krijgt, maar elke keer dat ik je zie, lijk je jonger, en dit mooie kleine meisje gaat als twee druppels water op je lijken. Je zou bijna denken dat ze jouw dochter was en niet die van Ruth!' En met een zacht lachje liep ze weg.

Antoinette voelde de warmte die hen drieën had omvat verdwijnen alsof een koude windvlaag door de tearoom blies. Een paar seconden lang hing er een pijnlijke stilte, tot Ruth die op kille toon verbrak met een luchthartige opmerking. Antoinette was pas vijf, maar ze begreep waarom haar moeder zich zo ergerde aan het complimentje.

De tweede herinnering was uit de periode dat ze drie jaar ouder was. Ze deed wat alle kleine meisjes leuk vinden: zich verkleden in de kleren van haar moeder, spelen met haar make-up en doen of ze volwassen was. Ze had rouge op haar wangen gesmeerd en haar lippen vuurrood gestift, zoals ze haar moeder zo vaak had zien doen. Toen tilde ze haar te lange jurk op en ging op zoek naar haar moeder. Ze wilde Ruth laten zien hoe mooi ze zich had opgetut. Maar toen ze naar haar toe holde met uitgestrekte armen om geknuffeld te worden, bleef ze verbaasd staan. In plaats van de lieve, geamuseerde glimlach waarop ze gerekend had, keek Ruth haar met een ijzige blik aan.

'Onder die make-up lijk je precies op je oma,' zei ze. 'Het zouden haar ogen kunnen zijn waarmee je naar me kijkt. Nou, je zult beslist mooier worden dan je moeder.'

Terugkijkend en zich herinnerend wat ze had gehoord en de toon waarop haar moeder had gesproken, wist Antoinette dat haar moeder niet blij was geweest met wat ze zag. Ze had zich nooit meer verkleed.

Nu kwamen die incidenten in haar gedachten bijeen. Ze begreep nu heel goed dat haar moeder haar leven lang gekweld werd door onzekerheid en jaloezie. Ruth was jaloers geweest op haar eigen moeder, jaloers op de liefde van haar vader voor zijn vrouw, op de verknochtheid van haar broer aan zijn moeder en op de fragiele schoonheid van Isabelle zelf. Die jaloezie nam steeds meer toe en richtte zich op iedereen die de aandacht wegnam waarvan ze vond dat die haar rechtens toekwam. En toen haar dochter niet langer een knuffelbaby was maar een zelfstandig persoontje was geworden, had haar jaloezie zich ook uitgestrekt tot haar.

En dan was er nog Ruths behoefte om de schijn op te houden en haar angst voor het oordeel van anderen. Haar hele leven en al haar relaties waren opgeofferd aan het in stand houden van een fictie die ze de wereld verkondigde en waar ze zelf in was gaan geloven. Ze spon een web van leugens, een fictief bestaan waarin haar knappe echtgenoot een man was op wie ze trots was, niet een onwetend beest dat hun kind had misbruikt.

Terwijl ze nadacht over haar leven, accepteerde Antoinette dat Ruths moederliefde volkomen overschaduwd werd door haar behoefte haar droom te beschermen.

Joe's macht over zijn vrouw was groot. Lang geleden had hij zijn vermogen bijgeslepen om degenen die hem omringden te doorgronden, hun zwakke plekken te ontdekken en vervolgens zijn slachtoffers onder controle te houden. Zijn vrouw, van wie hart en hoofd voorgoed waren vastgeketend aan de knappe Ierse man met wie ze tegen de zin van haar familie getrouwd was, had hij volledig onder de duim. Hij had ook Antoinette onder zijn invloed willen brengen, en toen ze een tiener was met een eigen wil, had hij zijn best gedaan haar te breken. Toen dat niet lukte, wilde hij niets meer met haar te maken hebben. Joe kon het niet verdragen iemand om zich heen te hebben die hem niet geweldig vond. Hij wenste niet in de ogen van zijn dochter te kijken en daar haar minachting voor hem te zien. Zelfs het horen van haar naam maakte hem al kwaad.

Ruth moest kiezen. En ze koos hem, altijd weer. Ze had zijn wreedheid gezien en die getolereerd. Ze koos hem, zelfs toen ze wist dat hij hun dochter zwanger had gemaakt, en regelde een abortus voor Antoinette. Die abortus was op een afschuwelijke manier misgegaan en de avond dat Antoinette wakker was geworden en gevaar liep dood te bloeden, was Ruth zelfs bereid geweest het leven van haar dochter op het spel te zetten door haar alleen in de ambulance naar een ziekenhuis te sturen dat dertig kilometer verder weg was dan het dichtstbijzijnde. Ze had geweigerd haar dochter te vergezellen tijdens die rit, een rit waarvan ze geweten moest hebben dat het de laatste kon zijn. Antoinette herinnerde zich de geschokte uitdrukking op het gezicht van de chauffeur van de ambulance toen ze de stretcher oppakten, en de kille, starende blik van haar moeder toen de deuren werden gesloten terwijl zij buiten bleef staan, en de ambulance met het flitsende blauwe licht zijn race tegen de klok begon.

Ze moesten Ruth daarna verteld hebben dat Antoinette nooit kinderen zou kunnen krijgen. Ze had er nooit iets over gezegd.

En dan was er de depressie die haar hierheen had gebracht. Wat had die veroorzaakt? Wat had Antoinette ten slotte volledig doen instorten?

Ze had al jong geleerd strategieën te bedenken. Toen ze

tien was, had ze een ruimte in haar hoofd geschapen waarin ze zich kon terugtrekken als de realiteit van haar bestaan haar te veel werd. Alleen in haar denkbeeldige wereld kon ze net doen alsof ze was wat ze vond dat een normaal kind hoorde te zijn. In die ruimte was ze mooi gekleed, altijd omringd door babbelende meisjes die vochten om haar aandacht en haar beste vriendin wilden worden. Daar was ze populair, werd er naar haar geluisterd en klonk er voortdurend gelach. Altijd scheen de zon als ze zich daar terugtrok, de zonnestralen die door onzichtbare ramen naar binnen vielen baadden haar in hun warme goudkleurige licht.

Haar ouders kwamen op bezoek, omhelsden haar met een stralend gezicht en gaven haar het gevoel dat ze iets bijzonders was. Het was altijd de aardige vader die samen met haar moeder binnenkwam, de man die ze zich herinnerde uit de tijd dat ze vijf was; de afschuwelijke vader schitterde door afwezigheid. In die ruimte was haar moeder gelukkig en had ze geen ontevreden lijnen in haar gezicht. Judy bleef een ondeugende puppy die op de grond speelde, terwijl in een hoek haar kisten met herinneringen stonden. Die met slechte herinneringen was hermetisch verzegeld, zodat de inhoud onmogelijk kon ontsnappen, terwijl de kleinere kist met de goede herinneringen wijd openstond.

Maar toen Antoinette ouder werd, veranderde de ruimte in een sombere plek, zonder vriendinnen, waar alleen haar moeder kwam. Maar het was niet de moeder uit de dromen van haar kinderjaren, de moeder die van haar hield en haar knuffelde. Deze moeder observeerde haar met een ijskoude blik terwijl haar donkergroene ogen haar beschuldigend en verwijtend aankeken. In de hoek van de ruimte waren de kisten omgewisseld. Het deksel van de grotere kist met de slechte herinneringen was opengesprongen en spuwde de inhoud wanordelijk naar buiten, en schiep daarmee een kwaadaardige geest die haar dromen binnendrong en haar toefluisterde dat de schuld bij haar lag en niet bij de mensen die haar afwezen. Die geest kwelde haar iedere nacht tot er een complete chaos heerste in haar brein.

En toen ze ziek was geworden en Ruth haar had weggestuurd, werd de destructieve aard van Ruths verraad duidelijk en verloor ze uiteindelijk haar strijd om een normale tiener te zijn. Ergens in ons hoofd bevindt zich een ruimte die volkomen blanco is. Ze bevat geen herinneringen en geen gedachten. Antoinette wilde die ruimte vinden, want daar had de wereld niet langer de macht om haar te kwetsen. Tot het zover was wilde ze verdwijnen in haar bed en nooit meer de realiteit onder ogen zien.

Op dat moment was haar brein onder de druk bezweken en was ze geëindigd in het ziekenhuis.

Triest overdacht Antoinette de feiten die ze aan elkaar had geregen. Ten eerste dat ze als vrijwillige patiënt nooit overgeplaatst had kunnen worden zonder de toestemming van haar moeder. Ten tweede dat Ruth nooit had gepoogd haar te bezoeken om zelf vast te stellen of er enige vooruitgang was geboekt. En ten derde dat Ruth altijd had geweten wie en wat haar man was.

Ze stond op uit haar stoel en drukte op de bel aan de muur. Ze was er klaar voor.

Een paar minuten later kwam de hoofdzuster binnen en ging tegenover haar zitten. 'En, heb je besloten wat je morgen gaat doen?' vroeg ze.

In plaats van antwoord te geven op haar vraag, keek Antoinette haar recht in de ogen en zei: 'Weet u hoe het woordenboek incest omschrijft? Ik heb het een keer opgezocht.'

'Nee. Vertel het me maar.'

'De geslachtsgemeenschap tussen twee mensen die zo

nauw met elkaar verwant zijn dat hun huwelijk onwettig is of strijdig met de zeden. Of hun copulatie is onwettig. De mensen die het doen, worden als onrein beschouwd. Maar dat is niet wat het werkelijk is.'

'Vertel eens wat het dan wél is.'

'Verkrachting, het is duizendmaal verkrachting.' Het was de eerste keer dat Antoinette die gedachte hardop tegen iemand uitsprak. Ze keek naar de tralies voor de ramen en besefte dat een jaar na de vrijlating van haar vader, zij nog steeds gevangenzat in haar herinneringen. Ze ging verder met een stem die meer berustend dan droef klonk. 'Mijn moeder nam de man terug die me duizend keer verkracht had – dat is driemaal per week, zeven jaar lang. Zijn gevangenisstraf was minder dan één dag voor elke keer dat hij dat deed. Duizend keer – en toen zei ze tegen mij dat ik moest vertrekken.'

De hoofdzuster bleef zwijgend zitten, alsof ze wist hoeveel moeite het de zeventienjarige moest hebben gekost om zich neer te leggen bij die feiten.

Een seconde lang aarzelde Antoinette, en toen zag ze in gedachten de rijen ledikanten met de witharige oude vrouwen. Ze hoorde het geschreeuw en gekreun van de patiënten die bijkwamen van de shocktherapie en zag hun glazige ongefocuste ogen als ze hulpeloos om zich heen keken, terwijl de restanten van hun geheugen met elke behandeling verder wegglipten.

Toen dacht ze aan haar moeder en hoe zij haar leven had verspild aan gebroken beloftes en onvervulde dromen, en daarbij het leven van haar dochter bijna had verwoest.

Antoinette wist dat als ze in het ziekenhuis bleef, ze net als haar moeder kon ontsnappen aan de waarheden in haar leven die haar kwelden. Maar dan zou ze ook haar toekomst vergooien.

Ze herinnerde zich plotseling de dag waarop ze van het paard van haar nichtje Hazel was gevallen. Hazel had gezegd: 'Je moet meteen weer op het paard gaan zitten. Als je dat nu niet doet, doe je het nooit meer, en zul je altijd bang blijven.' Ze had al haar moed bijeengeraapt en gehoorzaamd. Antoinette wist dat dit het moment was om weer hetzelfde te doen.

'Ik ga mezelf uitschrijven,' zei ze simpelweg.

De volgende ochtend schreef ze met zwierige pen haar naam op de ontslagformulieren: Toni Maguire.

Het was Toni die uit het ziekenhuis vertrok. Antoinette de bange tiener bestond niet meer.

38

De nacht voordat ik het ziekenhuis verliet, besloot ik dat de spelletjes die mijn moeder had gespeeld waren afgelopen. Ik zou nooit meer ten prooi vallen aan haar psychologische manipulatie.

In plaats daarvan belde ik haar. 'Ik ben beter,' zei ik kortaf. 'Ik ben volledig genezen. In het ziekenhuis hebben ze me verteld dat ik goed genoeg ben om te vertrekken. En ik kom je een bezoek brengen.'

Ik kende mijn moeder; ze zou zich niet verzetten tegen de mening van de artsen en de medische elite. En ik had gelijk. Ze was zo ontdaan over mijn gebrek aan nederigheid dat ze geen weerstand bood.

Toen ik die dag hun straat in kwam, zag ik dat de droom van mijn moeder om haar eigen grote huis te bezitten in de tijd dat ik in het ziekenhuis verbleef eindelijk was uitgekomen. Een paar maanden voor mijn vrijlating waren ze verhuisd en de dokter had me hun nieuwe adres gegeven. Het huis was een wit gebouw van twee verdiepingen, dat een eindje van de straat af stond, in een chique buitenwijk van Belfast.

Ze hadden de portierswoning blijkbaar met een goede winst verkocht, dacht ik. Ik stond een paar seconden te kijken naar de buitenkant van wat een gelukkig gezinshuis had moeten zijn. Maar ik kende de waarheid. Mijn ouders zouden samen oud worden met alleen hun afschuwelijke geheim als gezelschap.

Mijn moeder deed open zodra ik aanklopte. Toen ik naar haar keek, zag ik onmiddellijk dat alles veranderd was. Waar was de moeder die ik me herinnerde, de moeder die me het ene ogenblik met één blik kon intimideren en het volgende een uitbundige genegenheid tentoonspreiden? Deze vrouw leek kleiner, verschrompeld als het ware, en voor het eerst besefte ik dat ik vele centimeters langer was. Er hing een aura van verslagenheid om haar heen, haar schouders waren ingezakt en haar ogen ontweken de mijne alsof ze haar emoties wilde verbergen.

Zou ze zich de keren herinneren dat ze mijn vertrouwen had beschaamd? Of had ze zelfs dat deel van onze familiegeschiedenis herschreven?

Ze deed een stap opzij om me binnen te laten en zette daarna thee voor ons. Toen die was ingeschonken, vroeg ze me wat mijn plannen waren.

'Ik wil naar Engeland,' antwoordde ik en voelde me bedroefd bij het zien van de opluchting in haar gezicht, al had ik niet anders verwacht.

'Wanneer had je gedacht, schat?'

'Zo gauw mogelijk. Er is hier een agentschap dat hotelwerk voor me kan vinden. Ik wil receptioniste worden. Dat levert me onderdak op en een goed salaris.'

Ik vroeg mijn moeder niet of ik zolang bij haar kon blijven, maar ging gewoon met mijn koffer naar een slaapkamer, en ze protesteerde niet. Ik bleef er drie dagen voor ik naar Engeland vertrok.

Ik wist mijn vader vrijwel volledig te vermijden. Hij wilde niets liever dan mij uit de weg blijven en kwam nauwelijks thuis tijdens mijn verblijf daar. Hij nam geen afscheid toen ik wegging.

Ik omhelsde mijn moeder toen ik vertrok, beloofde haar te schrijven en sprong toen in de taxi die me naar de haven bracht.

Ik heb mijn ouders nooit verteld dat ik wist dat ze me permanent wilden laten opnemen. Een confrontatie zou niets hebben opgeleverd en ik had mijn plannen al gemaakt. Ik had een barricade opgeworpen tegen mijn liefde voor mijn moeder zodra de tiener die ik was geweest, was verdwenen.

Zodra ik op het dek stond en zag hoe de loopplank werd opgehaald en Belfast in de verte begon te verdwijnen, wist ik dat ik nooit meer terug zou komen – althans niet om er te wonen. En wat die belofte om te schrijven betrof... tja, dat was een belofte die ik vast van plan was te verbreken.

Toen het laatste licht van de stad verdwenen was, ging ik naar de bar, bestelde een glas wijn en bracht een toost uit op mijzelf.

Op een nieuw leven.

39

Ik dwong mezelf niet langer aan het verleden te denken en probeerde de herinneringen aan Antoinette en het kind dat ze dertig jaar geleden geweest was van me af te zetten. Ik schonk een flinke borrel in, stak een sigaret op en dacht na over de vrouw die ik was geworden.

Antoinette was het ziekenhuis binnengegaan, maar het was Toni die ten slotte de confrontatie met haar ouders was aangegaan voor ze Ierland verliet. Zwijgend had ze hun bewezen dat haar verleden begraven was, terwijl dat met hún verleden nooit zou gebeuren.

Twee jaar later spoorde mijn moeder me op en zocht contact met me. Er was maar één tranentrekkend telefoontje voor nodig om de mythe van het gelukkige gezin weer te hervatten. Later ontdekte ik dat tijdens mijn verblijf in het ziekenhuis de leiding Ruth herhaaldelijk had gevraagd me te komen opzoeken. Ze zeiden dat er zonder haar weinig kans bestond dat haar dochter zou genezen – het was meer dan een depressie of een zenuwinzinking, en ze wisten niet zeker of ik het in de buitenwereld zou kunnen redden. De artsen hadden Ruth duidelijk verteld wat het probleem was: 'Uw dochter kan gewoon niet leren leven met het feit dat u al die jaren wist wat er met haar gebeurde,' hadden ze gezegd.

Ruth had daar niet goed op gereageerd. Het weersprak alles wat ze zich altijd had voorgespiegeld. Maar ze weigerde ook maar één seconde te accepteren dat haar enige blaam trof. 'Dokter, hoe durft u mij te beschuldigen? Ik wist het niet. Ik heb al zoveel geleden. Ik heb nooit enige sympathie gekregen, die was alleen voor Antoinette. Ík had daar moeten zijn, niet zij. Als ze zo graag een van haar ouders wil zien, stuur ik haar vader wel. Hij is verantwoordelijk voor haar.'

Dat was de laatste keer dat het ziekenhuis contact had opgenomen met mijn moeder. Maar ook al wist ik dat, ik kon het niet over mijn hart verkrijgen haar volledig uit mijn leven te bannen.

In de dertig jaar daarna zat ik niet stil. Ik had mijn eigen zaak, maakte een busreis door Kenia en won voor het hooggerechtshof een proces tegen een hebzuchtige zakenpartner. Ik werd een vrouw die zich volkomen op haar gemak voelde, die geleerd had te vertrouwen op de vriendschap van anderen en van zichzelf te houden. Maar ik had nooit de moed om het contact met mijn ouders te verbreken.

O, in latere jaren ging mijn moeder van me houden. Ik was Toni, de succesvolle dochter die in de vakantie naar Ierland kwam met armen vol cadeaus, haar mee uit nam en met geen woord over het verleden sprak. Ik stond mijn moeder toe me terug te plaatsen in de droom die ze had gecreëerd: een knappe man, haar eigen huis en een dochter.

Als volwassene wist ik dat het vele jaren te laat was om mijn moeders fantasieleven te betwisten. Haar die droom ontnemen zou haar ondergang hebben betekend.

Maar ze slaagde er niet in uit dit leven te vertrekken zonder de waarheid onder ogen te zien. Tijdens haar laatste dagen in de hospice, waar ik tot aan het eind toe naast haar zat en haar hand vasthield, werd mijn moeder bang. Ze was niet bang om dood te gaan, maar om de god waarin ze geloofde onder ogen te komen. Dacht ze dat haar zonden onvergeeflijk waren? Misschien. Hoe het ook zij, ze verzette zich tegen de dood terwijl ze die wenste.

Van haar arts, verpleegster en dominee wist ik genoeg over mijn moeders verblijf in de hospice voor mijn komst om me haar kwelling maar al te goed te kunnen voorstellen – alsof ik er zelf bij was geweest. Ik zag het levendig voor me:

Een oude vrouw bewoog in haar slaap terwijl ze in bed lag op de zaal. Pijn drong door tot haar bewustzijn, dwong haar wakker te worden. Ze probeerde haar ogen gesloten te houden, want de angst had haar vast in zijn greep. Een beeld zweefde achter haar gesloten oogleden: een kleine slaapkamer, slechts verlicht door de gele gloed van een enkele kale gloeilamp, en het flitsende blauwe licht van de ambulance. Een angstige tiener lag op het bed, de onderste helft van haar dunne katoenen pyjama doordrenkt van het bloed en met ogen die smeekten om hulp.

Ze dwong het beeld uit haar gedachten, maar het werd onmiddellijk vervangen door een ander, dat ze wilde verjagen, maar hoe ze ook haar best deed, het lukte haar niet. Deze keer was het een psychiater, die haar ervan beschuldigde dat ze probeerde een kind de dood in te jagen.

Dat was absoluut niet waar, protesteerde ze. Ze had haar dochter naar het beste ziekenhuis gestuurd, iedereen wist dat Antoinette daarnaartoe hoorde te gaan...

In paniek drukte ze op de noodknop en wachtte hijgend tot de zuster kwam.

'Ruth,' hoorde ze de vriendelijke stem vragen, 'Wat is er?'

Met haar deftige Engelse accent antwoordde mijn moeder: 'Ik moet de predikant spreken. Ik moet hem vanavond spreken.'

'Kan het niet wachten tot morgenochtend? Hij is net weg en de arme man is hier al meer dan twaalf uur geweest, en hij was gisteravond nog bij u. Weet u dat niet meer?'

De oude vrouw was ongevoelig voor het pleidooi. 'Nee, lieverd, morgenochtend kan ik dood zijn.' Haar stem werd zachter en haar vingers, nog verrassend sterk, klemden zich om de hand van de zuster. De donkergroene ogen sloten zich even en verborgen de harde vastberadenheid die erin school. 'Ik heb hem nu nodig.'

'Goed, Ruth, als het zo belangrijk voor je is, zal ik hem bellen.' Met die woorden liep de zuster zachtjes weg op haar schoenen met rubberzolen.

De oude vrouw zonk weg in haar kussens met een zucht van voldoening en een vage glimlach om haar lippen. Zelfs nu nog wist ze haar zin door te drijven.

Minuten gingen voorbij en toen hoorde ze de zwaardere voetstappen van de dominee. Hij trok een stoel bij en pakte haar hand.

'Ruth,' hoorde ze hem zeggen. 'Vertel eens wat ik voor je kan doen.'

Ze kreunde toen er weer een scheut van pijn door haar heen ging en keek hem aan met een uitdrukking op haar gezicht die hem plotseling een ongemakkelijk gevoel gaf. 'Mijn dochter. Ik wil dat ze komt.'

'Maar Ruth, ik wist niet dat je een dochter had!' riep hij verbaasd uit.

'O, ja, maar we zien haar niet vaak, ze woont in Londen. Maar ze belt elke week om te horen hoe het met me gaat en ik laat haar altijd met haar vader spreken. Het gaat

haar heel goed. Ze zal komen als haar vader het zegt. Ik zal
morgen met hem praten.'

De geestelijke vroeg zich even af waarom hij weer midden in de nacht had moeten komen, maar besloot haar te laten praten, in de hoop dat ze hem deze keer in vertrouwen zou nemen.

Haar vingers klemden zich steviger om zijn hand. 'Ik heb afschuwelijke dromen,' bekende ze ten slotte.

Hij keek haar in de ogen, zag de angst daarin en wist dat die door meer dan haar ziekte veroorzaakt werd. 'Ruth, zit iets je dwars? Is er iets wat je me wilt vertellen? Is er iets waarvan je vindt dat ik het moet weten?'

De oude vrouw aarzelde, maar fluisterde ten slotte: 'Nee, het komt allemaal in orde als mijn dochter komt.'

Met die woorden wendde ze zich af en viel in een onrustige slaap. De predikant vertrok met het gevoel dat hij een getroebleerde ziel achterliet die hij voor de tweede keer in vierentwintig uur niet had kunnen helpen.

Na het verzoek van mijn moeder belde mijn vader me.

Het was dat telefoontje dat me bij haar bracht. Het feit dat ze me nodig had was alle motivatie die ik nodig had om die reis te maken.

Ik bracht lange dagen en nachten door aan haar bed terwijl ze geleidelijk dichter bij de dood kwam. Terwijl ik daar zat, voelde ik de aanwezigheid van het spook van mijn kinderjaren. De Antoinette die ik vroeger was geweest, kwam terug en toonde me hoe de dingen werkelijk waren geweest. Draad voor draad tornde ze het weefsel van leugens los dat ik voor mijzelf had gefabriceerd.

'Mijn moeder hield van me,' had ik geprotesteerd.

'Ze hield meer van hem,' had ze geantwoord. 'Ze heeft het ultieme verraad gepleegd. Laat je liefde voor haar los.'

Maar ik kon haar niet gehoorzamen. Ik was nog steeds onwillig het verraad van mijn moeder onder ogen te zien. Ik voelde weer de golf van liefde vermengd met medelijden, het samenraapsel van de emoties die mijn moeder in al die jaren in me had weten te wekken. Ze was de man trouw gebleven die hun dochter had verkracht en er was geen rechtvaardiging voor de rol die ze had gespeeld, maar ik had in het verleden altijd excuses voor haar verzonnen.

Nu moest ik eindelijk de realiteit aanvaarden van mijn eigen definitie van mijn ouders. Eén was de dader, maar er was ook één die passief had toegekeken en niets, maar dan ook niets had gedaan om een eind te maken aan die jaren van misbruik.

Terwijl ik daar bij haar zat te waken, accepteerde ik de monsterachtigheid van haar gedrag en voelde me overmand door een vreselijk verdriet. Ik treurde om de vrouw die ze – zoals ik altijd had geloofd –, had kunnen zijn; ik treurde om de gelukkige, liefdevolle relatie die we hadden kunnen hebben, en tijdens haar laatste dagen treurde ik om het feit dat het nu veel te laat was. En ik accepteerde dat ik, al had ik er in al die jaren nog zo mijn best voor gedaan, nooit had kunnen stoppen van haar te houden. Zelfs al was ik gaan accepteren dat een vrouw die niets doet om haar kind tegen een afschuwelijke misdaad te beschermen net zo schuldig is als de dader, kon ik mijn gevoelens niet veranderen. Liefde, heb ik ondervonden, is een gewoonte die moeilijk te verbreken valt.

Mijn moeder was dood en nu begroef ik mijn vader. Ik dacht weer aan Antoinette, het kind dat ze geweest was, hoeveel ze van haar dieren en boeken hield, tot hoeveel ze in staat was. Ze had haar verblijf in de inrichting overleefd. Ze had vrienden gemaakt en was er sterker en onafhankelijker uit gekomen. Het had zo gemakkelijk anders kunnen zijn. Maar dat was het niet.

Ik dacht aan alles wat ze bereikt had en voelde voor het eerst iets anders dan de triestheid die haar naam altijd bij me had opgeroepen.

Ik voelde trots. Trots op wat ze gepresteerd had.

'Laat haar niet vallen,' hield ik me streng voor. 'Laat haar niet spartelen en laat haar niet vergeefs hebben overleefd. Tenzij je de twee helften van jezelf die je gescheiden houdt toestaat samen te komen, zul je nooit een volledig mens worden. Je ouders zijn nu dood. Laat ze gaan.'

Ik keek in de spiegel, verwachtte bijna de tiener Antoinette te zien terugkijken, maar het spiegelbeeld liet heel weinig zien van het kind dat ik eens geweest was. In plaats daarvan zag ik een vrouw van middelbare leeftijd van wie het haar met blonde highlights een gezicht omlijstte dat zorgvuldig was opgemaakt, een vrouw die haar uiterlijk belangrijk vond.

Toen verzachtte haar gezicht en glimlachte terug, en op dat moment zag ik een vrouw die eindelijk haar demonen had losgelaten.

Ik had nog maar één ding te doen in Larne en als dat achter de rug was, was ik klaar met het verleden. Morgen moest ik de familie onder ogen komen die ik dertig jaar lang niet gezien had en me onder de buurtbewoners mengen die mijn vader hadden bewonderd en van hem hadden gehouden. Daarna zou ik eindelijk vrij zijn.

40

De zon scheen op de dag dat mijn vader begraven werd.
De telefoon van mijn vriendin had niet stilgestaan. De
dorpsbewoners belden met oprecht medeleven en mijn
vrienden in Engeland met totaal ander commentaar. Een
van mijn vriendinnen had aangeboden het vliegtuig te nemen en me te komen steunen en ik voelde me opgelucht
dat er iemand zou zijn die begreep hoe ik me voelde.

Mijn oom, die ik sinds mijn veertiende niet meer had gezien, zou zijn opwachting maken met zijn zoons. Ik had ze
de dag na het overlijden gebeld en voor het eerst in dertig
jaar met mijn oom gesproken.

Het was duidelijk te merken dat dit de begrafenis was van
een populaire man – 'Die goeie ouwe Joe', een man van in
de tachtig die nog steeds een knap uiterlijk had en charme
bezat; een man voor wie het dorp in drommen zou komen
opdraven; een man die ze eer wilden bewijzen als ze voor
het laatst afscheid van hem namen.

Joe's foto had in de lokale kranten gestaan bij een artikel
waarin hij werd geprezen om zijn triomf in het zoveelste

amateurgolftoernooi en zijn legendarische vaardigheid met de snookerkeu. De onvoorspelbare driftbuien van mijn vader, die met flitsen tevoorschijn kwamen als hij een spelletje snooker had verloren, een slag had gemist tijdens het golfen of na een denkbeeldige kleinering, werden vergeten. Het was de Joe Maguire met zijn aanstekelijke lach, welsprekendheid en charme die iedereen zich zou herinneren.

Hoe zou zijn jongste broer zich hem herinneren? vroeg ik me af. Wat voor verhalen had hij zijn zoons verteld – de neven van mijn vader?

Ik kleedde me zorgvuldig, niet als bewijs van respect voor hem maar als een beschermend harnas voor mij. Een zwart pakje werd uit de kast gehaald, bijpassende schoenen en tas gekozen, make-up met de grootste zorg aangebracht en mijn haar, nu met blonde highlights, gewassen en geföhnd. Zouden ze me herkennen? Per slot van rekening was er niet veel meer over van de Antoinette, het kind dat ik vroeger geweest was.

Ze achtervolgde me niet langer; niet langer zag ik nog haar gezicht, voelde haar angst, deelde haar nachtmerries. Het was drie jaar geleden dat ik in de spiegel had gekeken en haar ogen naar me had zien terugkijken. Maar ik wist dat ze diep in mijn hoofd, in dat hoekje dat we ook voor onszelf verborgen houden, nog steeds aanwezig was, nooit was vertrokken. Die dag voelde ik haar aanwezigheid naast me. Ik voelde haar verlangen te worden herdacht en begreep haar woede om haar onvermogen de man te haten die haar leven had verwoest.

Eens, vele jaren geleden, waren de verwanten van mijn vader ook die van Antoinette geweest, maar ze hadden haar uit hun harten verbannen toen ze zich achter mijn vader hadden geschaard. Voor hen voelde ik niets. Het verdriet over hun gemis was geheeld en de littekens van hun afwijzing waren goed verborgen. Nu, voor het eerst sinds mijn kinderjaren, zou ik de confrontatie met hen moeten aangaan.

De spiegel weerkaatste het beeld van Toni, de succesvolle zakenvrouw. Haar gezicht had een vastberaden uitdrukking en liet blijken dat zij de enige was die ze te zien zouden krijgen.

De geestelijke die de dienst zou leiden, was degene die ook mijn moeder had begraven en met wie ik had gesproken toen mijn herinneringen me drie jaar geleden, toen mijn moeder was gestorven, dreigden te overmannen. Hij had de dienst niet op zich willen nemen en het feit dat mijn vader uit zijn gemeente was verhuisd als excuus aangevoerd, maar ik had hem gesmeekt het te doen. Ik wist dat hij zich herinnerde hoe ik in de hospice naast mijn moeder had gezeten in de laatste weken van haar leven. Ik zat naast haar bed toen de kanker, waartegen ze bijna twee jaar had gevochten, eindelijk won. Daar haalden de dagelijkse bezoeken van mijn vader bijna de beschermende barrière neer die ik had opgebouwd tegen Antoinette, het spook van mijn kinderjaren. De predikant wist nog maar al te goed hoe ik uitzinnig bij hem was gekomen, denkend dat ik weer terugviel tot dat angstige kind. Door mij wist hij wat voor man mijn vader geweest was, de levens die hij had verwoest en zijn volslagen gebrek aan berouw.

Ik had hem nodig, zei ik. Zijn kracht en essentiële goedheid zouden me de steun geven die ik nodig had om voor het laatst de rol te spelen van de plichtsgetrouwe dochter. Zonder dat ik iets zei, wist hij dat ik met deze rouwdienst het verleden wilde begraven. En we herinnerden ons allebei de sombere begrafenis van mijn moeder, toen mijn vader had geweigerd na de dienst iemand thuis uit te nodigen en ook niet wilde dat elders drankjes werden aangeboden. Die dag moesten de aanwezigen die gekomen waren om mij te steunen na de begrafenis zonder zelfs een kopje thee naar huis. Mijn vader was naar de pub gegaan. Het was een naargeestig vaarwel – ongehoord in het gastvrije Ierland. Mijn eenzame moeder kreeg geen aanbod van het British Legion om een receptie te verzorgen. Het was alsof de jaren dat ze in Ierland woonachtig was geweest, nooit hadden bestaan.

'Die goeie ouwe Joe' liet het gebeuren zonder dat het zijn reputatie aantastte. Want was hij niet de arme weduwnaar die zijn vrouw in de jaren van haar ziekte had verpleegd? En had hij dat niet gedaan zonder de hulp van een schijnbaar welgestelde dochter? Een dochter die Engeland zelden verliet en pas was gekomen om een handje te helpen toen haar moeder veilig in de hospice lag?

Het dorp had besloten dat mijn vaders begrafenis iets heel anders zou zijn. Sommige dorpelingen stonden al bijeen voor de deur van de rouwkamer toen ik aankwam. Uit respect voor de vrouw van wie ze geloofden dat ze de voornaamste rouwende was, gingen ze opzij en lieten mij als eerste naar binnen gaan. Ik wist dat ze me een paar minuten de tijd zouden geven voor ze me volgden, tijd om een laatste afscheid te nemen en me te vermannen.

Net als drie jaar geleden liep ik de trap op van de rouwkamer, naar de kleine ruimte met de rijen stoelen en op elke stoel een gebedenboek. Ik keek naar mijn vader in zijn open kist en voelde niets dan een kille droefheid aan het eind van dit tijdperk.

Hij lag erbij alsof hij sliep; de dikke bos haar was achterover geborsteld uit het gezicht dat licht gekleurd was; zijn tanden, die weer op hun plaats waren gebracht, schemerden wit door lippen die geplooid waren in een vage glimlach. Zijn gezicht was weer knap en aantrekkelijk, want de begrafenisondernemer was met vakkundige hand aan het werk geweest. Ik had het akelige gevoel dat hij er nog steeds was, dromend van gelukkige tijden zonder zorgelijke gedachten om hem te verontrusten. Op de een of andere manier voelde ik dat zijn geest nog was achtergebleven, me voor de laatste keer minachtend opnam.

De vorige dag had ik de sleutels van zijn huis aan een van zijn vrienden gegeven met het verzoek gepaste kleren uit te zoeken om hem in te begraven. Ik kon het zelf niet opbrengen zijn slaapkamer binnen te gaan, zijn kasten te openen en zijn bezittingen aan te raken. Niet voordat ik zeker wist dat hij eindelijk weg was.

Zijn vriend had een goede keus gemaakt. Mijn vader droeg een grijs kamgaren pak met een schoon pochet in zijn borstzak en een legerdas die onder de kraag van zijn zorgvuldig gestreken crèmekleurige overhemd was geknoopt. Zijn medailles, verkregen tijdens de oorlog, waren trots tentoongesteld als een herinnering aan het feit dat hij een van de duizenden dappere Noord-Ierse mannen was geweest die zich vrijwillig hadden gemeld om voor hun land te vechten.

In de dood was 'die goeie ouwe Joe' een waardig man, klaar om zijn bezoekers een laatste keer te ontvangen, en ik, zijn dochter, stond op de verwachte plek naast hem.

De bloedverwanten van mijn vader kwamen binnen, voorgegaan door mijn oom. Voor het eerst sinds mijn veertiende bevonden we ons in dezelfde ruimte. Hoewel mijn oom kleiner en slanker was dan mijn vader, leek hij zo griezelig veel op hem dat ik het zenuwslopend vond. Hetzelfde weelderige witte haar was naar achteren geborsteld uit een ondoorgrondelijk gezicht, in dezelfde stijl als zijn broer en hun vader vóór hen. Hij staarde naar de kist en elke emotie die hij voelde bleef verborgen terwijl hij naar zijn broer keek, die hij eens had bewonderd en bemind.

Toen hij zich omdraaide en weg wilde lopen, ging ik vastberaden voor hem staan. 'Hallo, oom,' zei ik. 'Bedankt voor je komst.' Toen stak ik mijn hand naar hem uit.

Hij weigerde me in de ogen te kijken toen onze handen elkaar slapjes aanraakten in een schijn van een handdruk. Me nog steeds niet rechtstreeks aankijkend mompelde hij: 'Hallo.'

Zonder commentaar of enige uiting van medeleven liep hij naar de andere kant van het vertrek. Zijn zoon en neven volgden hem en ik wist dat er niets veranderd was.

Had ik gehoopt op een verzoening met de familie? Onbewust misschien wel. In plaats daarvan plakte ik een neutrale glimlach op mijn gezicht en begroette de volgende bezoeker die stond te wachten om naar de kist te gaan voor een laatste afscheid. Een voor een kwamen ze, bogen zich eroverheen en keken naar het gezicht van mijn vader voor ze gingen zitten. De rouwkamer was vol geroezemoes van gesmoorde stemmen en hier en daar zag ik een zakdoek die een traan wegveegde.

De begrafenisondernemer, een lange, goedgebouwde man die vriendelijk was toen hij de begrafenis van mijn moeder had geregeld, voelde dat er iets mis was en ging naar de familie van mijn vader om te vertellen dat er gezorgd was voor verfrissingen na de begrafenis en dat hij hoopte hen daar te zien. Beleefd maar vastberaden excuseerden ze zich. Ze waren maar om één reden gekomen – om de begrafenis van Joe, hun broer, oom, en neef, te zien. Zijn dochter bleef een buitenstaander.

Van hen gescheiden, niet alleen door het middenpad maar door een kloof die de jaren niet hadden overbrugd, voelde ik heel even het verlies van wat had kunnen zijn. Eenzaam stond ik naar de kist van mijn vader te staren. Het was alsof hij me aankeek en ik verbeeldde me dat zijn glimlach me bespotte. Ik hoorde weer de woorden die hij zo vaak tegen me had gezegd.

'De mensen zullen niet van je houden, Antoinette, als je het vertelt. Iedereen zal jou de schuld geven.'

En daar, op iets meer dan een meter afstand, stond de familie die dat woord gestand deed.

Mijn vriendin, die zag dat ik geen gezelschap zou krijgen van mijn familie, kwam naar me toe, glimlachte naar me om me liefde en steun te geven, en mijn moed keerde terug. Ik sloot die stem uit het verleden buiten, onderdrukte de spijt die ik mezelf dertig jaar lang niet had toegestaan te voelen, en begroette de rest van de bezoekers die hun opwachting maakten om mijn vader de laatste eer te bewijzen en mij, zijn dochter, hun medeleven te betuigen.

Mijn aandacht werd getrokken door een vrouw die afgezonderd stond, alsof ze privacy zocht voor haar gedachten. Begin zeventig, met kort grijsblond haar, in een stijlvol donker pakje dat haar slanke figuur goed deed uitkomen, bezat ze een elegantie die haar deed opvallen in de kleine rouwkamer. Ze stond kaarsrecht, zonder de bekende bochel van de ouderdom. Ik wist dat het fijne web van rimpeltjes in haar gezicht op iedere andere dag humor en karakter zou uitstralen, maar nu was er slechts verdriet te zien toen haar blik gevestigd bleef op de kist.

Haar verdriet ontroerde me, maar toen ze mijn blik opving, zag ik iets van angst vermengd met haar verdriet. Ik glimlachte zo geruststellend mogelijk en ze vatte moed om naar me toe te komen. Ik drukte even haar hand omdat ik wist dat haar stem haar tijdelijk in de steek had gelaten. Denkend dat ik ook bedroefd was, ging ze zwijgend zitten en pakte een gebedenboek op.

Woorden konden wachten, dacht ik, en ik bleef staan tot de geestelijke binnenkwam. Er viel een stilte toen hij zijn plaats innam, zich naar de aanwezigen keerde en begon met de dienst.

Toen de dienst eindelijk was afgelopen, werd de kist gesloten en wist ik dat ik voor het laatst naar het gezicht van mijn vader had gekeken. De stem die me tientallen jaren had gekweld was eindelijk het zwijgen opgelegd en nu kon ik naar het kerkhof om zijn kist in de grond te zien zinken.

Die dag kan voor iedereen daar de dag van zijn begrafenis zijn geweest, maar voor mij was dit het afscheid van Ierland. Het was de dag waarop ik voor het laatst naar het kerkhof ging, de dag waarop ik voor het laatst glimlachte naar de vrienden van mijn vader, die van zijn uiterlijke manieren hadden gehouden maar nooit de man hadden gekend. Het was een graf dat ik nooit zou bezoeken en nooit zou verzorgen; het zou begroeid raken met gras, en mijn ouders, voor eeuwig naast elkaar liggend, zouden uiteindelijk worden vergeten.

Mijn vader had een wilsbeschikking nagelaten die mijn moeder voor haar dood had ondertekend, dat hij haar graf wilde delen. Haar kist was opgegraven, bedekt met een heuvel van kunstgras om hem voor de rouwenden te verbergen, en naast het open graf geplaatst. Tijdens de korte ceremonie op het kerkhof, toen de kist in de grond zakte, tartte ik de conventie en ging ernaast staan. De familieleden van mijn vader stonden met gebogen hoofd aan de andere kant van het graf.

Alleen ik wist dat de bloemen die ik die dag op de kist had gelegd, de laatste die ik er ooit zou neerleggen, voor mijn moeder waren. Want ik treurde nog steeds om de vrouw die hij had gecorrumpeerd, miste nog steeds de vrouw die ze had kunnen zijn en treurde om de relatie die we nooit hadden gehad.

Die dag zou zijn kist als eerste in de grond zakken en tot

mijn voldoening zou haar kist die van hem bedekken. Nu zou ze voorgoed de bovenliggende partij zijn, dacht ik cynisch.

De korte begrafenisplechtigheid liep ten einde en de kist zou bedekt worden met aarde. Mijn oom had al een handjevol op de houten kist laten vallen. De volgende morgen zouden de vrouwen komen om de bloemen te bewonderen op het graf, het testament van de populariteit van de dode.

Ik zou er niet bij zijn.

Ik zag mijn familie wegrijden en wist dat ik ze nooit meer zou zien. Ik stapte achter in de zwarte limousine die voor de stoet uit naar de British Legion Club reed.

Larne had mijn vader eer aangedaan. Als overledene genoot hij de bewondering en het respect van de plaatselijke bevolking. De British Legion Club had tactvol mijn toestemming gevraagd om te mogen zorgen voor alle verfrissingen na de begrafenis. Ik had het aanbod dankbaar geaccepteerd, en met ware Ierse gulheid hadden ze een schitterend buffet klaargezet. De houten schraagtafels bogen bijna door onder het gewicht. De vrouwen van Larne moesten vanaf de vroege ochtend in de weer zijn geweest, want ik kon zien dat al het uitgestalde eten zelfgemaakt was. Er waren stapels sandwiches, kleine worstjes, punten *pork pie* van luchtig pasteideeg, porties gebraden kip en kommen verse salades aan de ene kant, en aan de andere kant een assortiment eigengemaakte cakes van luchtig gebak tot de machtige vruchtencakes die zo populair waren in mijn jeugd. Romige gele custard bekroonde de met sherry gearomatiseerde trifles, terwijl kommen slagroom gereedstonden voor extra cholesterol. En natuurlijk de talrijke obligate potten sterke thee die in witte porseleinen kopjes werd geschonken door de vele vrijwilligers.

De familie van mijn vader schitterde door afwezigheid.

Voor ze weggingen hadden ze geen excuses aangeboden aan de dorpsbewoners, en ik wist dat hun vertrek nieuwsgierigheid had gewekt, maar ik gaf geen uitleg.

Ik vermoedde dat de wetenschap hoe mijn vader in werkelijkheid was, zijn verwanten de omgang belette met mensen die hem in zo'n ander licht zagen. Of misschien overheerste hun wens om afstand te bewaren van mij, het laatste levende aandenken. Hoe dan ook, ik voelde het kloppen van een niet vergeten pijn en een flits van dat oude gevoel van isolement. Ik schudde het van me af en mengde me onder zijn vrienden.

Verhalen werden verteld door mannen die de voorkeur gaven aan de bar boven de thee, verhalen over 'die goeie ouwe Joe' en hun herinneringen aan hem. Naarmate de middag vorderde werden hun stemmen luider, hun loop wijdbeenser en onvaster. De gezichten werden roder en de verhalen gewaagder. Langzamerhand ontvouwde zich het leven dat mijn vader had geleid tijdens de laatste jaren van zijn huwelijk.

Die dag hoorde ik dat hij niet alleen een topamateurgolfer en een briljant snookerspeler was, maar jaren voordat mijn moeder was gestorven ook een bekerwinnende ballroomdanser. Op latere leeftijd had hij de vrouwen naar de dansvloer geleid op de maandelijkse dansavonden van de British Legion Club. Ik herinnerde me dat mijn moeder me had verteld over de avond dat ze elkaar hadden leren kennen, dat hij haar letterlijk had meegesleept op de dansvloer van een plaatselijke club. Mijn moeder was op slag betoverd en bleef dat vijftig jaar lang.

Mijn verlegen moeder, die zichzelf nooit aantrekkelijk had gevonden, was niet de enige vrouw die mijn vader in de jaren van zijn huwelijk had betoverd. Ik had het altijd wel vermoed, maar tot op dat moment was het nooit bij me opgekomen dat hij het zo dicht bij huis had gedaan. Tussen de drukke gesprekken, het luide gelach en de sterke verhalen ontbrak mijn moeders naam. Slechts drie jaar na haar overlijden was mijn moeder zelfs geen schaduw in hun geheugen.

Het British Legion was altijd zijn domein geweest; Ruth hield niet van alcohol en ging er zelden heen. Die dag werd er alleen over Joe gesproken, en met geen woord over mijn moeder.

Ik werd voorgesteld aan zijn danspartner en had nu een naam voor de oudere vrouw die ik tijdens de rouwdienst had gezien. Ik zette de ergernis van me af die ik ter wille van mijn moeder voelde en glimlachte beleefd.

Met tranen in de ogen pakte ze mijn arm beet. 'O, Antoinette, je vindt het toch niet erg dat ik je zo noem? Je vader heeft het zo vaak over je gehad dat ik het gevoel heb dat ik je ken.'

Ik vond het wél erg, maar bleef glimlachen en antwoordde: 'Ik heet Toni, tegenwoordig.'

Ik kon haar niet vertellen dat alleen mijn vader me Antoinette noemde en dat het de naam was van een angstig klein kind, niet van mij.

'Ik zal Joe zo verschrikkelijk missen,' ging ze verder. 'Het spijt me, liefje, jij moet hem ook heel erg missen.' Met die woorden gaf ze een meelevend kneepje in mijn arm.

Ik gaf haar zijn horloge, dat het ziekenhuis aan mij had gegeven. Toen ik zag hoe blij ze daarmee was, besefte ik dat hij heel bijzonder voor haar was geweest.

Ze glimlachte naar me, wilde duidelijk het gesprek voortzetten, misschien omdat ik de laatste schakel vormde met de man die zo belangrijk voor haar was geweest. 'Ik ben oma, weet je – mijn dochter heeft twee kleine kinderen. Ze komen bijna elk weekend bij me op bezoek.'

Ik zag haar blijdschap over de frequente bezoeken van die twee kleine kinderen, en een koude rilling liep over mijn rug.

Mijn vader had zijn ware ik goed verborgen weten te houden.

Weer vertelde ze me hoe erg hij gemist zou worden, denkend dat het me zou troosten om dat te horen. Ze zou nooit weten dat mijn verlies dat van de onzichtbare banden met mijn ouders was. Banden die met het blote oog niet te zien waren maar zo krachtig dat ze van staal hadden kunnen zijn – en eindelijk waren ze verbroken.

De dag kwam ten einde en ik kon de geforceerde glimlach weghalen die zoveel uren op mijn gezicht geplakt had gezeten dat mijn kaakspieren pijn deden.

Ik wist dat mijn spoken bijna begraven waren en ik ging voor de laatste keer praten met de predikant. Niet alleen had hij me de steun gegeven die ik zo hard nodig had toen mijn moeder stervende was, maar hij had het me makkelijker gemaakt deze pijnlijke begrafenis te doorstaan. Ik bedankte hem voor zijn hulp.

'Herinnert u zich nog dat we drie jaar geleden in de hospice, toen mijn moeder stierf, met elkaar gesproken hebben?'

'Ja, Toni, dat herinner ik me nog heel goed.' Hij keek me peinzend aan. 'Hoe voel je je nu?'

'Uitgeput,' antwoordde ik, 'Maar opgelucht dat alles achter de rug is.'

Hij vroeg me niet wat ik daarmee bedoelde. In plaats daarvan vroeg hij: 'Ben je van plan nog eens terug te komen? Er zijn hier mensen die om je geven.'

'Nee,' antwoordde ik. 'Ik ben hier klaar.'

En ik wist dat hij begreep dat ik een volledige breuk wilde met mijn verleden. Toen dacht ik aan wat een keer door mijn hoofd was gegaan toen ik in het ziekenhuis lag: als de mensen van het dorp waar mijn ouders hadden gewoond me konden vergeten, kon ik mijn jaren in Ierland vergeten.

Later die avond zocht ik naar de rust die – zoals ik had geloofd –, de dood van mijn vader me zou geven. Maar hoe ik ook mijn best deed mezelf te dwingen blij te zijn met het feit dat ik nu vrij was, het lukte me niet.

Ik probeerde me in te prenten dat ik niet langer telefoontjes zou krijgen dat een van mijn ouders ziek was. Niet langer zou ik tegenover de mensen in Larne hoeven voor te wenden dat ik een normale jeugd had gehad en ik gewoon een plichtsgetrouwe dochter was die terugkwam om haar ouders te bezoeken toen ze oud waren. Niet langer zou ik hoeven aanhoren hoeveel ik leek op de ouder over wie ze het toevallig hadden.

In plaats daarvan voelde ik een leegte, een verontrustend gevoel dat iets ongedaan was gebleven. Ik pakte mijn autosleutels in de hoop dat een eindje rijden me zou ontspannen.

Alsof mijn auto een eigen wil had, bracht hij me naar de boerenhoeve, het laatste huis waar mijn ouders samen gewoond hadden. Mijn moeder had altijd van tuinieren gehouden. Toen ze zeventig was, verhuisde ze naar haar laatste huis. Het was een boerenhoeve waar niet één plant en, behalve het onkruid, niet één bloem groeide. Daar had ze de jaren tot haar dood gewijd aan het scheppen van een prachtige tuin. Ik herinnerde me mijn moeder op oudere leeftijd altijd zoals ze met een serene uitdrukking op haar gezicht aan het werk was. Het creëren van iets moois had mijn moeder de rust en voldoening gegeven die het huwelijk haar niet had gebracht. Na haar dood, als ik probeerde me mijn moeder voor de geest te halen, zag ik haar altijd zoals ze aan het werk was in die tuin.

Ik voelde een behoefte die ik had onderdrukt sinds ik in Larne was. Ik wilde een laatste wandeling maken in de tuin die mijn moeder had aangelegd. Ik wilde op de deur kloppen van haar laatste huis en de mensen die daar woonden om toestemming vragen.

Op het kerkhof had ik niets van mijn moeders aanwezigheid gevoeld, maar hier zou ik die vast vinden. Ik gaf mezelf geen enkele reden waarom ik iets van haar zou willen voelen. Ik wist alleen dat ik me haar weer wilde voorstellen zoals ze was toen ik haar daar de laatste keer gezien had, het jaar voor haar dood. Ze was toen al erg verzwakt, maar met een blijde glimlach had ze me de planten laten zien die ze gekweekt had en die ze zo vol liefde had verzorgd.

Met die gedachte in mijn hoofd liep ik naar het huis en staarde naar een pas omgeploegd stuk land. Er stond een bord van de aannemer en ik besefte dat ze die magische tuin, waaraan mijn moeder tien jaar had gewerkt, gingen vervangen door tennisbanen.

Laat het los, Toni, fluisterde de stem van mijn verleden. Ze zijn nu weg. Ze is vertrokken.

Toen dacht ik aan de gevangenisstraf waartoe mijn vader veroordeeld was, niet door de wet maar door mijn moeder. In de dertig jaar na zijn door de wet opgelegde gevangenisstraf had mijn moeder wraak genomen. Ze had haar man gevangengehouden in een kooi met tralies van schuldbesef, hem genadeloos gestraft voor wat hij haar had aangedaan en al het verdriet dat ze had gehad.

Elke keer dat er een tv-programma werd uitgezonden over verkrachting en misbruik, stond ze erop dat we ernaar keken, wetend dat hij ineenkromp van schaamte. Dat waren de jaren waarin ze de rollen omdraaide en hij eindelijk naar haar pijpen danste. Want eindelijk had zij het voor het zeggen – ze had controle over het bezit, de bankrekeningen, en hem.

Dertig jaar lang had hij geleefd met zijn schuldbesef. Want tot aan de dag van zijn dood had hij geloofd dat zij van niets wist.

En ik had hem nooit bevrijd uit de mentale gevangenis die ze voor hem had opgericht door hem de waarheid te vertellen. Hij had nooit geweten dat ik haar de waarheid verteld had toen ik zes was.

Nee, dat had ik hem nooit verteld. Want dat zou hem hebben bevrijd.

In de loop der jaren, nadat ik als tiener uit Ierland was vertrokken, had ik ontdekt dat kantoorwerk niet goed betaalde. Ik werkte als serveerster, verkocht deur-aan-deur encyclopedieën en richtte uiteindelijk mijn eigen zaak op.

Verscheidene jaren was ik in therapie en leerde dat als ik mijn hart uitstortte bij mensen die ik vertrouwde, die vriendschap nooit beschaamd werd, maar bleef bestaan.

In de loop der jaren hebben mensen me steeds dezelfde vraag gesteld: heb je je ouders vergeven? Ik heb ze vergeven noch veroordeeld.

Haatte je je ouders? Mijn verblijf in het ziekenhuis en het verspilde leven van mijn moeder hebben me veel dingen geleerd, en een daarvan is dat degene die haat voelt erdoor beschadigd wordt. Als een bijtend zuur vreet het aan je innerlijk, verwoest je leven. Maar degene op wie het gericht is, voelt dat niet.

Ik liet het kwaad dat mijn vader was en de zwakte die mijn moeder was niet winnen door die emotie toe te staan.

En de laatste vraag. Heb je het geluk gevonden?

Ja, ik heb het geluk gevonden.